"十四五"时期国家重点
出版物出版专项规划项目

"中国近代经济地理研究"丛书
吴松弟 主编

看得见的手：地方政府与近代闽江流域经济变迁

姜修宪 黄婷 著

山东画报出版社
济南

图书在版编目（CIP）数据

看得见的手：地方政府与近代闽江流域经济变迁/姜修宪，黄婷著.—济南：山东画报出版社，2022.12
（"中国近代经济地理研究"丛书/吴松弟主编）
ISBN 978-7-5474-4090-2

Ⅰ.①看… Ⅱ.①姜… ②黄… Ⅲ.①闽江—流域—区域经济发展—研究—福州—近代 Ⅳ.①F127.571

中国版本图书馆CIP数据核字（2021）第235669号

KAN DE JIAN DE SHOU：DIFANG ZHENGFU YU JINDAI MINJIANG LIUYU JINGJI BIANQIAN
看得见的手：地方政府与近代闽江流域经济变迁
姜修宪 黄婷 著

项目策划	赵发国
责任编辑	张晓东　张　欢
装帧设计	王　芳　公冶繁省
主管单位	山东出版传媒股份有限公司
出版发行	山东画报出版社
	社　　址　济南市市中区舜耕路517号　邮编 250003
	电　　话　总编室（0531）82098472
	市场部（0531）82098479
	网　　址　http://www.hbcbs.com.cn
	电子信箱　hbcb@sdpress.com.cn
印　　刷	青岛国彩印刷股份有限公司
规　　格	160毫米×230毫米　32开
	8印张　230千字
版　　次	2022年12月第1版
印　　次	2022年12月第1次印刷
书　　号	ISBN 978-7-5474-4090-2
定　　价	64.00元

如有印装质量问题，请与出版社总编室联系更换。

序：中国近代经济地理研究的新进展

吴松弟

在正式开展中国近代经济地理研究之前，我们从2000年左右开始，用约十年的时间，大体上完成了东北、华北、华东、华中、西南、华南等区域的二十余个口岸城市及其腹地的研究，形成了一系列论著，其中广被引用的《中国百年经济拼图：港口城市及其腹地与中国现代化》一书，即由山东画报出版社于2006年出版。

在近代"港口—腹地"研究的基础上，2008年，我们联合二十五位学者开始撰写九卷本的《中国近代经济地理》，由华东师范大学出版社于2014年至2017年陆续出版。该丛书共分为九卷，第一卷《绪论和全国概况》为总论卷，从全国层面分别讨论了近代中国贸易和商业、人口、农业、工矿业、交通、金融业、城市的发展及其空间分布；第二卷至第九卷为大区域卷，较为详细地探究了全国八大区域的近代经济地理状况，各卷关注近代经济变迁的空间过程，三次产业、人口、城市等部门的经济地理及其变迁。《中国近代经济地理》出版之后，在学术界和社会上产生了重要的影响，并获得多种奖项。2018年5月，荣获第十五届上海图书奖一等奖；2018年10月，荣获上海市第十四届哲学社会科学优秀成果奖学科学术奖著作类一等奖；2020年获教育部第八届高等学校科学研究优秀成果奖（人文社会科学）著作类一等奖。

中国经济地理研究的历史时段，尤其是最为重要的近代时期，具有非常重要的理论与学术意义，已成为学界的共识。在九卷本《中国近代经济地理》写作的后期，我们对哈佛大学图书馆、中国海关总署档案馆中收藏的旧海关内部出版物进行了整理、出版工作，进入了收官阶段。我们发现，中国近代经济地理在很多方面仍有待研究，大量的旧海关史料尚未得到充分利用。因此，我们决定拓宽或深化近代经济地理的研究范围，在港口—腹地、区域经济转型、城市空间演化、经济区形成、自由港和边疆贸易、贸易网络、进口替代等问题上进一步研究，这些成果被收入"港口—腹地与近代中国经济转型研究"丛书，被列入"十三五"国家重点图书出版规划项目并获得国家出版基金资助，由齐鲁书社于2020年出版。

　　本次出版的"中国近代经济地理研究"丛书七种，从不同的角度进一步深化了中国近代经济地理研究，具有重要的学术价值，获得了学术界的认可，获得国家出版基金资助，并被列入"十四五"时期国家重点出版物出版专项规划项目。本七卷本丛书是华东师范大学出版社九卷本的新推进，囊括了中国近代经济地理研究理论与实证方面的新进展。如果说2014—2017年完成的九卷本是一项结构严谨的近代经济地理研究尝试，是一项弥补空白的学术研究，那么，本七卷本丛书则着力于推进近代经济地理研究的新拓展，深化近代经济地理领域一些重要的理论与学术问题，遵循由浅及深、由表及里的学术思路，这是中国近代经济地理研究的新推进。

　　本七卷本丛书富有理论与实证的新意，深化了中国近代经济地理研究，相关内容囊括了中国近代经济地理格局、近代典型城市与区域（上海、长三角）、近代中国口岸与城市、近代中国常关贸易、近代上海外贸埠际转运、近代中国地域经济（温州及东南地区）、抗战时期边疆经济等方面最新的探索。这些研究成果，或对已有的相关研究作了进一步的探索与归纳，或弥补了之前相关议题研究的不足，或对近代中国区域经济地理与地域经济进行了跨学科的新解析和新探索。

　　1993年，我和邹逸麟先生撰文呼吁历史地理工作者"尤其要注重研究与经济建设有关的重大课题",建议"历史地理学研究的历史时代应尽量后移,尤其要加强对明清乃至民国时期历史地理的研究"时,并没有想到近代经济地理会成为中国历史地理学新的学科生长点,经过近三十年的发展,取得今日之成绩,在学术界和社会上产生了广泛的影响。值此丛书出版之际,谨对山东画报出版社的大力支持表示衷心的感谢!对协助我出版"港口—腹地与近代中国经济转型研究"丛书九种的樊如森教授、对协助我出版"中国近代经济地理研究"丛书七种的方书生副教授,以及参与两套书写作的同学们(他们几乎都成长为教授、副教授),表示我本人的感谢和祝贺。值得一提的是,2012年,我申报的国家社科基金重大项目"中国旧海关内部出版物的整理与研究"开题,樊如森教授的"大阪产业部近代中国及'海上丝路'沿线调查资料整理与研究"和王列辉教授的"21世纪海上丝绸之路的港口供需演化与均衡状态研究",分别在2018年、2020年获批国家社科基金重大项目。这两个重大项目以及山东画报出版社等出版的两套书,不仅对历史研究,而且对国际贸易、海上航线和经济建设,都具有重大意义,作为导师,我自然为学生的成功和进步而高兴。

2021年10月

目　录

序：中国近代经济地理研究的新进展 ··· 1

绪　论 ··· 1

第一章　近代闽江流域经济成长的自然地理环境 ································ 13
　　　第一节　区域地理基础 ·· 13
　　　第二节　港口自然条件 ·· 19

第二章　资源禀赋与近代闽江流域进出口贸易的消长 ······················ 43
　　　第一节　福州开埠与港口贸易的发轫 ······················ 43
　　　第二节　港口贸易的发展与近代闽江流域经济的外向化 ······ 60

第三章　制度创新与近代闽江流域商业市场的嬗变 ······················· 119
　　　第一节　华洋商人在土货市场的博弈 ······················· 119
　　　第二节　中外商人在洋货市场的角逐 ······················· 140

第四章　产权变革与近代闽江内河轮船运输业的演化 …… 151
  第一节　近代闽江内河轮船运输业的产生与发展 …… 152
  第二节　轮船运输权和码头使用权的争夺 …… 163
  第三节　官僚资本主义内河轮船运输业的形成 …… 178

第五章　政府作为与近代闽江流域的经济发展 …… 189
  第一节　经济发展的保护人 …… 190
  第二节　社会财富的掠夺者 …… 205
  第三节　政府行为的两面性 …… 220

第六章　结　论 …… 225
  第一节　开港贸易激发区域经济变迁 …… 225
  第二节　地理环境催生区域经济发展 …… 232
  第三节　制度安排外塑区域经济形成 …… 235

参考文献 …… 239

绪 论

一、学术史回顾

本书旨在以"港口—腹地"为研究框架，勾勒近代福州开埠以来的港口进出口贸易进程，以及福州港腹地闽江流域经济地理格局的形成与变迁过程。学界相关成果，既包括对口岸贸易与中国近代化的探讨，也涉及福建地方近代经济史的研究。

中国的近代化是在外力介入的背景下，由沿海和内地逐渐发端而来的。因此，国外学者较早开始了口岸贸易与各地近代化进程的研究。墨菲（Rhoads Murphey）和费正清（John King Fairbank）的论著，可谓开类似研究之先河，[①]并形成了中国近代化研究中的"冲击—反应"范式。20世纪70年代时，口岸贸易与中国近代化研究的重镇转至我国台湾，由刘翠溶、林满红、温振华、谢世芬、范毅军等学人完成了有关汉口、九江、汕头、烟台、天津、四川、东北、台湾等地的港口及其区域现代化研究。他们对港口贸易发展史、港口贸易的历史影响、腹地经济的变迁

[①] ［美］罗兹·墨菲著，上海社会科学院历史研究所编译：《上海——现代中国的钥匙》，上海人民出版社1986年版；Rhoads Murphey, *The Treaty Ports and China's Modernization: What Went Wrong?* Ann Arbor: University of Michigan, Center for Chinese Studies, 1970; John King Fairbank, *Trade and Diplomacy on the China Coast :The Opening of the Treaty Ports*, 1842–1854, Cambridge: Harvard University Press, 1956.

与现代化等问题进行了深入的论述,①使得"港口—腹地"研究更加丰富细致。但不久后,由于美国学术研究的转向,台湾学者亦逐渐中止了本系列的研究。自20世纪90年代末至今,大陆学者又相继从新的视角对这一问题加以研讨,而戴鞍钢、吴松弟团队进行的"港口—腹地"与中国近代化的研究理路,即其一。②这些研究,为探讨口岸贸易与区域经济变迁,提供了值得借鉴的视角和思路。

就本区近代港口贸易和现代化研究来讲,早期的论著较为少见,与本课题研究内容关联较密切的研究成果主要是李国祁、陈诗启和戴一峰等人的论著。20世纪90年代以来,相关研究逐渐增多。③例如,林仁川的《福建对外贸易与海关史》(鹭江出版社1991年版)即尝试利用海关贸易报告资料研究福建近代对外贸易和经济发展史;福州港史志编辑委员会编著的《福州港史》(人民交通出版社1996年版)也对福州港口贸易和港口建设的历史进程进行了详细的梳理。最近,刘梅英在《全球化与区域化:福建对外贸易研究(1895—1937)》(中国社会科学出版社2016年版)中,详细梳理了全面抗战前包括福州港在内的福建对外贸易的发展阶段、影响因素、商品和市场结构,以及港口贸易与区域经济发

---

① 林满红:《口岸贸易与近代中国——台湾最近有关研究之回顾》,见"中研院"近代史研究所编:《近代中国区域史研讨会论文集》,"中研院"近代史研究所1986年版,第869~915页。

② 戴鞍钢:《港口·城市·腹地——上海与长江流域经济关系的历史考察(1843—1913)》,复旦大学出版社1998年版;吴松弟主编:《中国百年经济拼图:港口城市及其腹地与中国现代化》,山东画报出版社2006年版。

③ 李国祁:《中国现代化的区域研究:闽浙台地区(1860—1916)》,载"中研院"近代史研究所专刊第44号,1985年版;陈诗启:《中国近代海关史问题初探》,中国展望出版社1987年版;陈诗启:《中国近代海关史(晚清部分)》,人民出版社1993年版;陈诗启:《中国近代海关史(民国部分)》,人民出版社1999年版;戴一峰:《五口通商时期的福建对外贸易》,载《福建论坛(文史哲版)》1988年第1期;郦永庆:《第一次鸦片战争后福州问题考辨——兼谈第一次鸦片战争后清政府的对外政策》,载《历史档案》1990年第2期;张洪祥:《福州开埠初探》,载《南开史学》1992年第2期;林日杖:《鸦片战争前后外国在华洋行经济活动初探》,福建师范大学2001年硕士学位论文;郭秀清、杨晓冬:《鸦片战争后英国约开福州商埠之源探索》,载《历史教学问题》2002年第3期。

展的互动关系。

有关福建近代区域经济的研究起步较早，成果也更为丰富。较早的研究主要有徐吾行的《福建现代史》（福建师范大学图书馆藏）、《福州钱庄史略》（1959年稿本）以及巫宝三、张之毅的《福建省食粮之运销》（商务印书馆1938年版）等。改革开放以来，随着区域史研究的兴起，包括工业、农业、手工业、交通运输业在内的专题史研究和综合性研究层见叠出。①例如，厦门大学历史研究所中国社会经济史研究室编著的《福建经济发展简史》（厦门大学出版社1989年版）、唐文基主编的《福建古代经济史》（福建教育出版社1995年版）、李金强的《区域研究——清代福建史论》（香港教育图书公司1996年版）、林庆元主编的《福建近代经济史》（福建教育出版社2001年版）、罗肇前的《福建近代产业史》（厦门大学出版社2002年版）、戴一峰的《区域性经济发展与社会变迁——以近代福建地区为中心》（岳麓书社2004年版）、徐晓望主编的《福建通史 第5卷 近代》（福建人民出版社2006年版）等，对福建古代和近代经济的发展演变过程进行了较为全面的勾勒，并分时期、分区域对包括对外贸易、农业、手工业、金融业、现代交通运输业、工矿业、电话电信业等在内的各个经济行业或部门的发展历程、特点和原因，进行了细致的梳理和剖析。最近，水海刚在《口岸贸易与腹地社会：区域视野下的近代闽江流域发展研究》（厦门大学出版社2019年版）一书中，对近代闽江流域的经济与社会变迁进行了考察，主要就闽江流域的自然生态环境及交通支撑条件、商品流通及市场网络、传统手工业与近代工业、职业教育与社会生活变迁等内容做了论述。作者指出，近代闽江流域的口岸城市与区域腹地之间并没有形成良好的互动，港口贸

---

① 陈慈玉：《近代中国茶叶的发展与世界市场》，"中研院"经济研究所1982年版；张文绮：《福建民族资本经营的近代工业》，载《中国社会经济史研究》1987年第2期；林仁川：《民国时期福建纸的生产与运销》，载《中国社会经济史研究》1989年第1期；徐晓望：《论近代福建经济演变的趋势——兼论近代福建经济落后的原因》，载《福建论坛（文史哲版）》1990年第2期；陶德臣：《福州开埠与近代福州茶市》，载《古今农业》2001年第3期。

易对腹地社会变迁的推进力度有限,而腹地贸易的特性也使得港口城市的自身发展举步维艰。

在区域经济与地方社会的互动研究方面,也有一些成果。陈启钟在《清代闽北的客民与地方社会》(天津古籍出版社2016年版)中认为,随着闽江流域茶叶生产等经济活动的开展,大量客民涌入闽北地区,从而引发了对地方生态环境、粮食供求、社会风气、社会秩序的冲击和调整。肖坤冰在《茶叶的流动——闽北山区的物质、空间与历史叙事(1644—1949)》(北京大学出版社2013年版)一书中,从文化人类学的视角,通过对闽北地区茶叶生产和贸易网络的梳理,观照闽北山区在近代化过程中家庭、地方社会、国家与世界市场的权力和文化的互动,以及区域社会在海外市场和国家行政力量等多重因素影响下的动态发展过程。

至于国外相关的研究成果,早期最著名者为日本人野上英一所著《福州考》一书(福建师范大学图书馆藏抄本),该书共分15章,介绍了福州的历史沿革、福州港的现状,以及福州当地的物产和贸易风俗等。今人较重要者有罗伯特·加德拉(Robert Gardella)和托马斯·莱昂斯(Thomas P.Lyons)的论著,[①]前者主要探讨福建茶叶贸易的发展历程和影响,在数据利用方面存在一些缺陷,也未能提供更新的研究资料和观点;后者旨在通过对海关统计数据来源的分析和挖掘,为学界提供可资使用的海关统计数据指南,以便探讨如何最大限度地利用这些统计数据来研究区域经济的发展,并以福建茶叶贸易为例,揭示清代和民国时期福建的茶叶贸易在经济演进过程中的角色及其变化。与他们着眼于港口贸易不同,格兰特·阿尔杰(Grant A.Alger)则更为关注对腹地社会的探讨,他以《福建省例》为基本史料,从国家与地方互动的视角,对闽江航运业中的船户、船只和政府控制等问题进行了研究,但鲜有论及政府

---

① Robert Gardella, *Harvesting Mountains: Fujian and the China Tea Trade (1757–1937)*, Berkeley: Univesity of California Press, 1994. Thomas P.Lyons, *China Maritime Customs and China's Trade Statistics (1859–1948)*, Trumansburg, N.Y.: Willow Creek Press, 2003.

管理政策的实际效果,在史料挖掘和研究结论上,都存在一定不足。①日本学者村上卫在《海洋史上的近代中国:福建人的活动与英国、清朝的因应》(社会科学文献出版社2016年版)一书中,也曾论及鸦片战争前后中国东南沿海的海盗活动对福建沿海贸易的影响。

至于专论本区经济地理的著作,以林传甲编纂的《大中华福建省地理志》(中国地学会1919年版)为最早,但该书与旧方志并无本质区别,还难以称得上专门的经济地理研究。其后相继有陈文涛编的《福建近代民生地理志》(福州远东印书局1929年版),林作梅的《福建之经济地理上的价值及未来实业的发展》(《新闽前锋》1930年第4期),林观得的《福州区经济地理述略》(《地学杂志》1933年第2期),王东生的《福建经济地理》(福建省地方自治训练所1934年印),卢世延的《福建经济地理》(福建省县政人员训练所1937年印),徐吾行、陈庚孙编著的《福建战时经济地理》(福建人文出版社1943年版)等论著,从福建省和福州地区的地理位置、地势、气候、自然条件等方面,分析探讨自然环境与区域经济发展的关系,并就区域内的自然资源和交通、邮电、金融财政,以及农、矿、工商各业的发展情况进行了概括性介绍,仍然偏重于对部门行业经济史的讨论。新中国成立后,庄为玑主编的《福建历史地理》(福建师范大学图书馆藏1976年油印本)虽然分列历代地理、分区地理、分类地理等卷,但从严格意义上讲,该书更偏重于地方专题性资料汇编。20世纪80年代后,有关本区的经济地理著作不断涌现,而且体例、结构和内容都日益科学化、标准化、精细化。陈及霖的《福建经济地理》(福建科学技术出版社1985年版)、陈佳源主编的《福建省经济地理》(新华出版社1991年版)、黄公勉的《福建历史经济地理通论》(福建科学技术出版社2005年版)等论著,论述了本区的生产力发展条件、历史时期的人口,以及工农业经济和交通运输情况,并对本省

---

① Grant A. Alger, *The Floating Community of the Min: River Transport, Society and the State in China, 1758-1889*, Ph.D disseration, Baltimore: Johns Hopkins University Press, 2002.

的经济区划及区域经济的形成过程、特征和区域差异进行了讨论,但研究时期偏重现代而较少及于近代。

此外,在有关全国历史区域经济地理方面的研究著作中也有对本区经济地理的论述,专题讨论本区产业部门经济地理的著述也并不少见。与本研究相关的代表性论著主要有马波的《清代闽台农业地理》(陕西师范大学1993年博士学位论文),戴鞍钢、阎建宁的《中国近代工业地理分布、变化及其影响》(《中国历史地理论丛》2000年第1期),王双怀的《明代华南农业地理研究》(中华书局2002年版),徐敏的《明代福建农作物地理分布研究》(福建师范大学2009年硕士学位论文),韩茂莉的《中国历史农业地理》(北京大学出版社2012年版)等。以上著作对历史时期本区的部门产业地理或单辟章节进行分析,或集中进行深入研究,但由于或者时限上偏重古代,或者缺乏对本区经济地理的整体把握,因而有进一步加强研究的必要。

综上,有关近代福州港口贸易和闽江流域区域经济发展的论著颇多,许多基本问题都有涉及,从而为本书的研究奠定了一定基础。然而,总体看来,相关成果在研究时段上侧重鸦片战争前的古代和新中国成立后的现代,有关晚清的研究相对薄弱,尤其是能够反映近百年来本区历史经济地理变迁过程的研究更是少见。另一方面,研究内容大多侧重部门经济地理,且仅论述一个短时段的区域经济概况,至于其中的变迁过程、区域差异等则几乎没有涉及,而将港口贸易和区域经济结合起来,并就二者互动关系进行综合性考察的论著尚不多见。此外,由于前人研究旨趣的不同,在研究资料的发掘和研究方法的改进上,也有进一步前进的余地。

二、研究内容、思路与方法

本书主要依托"港口—腹地"与中国近代区域经济变迁研究的相关理论和方法,在前人研究的基础上,就晚清以来福州开埠与其腹地经济发展的互动问题进行深入研讨，并从港口开埠与区域经济近代化的关系方面着手剖析。具体来讲，即从时间和空间的维度，以福州港的进出口贸易进程为切入点，以"开埠为什么没有造成内地的经济起飞"为学术关怀，集中于对闽江流域近代化制约因素的探寻，专注于国家在经济近代化进程中行为的考察，通过研究开埠以来福州进出口贸易的发展及其对闽江流域区域经济的影响，明晰闽江流域近代经济地理布局和经济发展脉络，并分析环境、政府、市场等因素对贸易和区域经济的作用机制。

就本书的时间断限来讲，上限起于1844年福州开埠，下限断于1911年清朝灭亡，也即所谓的"晚清七十年"。这样处理的理由，首先，晚清时期是福建早期现代化的发端时期，并且此期的研究比较薄弱，因而有其研究价值。其次，晚清时期，本区绝大部分地区除了在咸同年间遭到战争的破坏，其余时期均较为安定。这样，我们就可以规避战争对经济发展影响的干扰，集中观察在相对和平的环境下，闽江流域对外贸易的发展及农业、手工业和商业的变迁轨迹，进一步探讨影响本区近代化进程的相关制约因素。另外，对民国时期的论述，因已有相关成果发表，①也不再做全面的分析。当然，出于行文的考虑，也做适当前伸和后延，尤其是在贸易分析中，将相关数据延伸的时段拉长，以观其发展趋势，而对诸如内河轮运业等个别行业部门的探讨，也延伸至抗战时期。

本书论述范围以闽江流域为主。按照学界河流流域区的现有界定，②并结合本书实际研究需要，本书所指闽江流域各县包括清代和民国时期的南平、古田、闽清、侯官、闽县、长乐、浦城、崇安、建阳、松溪、政和、瓯宁、建安、光泽、邵武、建宁、泰宁、将乐、顺昌、宁化、清流、连城、永安、沙县、归化、大田、尤溪、德化、永福、屏南等30

---

① 林玉茹等：《闽台近代经济地理》，华东师范大学出版社2016年版。
② 水利电力部水管司、科技司，水利水电科学研究院编：《清代辽河、松花江、黑龙江流域洪涝档案史料　清代浙闽台地区诸流域洪涝档案史料》，中华书局1998年版，第168页。

县。原因一是福州港的腹地范围主要在闽江流域,闽东地区虽然也属于福州港的腹地,但范围较小,而且已有学人加以研究。①二是闽江流域占了全省面积的一半,是一个包括多种地貌的较为完整的自然地理区域,完全符合解剖"麻雀"所必备的条件。

就研究方法来讲,因研究内容所限,本书仍以历史研究法为主。然而,经济现象的发生和变迁不是孤立的,它始终处于一个系统中,至少要受到资源禀赋、制度规范和社会环境的制约。因此本书尝试利用制度经济学和计量分析的方法与手段分析问题,并注重对历史数据效度的考证,以使本研究尽量建立在可靠的数据之上。同时,在研究经济问题时,不是就经济数据而谈经济变化,而是尽量结合政治、人文、地理因素,从环境、制度、政府以及市场等各种视角多维度地观察福州开埠后的贸易进程,并将其放在区域近代化的大背景下考察。此外,在叙述方法上,本书尝试利用布罗代尔在《地中海》一书中所采用的白描手法,②以增强趣味性和亲切感。

三、资料运用与篇章架构

本书资料主要来源于海关贸易报告和英、美领事商务报告,在华传教士随笔或日记,以及地方志等其他地方性资料。

由中国旧海关领导机构定期编辑发布的海关报告和贸易统计,近年来随着《中国旧海关史料》的影印出版,③逐渐为学者所知,并因其完

---

① 梁民愫:《试论近代福建三都澳开埠后的对外贸易及其特征》,载《江西师范大学学报(哲学社会科学版)》2000年第4期;唐凌等:《自开商埠与中国近代经济变迁》,广西人民出版社2002年版,第76~128页。

② [法]费尔南·布罗代尔著,唐家龙等译:《菲利普二世时代的地中海和地中海世界》第1卷,商务印书馆1996年版。

③ 中国第二历史档案馆、中国海关总署办公厅编:《中国旧海关史料(1859—1948)》,京华出版社2001年版;吴松弟整理:《美国哈佛大学图书馆藏未刊中国旧海关史料》,广西师范大学出版社2014、2016年版。

整、系统和科学而成为近代经济史研究中最具价值的资料宝库。①本书有关福州近代贸易状况的统计数据和资料，主要来源于此。驻福州的英、美领事商务报告，②除了有相关的贸易数据统计，也有对当地港口贸易和社会百态的观察和记录，对分析港口贸易进程、各种进出口商品的发展趋势及变化原因，极富参考价值。本书对这部分资料进行了深入系统挖掘，第二章对福州茶叶出口贸易的梳理与解读，即明证。

包括政府官员、外交人员、传教士、军人、探险家等在内的外国来华人士，留下了在华游历时的各类游记，内中保留了许多当时的中国人习以为常而不愿记载，但事实上颇具研究价值的资料，让我们可以从西方人的角度了解中国近代社会生活的变化轨迹和演变逻辑。③集中刊载传教信息的《教务杂志》④，主要记载了在华各地传教士在当地的所见所闻，且较其他教会报刊更为如实客观，⑤也对了解本区的生活习俗和商业习惯具有一定的参考意义。

本书还充分利用了清代以来的各地方志、清人文集和奏折、民国档案资料，以及部分契约文书。⑥对以《益闻录》《申报》为主的晚清和民

---

① 吴松弟、方书生：《一座尚未充分利用的近代史资料宝库——中国旧海关系列出版物评述》，载《史学月刊》2005年第3期。

② The Parliament of the United Kingdom of Great Britain and Northern Ireland, *British Parliamentary Papers*, *Embassy and Consular Commercial Reports*, *China*, Shannon: Irish University Press, 1971–1972. Jules Davids, *American Diplomatic and Public Papers*: *the United States and China*, Vol.20, Wilmington: Scholarly Resources, 1973.

③ 自2009年起，广西师范大学出版社每年出版一辑《"中国研究"外文旧籍汇刊·中国记录》，至今已经先后出版了12辑。此外，与本研究直接相关的译著还有［英］麦高温著，朱涛、倪静译：《中国人生活的明与暗》，时事出版社1998年版；［美］明恩溥，午晴、唐军译：《中国乡村生活》，时事出版社1998年版；［美］卢公明著，陈泽平译：《中国人的社会生活》，福建人民出版社2009年版。

④《教务杂志》[*The Chinese Recorder: Journal of the Christian Movement in China* (1867–1941)]，台湾大学出版中心、基督教与中国研究中心2012年出版了该杂志的影印本。

⑤ 崔华杰：《传教士与中国历史研究：以〈教务杂志〉为中心的量化考察》，载《社会科学论坛》2011年第3期。

⑥ 代表性的主要有福建师范大学历史编：《明清福建经济契约文书选辑》，人民出版社1997年版；周正庆、郑勇主编：《闽东家族文书》，广西师范大学出版社2018年版。

国时期报纸，中、外进行的各种社会经济调查资料，①也均予以采撷。至于新中国成立后出版的文史资料，②大多属二手资料，因本书的研究时段偏重晚清，故除了少数一手资料，③只作一般性参考。

就本研究使用的统计资料来讲，主要来源于福州港口的贸易报告和商务报告。一般来讲，港口的进出口贸易不但经由洋关，还要经由常关往来，不但经由港口，还要经由内陆，甚至经由后者的部分有时还远多于前者。不过，就福建一地来讲，福州、厦门和三都澳3个海关的贸易数据虽不是一省对外贸易的全部，但输入之数可代表全省输入总数的90%，输出之数可代表全省输出总数的87%。在考虑到常关的影响因素后，"则三口岸输出之总和，仍可视为全省数85%以上，输入之总和，可视为全省数90%之谱，纵所估计，仍难免含有若干错误，以及各种违禁品之出入均未能计算在内，然而三口岸输出入数之能代表全省输出入总数80%以上，当可断言"④。若只就福州口而言，经由福州港进出的货物所占比例更高。"观闽北大宗产品，如木材，茶，纸，笋之类，悉经闽江而从福州出口，可资信证，故所遗漏之数，大可略而不论。"⑤因此，就本口而言，海关的统计数据有更高的代表性，尤其是经由海关输出的茶叶和木材，以及进口之米谷、五金、棉纱、麦粉、火柴、煤油等

---

① 主要有日本外务省通商局编纂的《福建情况》，启成社1917年版；台湾总督官房调查课编：《福建北部情况》，台湾总督官房调查课1921年版；东亚同文会编：《中国省别全志·福建省》，东亚同文会1920年版；台湾总督府热带产业调查会编：《中国南部的资源和经济·福建省》，南洋协会台湾支会1938年版；东亚海运株式会社营业部企画课编：《中国南部内河水运概况·福建省》，福建省图书馆藏1941年抄本。

② 福建省政协文史资料委员会、福建省图书馆编：《福建省各级政协文史资料咨询指南》，内部刊物，1994年版。

③ [英]卫京生著，刘玉苍译：《福州开辟为通商口岸早期的情况（一个帝国主义分子的供状）》，见中国人民政治协商会议福建省委员会文史资料编辑室编：《福建文史资料（选辑）》第1辑，福建人民出版社1962年版，第137~166页。

④ 福建省政府秘书处统计室编：《福建历年对外贸易统计》，福建省政府秘书处公报室1935年版，第4页。

⑤ 福建省政府秘书处统计室编：《福建历年对外贸易统计》，福建省政府秘书处公报室1935年版，第3页。

物。因此，在近代缺乏可靠的长时段序列统计数据的情况下，海关统计数据的准确度是目前所存数据中最高的，据此分析所得出的结论当是可靠的。

本书各章的安排大致如下：

第一章主要论述近代福州开埠和闽江流域区域经济发展的自然环境，尤其对港口区位条件和连接港口与腹地之间的水陆交通进行重点叙述。第二章重点勾勒福州港贸易的变化过程和历史特点。在本章中，主要通过对海关进出口主要货物的归纳整理，描绘福州港主要贸易商品的发展变化过程，并认为近代福州港口形成了以生活消费型为主的进口商品结构和资源依赖型占主导的出口商品结构。当然，因历史统计资料所限，对早期福州港口贸易的分析主要以文字描述为主，并通过对常见史料的解读和分析，对前人研究中存在的问题和结论进行了修正。对19世纪60年代以后的研究，则主要通过海关贸易统计资料进行量化分析。

接下来的三章，分别分析制度变迁、政府行为对区域经济形塑过程中的重要作用。其中，第三章主要通过对茶叶、鸦片、布匹等主要进出口商品市场的考察，论述促进商品贸易发展的制度因素，并通过勾勒华商和洋商争夺市场主动权的过程，观察其在市场上的具体表现，并指出制度创新也在其中起了重要支持作用。第四章则详细梳理了19世纪60年代至20世纪40年代闽江内河轮船运输业的兴起和演变过程，分析产权变革的复杂过程及在促进行业部门经济发展中的重要作用。第五章则从政府角色的两面性，探讨政府行为对区域经济发展的具体影响，指出近代闽江流域经济未能实现飞速发展的根源不在于政府力量的缺失，而在于政府角色的错位。

最后是简短的结论。笔者认为口岸贸易是腹地经济社会变迁的激发器，自然禀赋和地理环境是影响港口贸易的主要因素，也是制约腹地经济成长的瓶颈，而政府制度创新的缺失则是本区未能实现经济起飞的根本原因。

第一章

近代闽江流域经济成长的自然地理环境

地理环境对人类社会发展的影响,早就引起历史学、地理学和经济学研究者的关注。最初,研究者们把地理环境作为经济组织成长的重要构成要素,继而讨论空间距离的存在对经济空间组织活动的影响,新经济地理学又将运输成本视为影响经济发展的核心要素,探讨其对贸易和经济发展的影响,并以之解释区域经济差异的形成。①

第一节 区域地理基础

一、地形地貌

福建省地处中国东南沿海,北纬23°31′~28°18′,东经115°50′~120°43′之间,北界浙江,西邻江西,西南与广东相接,东隔台湾海峡与台湾相望。全省陆地面积12.4万平方千米,海域面积13.6万平方千米。因靠近北回归线,且背山面海,既可阻挡北方寒冷空气南下,

---

① John Luke Galllup, Jeffrey D.Sachs, Andrew D.Mellinger, "Geography and Economic Development", *International Regional Science Review*, Vol.22, No.2, 1999.

又不妨碍海洋暖湿气流的进入，故本省大部分地区冬无严寒，夏少酷暑，雨量充沛，形成暖热湿润的亚热带海洋性季风气候。年平均气温多在17~22℃之间，各地日平均气温≥10℃的稳定期积温大致在4 500~7 700℃之间。①

福建号称"山国"，90%以上是山区，地形地貌比较复杂。高山占福建总面积50%以上。在本区中部及闽赣之间有两列呈北北东—南南西或北东—南西走向且互相平行的山脉：一列（自北向南）由鹫峰山脉、戴云山脉和博平岭组成，称为闽中大山带，长580千米，海拔平均1 000~1 200米之间，以北段和中段较高，宽度在70~80千米，以大田德化一线最宽，100余千米。一列武夷山脉，称闽西大山带，长530千米，为闽江水系、汀江水系和鄱阳湖水系的分水岭，其中位于浙西的仙霞岭与武夷山脉相接，成为闽、浙二省的分水岭。整个闽西大山带平均海拔1 000~1 100米，北高南低，1 500米以上的山峰多集中在崇安、建阳、光泽一带，是全省地势最高的地区。山带宽度十余千米至数十千米不等。这就使得本省的地势不是简单的自西北至东南渐次下降，而是呈现出如下图所示的马鞍形态势。

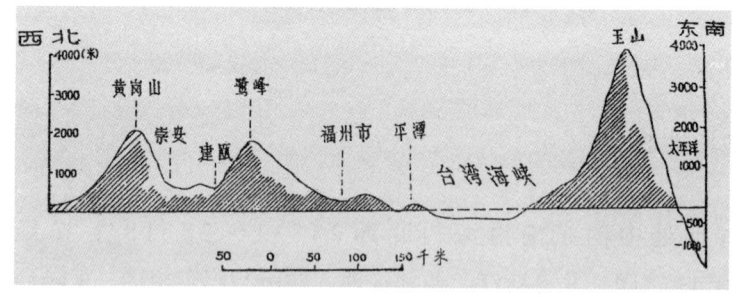

图1.1 福建地形剖面图

资料来源：福建师范大学地理系《福建自然地理》编写组编：《福建自然地理》，福建人民出版社1987年版，第39页。

---

① 本节有关福建自然地理环境的叙述，主要参照以下著作：福建师范大学地理系《福建自然地理》编写组编：《福建自然地理》，福建人民出版社1987年版，第39~128页；福建省地方志编纂委员会编：《福建省志·总概述》，方志出版社2002年版，第1~3页。

在冬天，高耸入云的武夷山脉可将南下的干冷气流阻挡在山北坡，从而使得本区冬天的气温远高于江西。美中不足的是，山脉中还有许多与山带成直交或斜交的在古代称为"关""隘""口"的垭口，如浦城枫岭隘和小关，崇安分水关和桐木关，光泽铁牛关、杉关，邵武黄土隘，建宁甘家隘，宁化姑岭隘等。这些垭口一向是闽赣、闽浙的交通要道和军事要冲，也是冬半年冷气流入侵福建的通道，因此垭口内风力特别强劲。在两大山带山脊的外侧以及山间盆地的内外围，还有面积较大的绝对高度在500~800米的低山，在各种地貌中所占比重最大，达30％以上。低山地区水热条件优越，森林资源丰富，是福建森林的主要分布地带，包括常绿阔叶林、人工马尾松林、杉木林和毛竹林等。低山地带相当一部分还可以种植果树、茶树和油茶树，靠近村落的低山则被开辟成梯田，种植水稻等粮食作物。当1887年J.E.Walker在位于闽北的邵武南部地区传道时，他看到"在每一个有泉并且土壤能够耕作的低山或高山上，都布满了种植着水稻的梯田。它们延伸至每一个角落，以至于福建那一块块的稻田分布图就是其水系的分布图：从靠近沿海线的宽大的河流，到从幽深狭谷中近于最高的大山的顶峰流下来的最小的细流"。当他们一行沿着山路从山脚走到山顶的时候，稻田也随着山势连续分布，直到快接近山顶没有泉水之处，然后在翻过山顶继续下行时，在有山泉流注的地方又发现了层层的梯田沿山而下。①

　　与高大挺拔的群山相比，海拔相对较低的丘陵占了全省总面积的30％左右，主要分布于山地外侧及河流两岸，沿海一带也有广泛分布。其中海拔低于200米的占12.47％，200~500米者占51.41％。内地丘陵分布地区普遍覆盖着一层红色风化壳，含有较多矿物质，对植被的生长十分有利，宜于种植甘薯和茶树，但一旦植被遭到破坏即会导致水土流失。在这里，普遍种植着许多小片的茶园、果园和竹木杂树。

---

①J.E.Walker, "A Glimpse of Fuh-kien Mountains and Mountaineers", Chiese Recorder, Vol. ⅪⅩ, No.4, 1888.

平原面积只占福建全省总面积的10%左右。闽江流域可称得上平原者更是屈指可数，除了不大的福州平原为冲积平原，其他均是位于山间盆地沿河两岸的面积狭小的河谷平原，其中较大的有建瓯平原、永安平原、浦城平原等。这些平原是农业中心和人口聚集地，农业集约化程度较高，盛产稻米和柑橘、橄榄等水果，部分地区甘蔗、烟草、蔬菜等作物也有一定种植面积。1849年夏季，传教士罗伯特·福钧（Robert Fortune）在福州短暂逗留期间，看到从福州城外的洪山桥至闽江口，尤其是福州平原地区"人民极其富足，土地极其肥沃。平原上到处可见成片的荔枝树、龙眼树、桃树、李树。用来与烟叶掺和以增加香味的芳香的树兰（Aglaia Odorata）和用来给优等茶叶加香的珠兰都有大量种植。这里到处种满了糖蔗和烟草，并且除了普遍种植的蔬菜，也发现了大量的有香味的花，其中印度晚香玉和茉莉花的数量尤其突出"①。1883年3月，来到福州的钱国祥与友人一同登上城内乌石山远眺南台，只见"人烟稠密，帆樯如绘，水田一片，新秧已绿"②。

在大山带之间还分布着不少的内陆盆地，如戴云山地区德化、大田、永泰等地，武夷山地区的崇安盆地、泰宁的朱口—梅口盆地、宁化的禾口盆地、清流的嵩溪盆地。这些盆地上一般都有居民点分布，山上辟有层层梯田，在梯田之上的山坡上还栽种着茶、油茶等经济作物，耕作线有时可以到达海拔1 000米以上的高程。当1850年初英国植物学家罗伯特·福钧一行进入崇安时，他写道："崇安县城所在的平原不是很大。群山围绕在它的周围，上面种植着大量的茶树。许多山都是光秃秃的样子，尽管这些山的斜坡上到处都有十分肥沃的地方。茶树也大量种植在低地，但总是高出河岸许多。"③

---

①Robert Fortune, *Visit to the Tea-Districts of China and India*, London: John Murray, 1852, P.146.
②〔清〕钱国祥：《闽游日记》中册，上海图书馆藏，第6页。
③Robert Fortune, *Visit to the Tea-Districts of China and India*, London: John Murray, 1852, P.221.

二、气候与水文

上述地形地貌对福建的气候、水文及其他自然要素的形成和分布都有着深刻的影响,其中对气候和水文水系的影响尤其显著。由于纬度和地形的作用,全省冬天普遍较温暖,虽然各地差别亦甚大。《建宁府志》对此曾有形象的说明:"按八闽居东南温燥之地,大抵多热少寒。建宁据闽上游,界连中州,而地势颇高,故寒于福州。然寒不裂肤,故人多服单夹之衣,遇隆冬霜雪亦不免拥炉。入春即和,正月贺节者或以扇。四月衣绤绤,至九月而止。六月暑甚,道路如炙,屋宇之下,坐席有薰蒸气。一雨即凉气袭人,久雨则寒。春多雨夏多骤雨,风不甚号,水无盐卤,雪间有之,然着地即融,不能积厚。霜多至三日而止,俗谓之厌霜。山间四时多雾,至午消,春秋冬三时尤甚,中其气者能使人疾病,故早行必饮酒……浦城地势愈高,故比之府治寒凉之气较多。寿宁又高于浦城,夏不甚暑。余气候俱同。"①

大体说来,全省气温自北而南是逐渐升高的,闽北内陆地区还经常可以见到下雪的天气,在福州则极其罕见。例如,1882年11月,钱国祥在由浙入闽的仙霞道上方体会到"才入仙霞路,重裘尚不支""水到吴门方见海,树侵闽岭渐无霜",自叹"不历其境,不知其诗之工"。其在浦城县大竿头时,天气寒冷,降雪,10日后到达建安县大横时便因"天气极暖,去皮褂"②。当然,由于气候的变异,本区有时也会出现奇寒天气,在进入明清小冰期后尤其明显。例如,康熙十三年(1674)正月十五夜,"天忽大寒,重绵不足以御,服狐裘始觉稍温。次日,天大雪,遥望三山皆白,闽地二十年中所未有也"③。1864年时,传教士卢公

---

① 康熙《建宁府志》卷二《舆地志二》,见殷梦霞选编:《日本藏中国罕见地方志丛刊续编》第6册,北京图书馆出版社2003年版,第99~100页。
② 〔清〕钱国祥:《闽游日记》中册,上海图书馆藏,第21~27页。
③ 〔清〕许旭:《闽中纪略》,见台湾银行经济研究室编:《台湾文献史料丛刊》第6辑107号,台湾大通书局1987年版,第23页。

明(Justus Doolittle)也记述道:"在福州,即使薄如刀刃那样的冰也很少见。早上的雾也少有,雪就更是极其罕见了。在1864年2月,下了两三英尺的雪,周围的山上也有了几天的积雪。据说这种情况是38年以来从未有过的。"①1883年的冬季也是奇冷无比,"询之田间野老,皆称向无此奇寒天气云"②。1894年1月16日,一场前所未有的风暴和暴风雪袭击全省,并导致了龙眼的歉收。③

山高林密,气候潮湿,使得闽江流域大部分地区瘴气重、云雾多。如闽北地区"沿溪之地及旷野平原,气疏以越尚无瘴氛,一入重冈复岭中,似云非云,似雾非雾,游客居民触之即作数日恶,甚者致成瘴疠"④。即使位于闽江流域下游的福州府地区也是如此。如古田县"万山中重冈复岭,岚阴至午乃霁"⑤。当约翰·汤姆森(John Thomson)某天早上准备在古田县水口起航溯江而上时,才发觉"像往常一样,水上有一重浓雾,这使我们无法看到船周围两三英尺远的地方,只好停止,到快近中午时才继续前进"⑥。

就降水来讲,因高峻的闽西大山带阻挡了南下的冷气流,而东南低矮的地势又有利于海洋气流的登陆和深入,所以受马鞍状地形的制约,降水分布呈明显的两高两低的态势。本区绝大部分地区年降水量在1 000~2 000毫米之间,平均1 670毫米,高海拔山区可达2 200毫米以上。其中,3~4月为春雨季,5~6月为梅雨季,7~9月为台风雨季。3~6

---

①Justus Doolittle, *Social Life of the Chinese: With Some Account of Their Religions, Governmental, Educational, and Business Customs and Opinions*, Vol. I, New York: Harper & Brothers Publishers, 1865, P.42.

②《申报》光绪九年四月初一日。

③福州海关编:《近代福州及闽东地区社会经济概况》,华艺出版社1992年版,第193页。

④《延平府志·气候》,见《中国地方志集成·福建府县志辑》第37册,上海书店出版社2000年版,第848页。

⑤《玉田识略·补遗·文类·古田县图说》,福建师范大学图书馆藏。

⑥John Thomson, *Through China with a Camera*, London and New York: Harper & Brothers, 1899, P.153.

月雨季由锋面形成，雨区广，雨期长，约占年降雨总量的60%。特别是5~6月降雨强度大，雨量集中，使得闽江的洪水多发生在5~6月的梅雨季节，此时洪水量占全部洪水量的86.6%。在这种时候，因江水迅急，上游的船只多不敢运货下行，上行船只也较平时更加困难。例如，暴雨致使河流迅急，从闽江口到福州城不过10英里左右的航程，罗伯特·福钧竟然几乎走了两天，其艰难之状可想而知。[①]

就水文水系来说，由于闽江呈北西—南东流向，切割流过两大山带，而支流多顺着两大山带的走向呈北东—南西或北北东—南南西流向，从而组成了典型的格子状水系。又由于受到断裂构造的影响，河谷形态多呈串珠状，峡谷和盆谷相间交错排列。如闽江的源流部分，因为切割闽西大山带，故峡谷众多。流经两大山带之间的河段则以串珠状河谷形态为主，如建溪上的崇安、建阳、建瓯以及浦城、松溪、政和等河谷，富屯溪上的光泽、邵武、顺昌等河谷，沙溪上的永安、沙县等河谷。南平以下至水口间又因为切割了闽中大山带，形成了长达100千米的大峡谷，闽江进入下游后，便进入福州盆地；马尾以下，又形成峡谷，闽安以下复又开阔。

第二节 港口自然条件

一、区位和航道

福州港地处福建省海岸线的中点，闽江下游的河口段，北距沙埕港125海里，至上海港472海里，南距泉州港口157海里，至厦门港200海

---

① Robert Fortune, *Three Years' Wanderings in the Northern Provinces of China*, London:John Murray, 1847, P.341.

里。两岸山峦夹峙,地势险要,自古以来便是闽江流域货物集散地。五代时福州港的海上交通进一步得到发展,明代时市舶司从泉州移置福州,更加促进了福州港的对外贸易。近代福州开埠后,港口建设一直处于自然和半自然的状态,早期的福州港没有专门的码头建设,只是用自然坡岸或石级靠泊船只,形成了众多的小道头。千吨以上的商船与海轮均不能直抵福州南台,只能以水深的马尾作锚泊装卸和旅客转搭地,客、货均须由小船上下驳运。[1]据20世纪20年代时西方人的记载,"福州距离闽江口30英里,距离其深水停泊港马尾10英里,这造成了一个严重和令人烦恼的运输问题"[2],因而大大提高了货物运输成本。

自闽江口外进入福州港的航道并不理想。从闽江口外进港的水道有3条,"南道与白犬列岛遥遥相对,最北面界于尖峰岛和大陆的航道仅吃水浅的船只出入。中间的航道位于尖峰岛之南、五虎岛之北,宽约3/4英里,低潮时水位近3英寻。南面的航道不宽敞,也不顺直,供南行的船只出入"[3]。道光年间闽浙总督怡良查勘金牌门海口情形时也称,"向来浙江、天津等船从五虎门入,广东之船从梅花港少北之芭蕉门入口"[4]。这种情形,使得大船和轮船的行驶较为困难。"福州港道口门最狭,沙浅(疑为线之误——笔者注)复多,各国小船虽往来无碍,而大船易于搁浅"[5],而且"海口活沙时有变迁,洋船来往须雇本地舢板船引路,谓之引水……芭蕉山侧虽多支港,然有铁沙、有活沙,胶滞可虞,轮船不

---

[1] 福建省地方志编纂委员会编:《福建省志·交通志》,方志出版社1998年版,第162、166页。

[2] The Anti-Cobweb Club, *Fukien: A Study of a Province in China*, Shanghai: Presbyterian Mission Press, 1925, P.76.

[3] John Thomson, *Through China with a Camera*, London and New York: Harper & Brothers, 1899, P.129.

[4] 中国第一历史档案馆编:《鸦片战争档案史料》第5册,天津古籍出版社1992年版,第17页。

[5] 中国第一历史档案馆编:《鸦片战争档案史料》第7册,天津古籍出版社1992年版,第990页。

便行驶"①。

当罗伯特·福钧1845年6月来到闽江口时，鉴于"闽江口众多的沙洲危险到处可见"，故不得不诱使一个渔民为他导航。该渔民领其自五虎门航道入口，而他们所经过的航道"在各种航海图上从来没有被标注过"。好在此渔民自称"谙熟各处水深"，他们一行才得以安全度过"最危险的一关"。②这些沙洲在晚上更是难以逾越。当罗伯特·福钧于1854年3月再度来到福州考察时记述道："当我们晚上（自省城）到达闽江口时，只好停泊下来，因为当时天色已晚，无法穿越闽江口的沙洲。"③

面对这样的航道条件，外国船只从来不敢轻易进入，1845年法国人在查看沿海通商情形时，便"因赴福州口须由五虎门驶入，该港内礁石较多，伊船只重大，难以进口，不敢再往福州"④。其中有些莽撞闯入的船只，不得不为此付出沉覆海底的代价。如1849年底时，英国兵船"侦探"号即在赴福州查看贸易情形时，于五虎门进口时触礁沉溺。⑤此后不久的1853年，"东方"号又沉于同一地方。⑥不但通过闽江口的沙洲十分困难，而且在通过这些沙洲后，继续溯江而上至福州省城时，也是困难重重。据时人观察，马江"两岸崇山，七湾八曲，地势危险"⑦，而且

---

① 〔清〕卞宝第：《闽峤輏轩录》，福建师范大学图书馆藏，第4页。
② Robert Fortune, *Three Years' Wanderings in the Northern Provinces of China*, London: John Murray, 1847, P.337.
③ Robert Fortune, *A Residence Among the Chinese: Inland, on the Coast, and at Sea*, London:John Murray, 1857, P.227.该书又被收入《"中国研究"外文旧籍汇刊·中国记录》第5辑第1册，广西师范大学出版社2013年版。
④ 中国第一历史档案馆编：《鸦片战争档案史料》第7册，天津古籍出版社1992年版，第622页。
⑤ ［英］卫京生著，刘玉苍译：《福州开辟为通商口岸早期的情况（一个帝国分子的供状）》，见中国人民政治协商会议福建省委员会文史资料编辑室编：《福建文史资料（选辑）》第1辑，福建人民出版社1962年版，第156页。
⑥ ［英］卫京生著，刘玉苍译：《福州开辟为通商口岸早期的情况》，见中国人民政治协商会议福建省委员会文史资料编辑室编：《福建文史资料（选辑）》第1辑，福建人民出版社1962年版，第157页。
⑦ 〔清〕钱国祥：《闽游日记》下册，上海图书馆藏，第14页。

"自洪塘以下三十余里,深浅不一,有潮退后不过四五尺者,彼处大船难以驶进"①。

  造成这种状况的客观原因是,闽江下行至下游后,河床由中游的岩床转为沙床为主,同时河水流速变缓,沉积作用占据优势。由中游冲刷搬运下来的泥沙在此大量淤积,其中尤以福州盆地河段的沉积作用更为显著。②主观原因是,鸦片战争爆发后,福建政府为了防备外敌入侵,对福州以下、闽江口以上河道进行填塞,导致河道航行更加困难。1841年福建地方官员奏道:"离南台三十里,地名少岐。该处港道窄浅,量宽四十余丈,深六七丈。现饬署福州府知府史致蕃督同委员,购舡二十只,载石沉水,大舡已不能通。两旁再用石帮镶,潮退石与水平,三板舡亦不能入。仍恐潮来,小舡从石上窜进,离少岐里许名林浦,用木排横栏,盖以土泥,该处水势宽缓,底皆沙泥,下碇可期稳固……查勘自林浦以下至五虎门中间要隘,一为南北岸,一为金牌、长门,皆两山对峙,特水深溜急,舡石木排皆不能用。仿照渔户拦港挂网之法,用四方大木架,加以铁爪,系以篾缆,用竹篓盛石,沉于水底,架浮水面,随潮上下,三板船能钩破其底,即大船亦能挂其舵。又乌龙江有内港,可绕入西关外之洪山桥,水不甚深,亦皆用石填塞,以堵小三板窜入之路,仍各留口门,便于商渔民船出入,夷来则填。"③战争结束后,地方政府并没有对这段航道进行清理,因为至少在1845年时,罗伯特·福钧在闽安镇附近江面看到的还是如下景象:"在这个城镇以下数英里的河道几乎完全被石头和破旧船只堵塞了,它们在高潮时则被淹

---

  ① 中国第一历史档案馆编:《鸦片战争档案史料》第5册,天津古籍出版社1992年版,第18页。
  ② 福建师范大学地理系《福建自然地理》编写组编:《福建自然地理》,福建人民出版社1987年版,第123~124页。
  ③ 中国第一历史档案馆编:《鸦片战争档案史料》第4册,天津古籍出版社1992年版,第120页。

没。"①中法战争前，福建地方政府又曾堵塞东港航道，从而使得船只航行愈加困难。当时为防止法军进攻，福建地方政府在长门、金牌门海口处"竖立铁桩，横以铁缆，没入水中，安设机器，随时捩转起落"，又在"距省城三十里之林浦、魁岐及闽安右路出海之梅花江，概经垒石填塞，仅容小舟来往"。②

  航道中遍布的浅滩和沙洲，给船只行驶带来很多困扰。即使一般商船也因航道曲折、沙洲众多，必须在熟悉航道的引水员的帮助下才能顺利行驶。正所谓"省港多礁石，商舡必得渔舡引行"③是也。同治年间，沈葆桢视察马尾时曾奏称："马尾地隶闽县，据罗星塔之上流，三江交汇，中间港汊旁通长乐、福清、连江等县，重山环抱，层层锁钥。当候潮盛涨，海门以上岛屿皆浮，潮归而后，洲渚礁沙，萦回毕露。所以数十年来，外国轮船、夹板船常泊海口，非土人及久住口岸之洋人引港，不能自达省城。"④据1876年4月Henry Noel Shore进入福州时的观察，"到达福州要通过许多因沙洲而形成的阻碍，并且大轮船只能在离福州10英里处的马尾停泊……河流在两岸高耸的群山中曲折地穿行。在最窄处，群山几乎好像自水底猝然而生，并被荒凉的狭谷所分割……（自马尾以上的河道）很窄也很复杂，且位置飘移不定，因此经验丰富的引水员是必不可少的"⑤。如果没有引水员的引导，船只的航行会变得异常艰难，抛锚、搁浅之事时有发生。1845年5月28日，"美杜莎（Medusa）"

---

  ①Robert Fortune, *Three Years' Wanderings in the Northern Provinces of China*, London:John Murray, 1847, P.339.
  ②〔清〕左宗棠著，刘泱泱、廖运兰校点：《左宗棠全集·奏稿（八）》，岳麓书社1996年版，第530页。
  ③中国第一历史档案馆编：《鸦片战争档案史料》第4册，天津古籍出版社1992年版，第121页。
  ④〔清〕宝鋆等编纂：《（同治朝）筹办夷务始末》，见沈云龙主编：《近代中国史料丛刊》第611号，台湾文海出版社1966年版，第4799页。
  ⑤Henry Noel Shore, *The Flight of the Lapwing：A Naval Officer's Jottings in China, Formosa and Japan*, London：Longmans, Green and Co., 1881, P.87.

号轮船自马尾上行时,"水深变化极大,经常忽然从两英尺变为两英寻。Medusa 轮尽管吃水仅4.5英尺,却也数次搁浅,只好退回重新寻找较深的航道继续前进"①。

开埠之初,外国人即对福州港恶劣的航道条件深有体会。W.Tyrone Power 在谈到制约福州港的因素时说,"福州的劣势尤其特别需要更长的时间,花费更多的资金才能解决。闽江口为沙洲所阻,且暴露在外没有安全感。当向内河航行时,船只不得不面对许多湍流和易于搁浅的泥质河岸奋力航行40英里。因为省城的河道很狭窄,在克服了所有的困难后,除了吃水浅的船只,其他船只不得不在离城10英里远的地方抛锚"②。甚至大一些的帆船必须将货物卸下一部分后才能继续溯江而行。例如,从事福州与山东间直接贸易的大帆船进港时,"必须把一半的货物卸到驳船上,然后才能沿江上溯,直达万寿桥下"③。

万寿桥的存在也构成了港口联系上下游河道的一个障碍。因万寿桥所阻,大多数船只不能自由地穿行。小吨位的船只"在高潮时可以通过万寿桥,但在雨季时,江水建瓴而下,气势汹涌"④,难以航行。"驳船和其他装有可移动桅杆的船只,可以从桥下通过。而那些来自宁波、厦门及其他地方的船只,只能在桥下和中洲旁停泊。"⑤这就是下面这张摄于19世纪90年代的图片中,何以只在大桥的一边出现帆樯林立情形的原因。

---

① R.Montgomery Martin, *China*: *Political, Commercial and Social, in an Official Report to Her Majesty's Government*, Vol.Ⅱ, London: James Madden, 1847, PP.294~295.

② W.Tyrone Power, *Recollections of a Three Years' Residence in China*, London: Richard Bentley, 1853, PP.298~299.

③ 姚贤镐编:《中国近代对外贸易史资料(1840—1895)》第1册,中华书局1962年版,第600页。

④ Henry Charles Sirr, *China and the Chinese*: *Their Religion, Character, Customs, and Manufactures*, London: Wm.S.Orr & Co., 1849, P.170.

⑤ Justus Doolittle, *Social Life of the Chinese: With Some Account of Their Religions, Governmental, Educational, and Business Customs and Opinions*, Vol.Ⅰ, New York: Harper & Brothers Publishers, 1865, P.27.

图1.2　19世纪90年代时的万寿桥

资料来源：J.Macgowan, *Pictures of Southern China*, London: The Religious Tract Society, 1897, P.125.

　　即使穿过了万寿桥再继续行驶时，也还会有不时搁浅之虑。1849年1月麦利和（R.S.Maclay）沿着万寿桥与其上游6英里处的洪山桥之间的河道航行时写道："我们正在上行的这段河道相当迂回曲折，有时正向南行，突然却又直往北行。我们还发现这段航道不够深，我们的船有时经过某些看起来可以让一只三帆战舰通过的地方时，船的龙骨却又突然撞到了遍布河床中的某个沙洲。"①

　　与此同时，地方政府在港口和航道建设方面的措施严重滞后，更加剧了港口通行的困难。近代时期，福州海关虽然也曾建立过一些导航设施，但多是限于在闽江口外建立灯塔之类，而闽江口以上至福州城的马江航道，在1919年前始终未能得到改善。在英国领事商务报告中，处处

---

①　R.S.Maclay, *Life Among the Chinese:With Characteristic Sketches and Incidents of Missionary Operations and Prospects in China*, New York：Carlton & Porter, 1861, P.179.该书又被收入《"中国研究"外文旧籍汇刊·中国记录》第5辑第2册，广西师范大学出版社2013年版。

充满了对这种状况的抱怨:"洋关的征税工作令人满意,税收却极少用于必备的港口设施建设。吨税应更多地用于改善闽江的航行问题。在这条危险的江上,目前还没有信号灯以标示航道,并且各处河段完全没有航标。"①"到目前为止中国政府从未在闽江上设置任何信号灯或浮标,从而使得轮船航行倍受阻碍。为此,中国政府应该备受谴责。"②

不但相对完善的导航设施没有建立起来,对航道淤塞的状况,福建地方政府也丝毫不予理会。前已指出,闽江下游地区属于显著的沉积地段,最晚到19世纪70年代后期,东西二港的淤积现象已十分严重,每逢暴雨,洪水经常倒灌入福州省城,并造成很大的损失。地方政府为自身计,不得不加以疏通,但其唯一目的只是分东港之水入西港,以减轻因暴雨导致的洪水倒灌入城问题。在经历了1876年和1877年的大水灾后,福建政府在闽浙总督何璟的主持下,于1877年"秋间筹款应工,将洪塘下之乌龙江力加疏浚,以分台江蓄水,掣其大溜绕从闽安入海,宣泄之路较宽"③。由此可知,政府的这种修治完全是基于放洪泄水,旨在减少东港的径流量,而不是为了东港主航道船只航行的方便。

到19世纪90年代,不但福州罗星塔以上东、西二港的淤塞十分严重,罗星塔以下马江航道的淤塞情况也已相当严重了。"领航员们抱怨说,本地船只(native vessels)无休止地倾倒压舱物使得罗星塔以下的航道变窄,并且罗星塔与福州间的河段仍旧在没有任何保护措施的情况下不断地被淤泥所堵塞。看来,既想花钱不多,又能开挖并保持14英尺深

---

① The Parliament of the United Kingdom of Great Britain and Northern Ireland, *British Parliamentary Papers: China*, Vol.9, *Commercial Reports: Embassy and Consular Commercial Reports*, Shannon: Irish University Press, 1971, P.90.

② The Parliament of the United Kingdom of Great Britain and Northern Ireland, *British Parliamentary Papers: China*, Vol.9, *Commercial Reports: Embassy and Consular Commercial Reports*, Shannon: Irish University Press, 1971, P.463.

③ 水利电力部水管司、科技司,水利水电科学研究院编:《清代辽河、松花江、黑龙江流域洪涝档案史料 清代浙闽台地区诸流域洪涝档案史料》,中华书局1998年版,第451页。

的航道并非易事。"①进入20世纪,该段河道的淤塞状况依然不减。1907年时"马尾港面宽阔,但四分之三的港面不能泊船,那些能泊船的水面也弯弯曲曲,要清楚地形,小心谨慎才可通行"。此时罗星塔附近的泥沙已经淤积得日益严重,有时连小轮在落潮时也无法行驶。②1919年,"中国政府成立了一个闽江管理委员会,由中方和英方的代表组成,以进行加深马尾以上、福州以下一段闽江河道的工程,要求最低水位达到10英尺至12英尺,从而使得吃水15英尺的轮船也可以上行到福州"③。然而,七八年过去后,工程花费已超过原预算近一倍,④却仍然未能达到预期的效果。即使到了20世纪二三十年代,对上自福州下至闽江口的马江河道,人们仍很悲观。"目前,甚至将来的许多年,能够进入闽江口的船只必须吃水在25英尺以下,吃水12英尺的轮船都必须要在闽江口候潮行驶,以通过闽江口的沙洲,并且只能上行到马尾港处。马尾那里虽然是个优良和平静的港口,却没有码头或仓栈,货物必须从轮船上卸载到靠人力划桨的货船上,并被海关盖上签章运到福州。这种转运过程,根据潮汐和河水状况要历时一两天之久。"⑤

二、"港口—腹地"交通

作为社会经济联系的主要纽带,运输是一个国家和地区经济发展的必要条件。只有通过它才可以将社会大生产中的生产、分配、交换和消

---

① The Parliament of the United Kingdom of Great Britain and Northern Ireland, *British Parliamentary Papers:China*, Vol.9, *Commercial Reports: Embassy and Consular Commercial Reports*, Shannon: Irish University Press, 1971, P.500.
② 福州海关编:《近代福州及闽东地区社会经济概况》,华艺出版社1992年版,第266页。
③ The Anti-Cobweb Club, *Fukien:A Study of a Province in China*, Shanghai: Presbyterian Mission Press, 1925, P.76.
④ 福建省地方志编纂委员会编:《福建省志·交通志》,方志出版社1998年版,第142页。
⑤ The Anti-Cobweb Club, *Fukien:A Study of a Province in China*, Shanghai: Presbyterian Mission Press, 1925, P.73.

费各个环节联系起来，才能将原料产地与销售市场联系起来，将农村与城市、沿海与内地联系起来。阿默德（Ahmed）等人认为，相对完善的运输条件是经济发展的促进者。"在许多发展中国家，运输设施的不足是社会经济发展和民族融合的重要瓶颈之一。通常，缺乏运输设施会导致难以引入其它社会基础设施，如教育和医疗服务设施。现代技术的传播、农业生产的投入以及农业和其它经济部门通过市场的联系，都会因为运输设施的缺乏而受到阻碍。"①因此，历史时期港口与腹地各县之间的水陆交通便是一个值得关注的问题。

（一）沟通腹地的水路交通

闽江是福建省最大的河流，流域面积和流经县份都占全省的一半。从地理学上讲，可将其分为南平以上的上游、南平到溪口的中游和溪口到闽江口的下游三大河段。闽江上纳三大支流建溪（又称东溪）、富屯溪（又称北溪）和沙溪（又称西溪）之水，在南平合而南流，经福州从闽江口入海。作为福建上下游地区之间联系的主要纽带，闽江及其支流不仅是闽江流域各地之间经济交流的命脉，也是福州港与其内陆腹地之间商品进出的主要通道。

1.闽江通航条件

由于地质构造的影响，古田县水口以上的闽江航道，"中间步步皆滩，巨石嵯岈，河流湍激，舟行极险"②。近代开埠以后，外国人的调查也证实了这一点。1845年的一份报告表明，"自福州至（崇安）星村的路程是上行的，而且处处充满了危险，从延平至建宁府的一段尤其如此。溯江而上时，每只船要有25至30个纤夫拉纤，因为水流迅速，所以下行极为危险"③。闽江河道中，滩险棋布，礁石磷磷，溪流下泻，湍

---

① ［英］肯尼思·巴顿著，冯宗宪译：《运输经济学》，商务印书馆2002年版，第335页。
② ［清］卞宝第：《闽峤輶轩录》，福建师范大学图书馆藏，第1页。
③ The Parliament of the United Kingdom of Great Britain and Northern Ireland, *British Parliamentary Papers: China*, *Vol.40*, *Statistical Returns*, *Accounts and Other Papers Respecting the Trade between Great Britain and China*, *1802-1888*, Shannon: Irish University Press, 1972, P.363.

急多变，帆船航行甚受阻碍，以致触礁翻船、货失人亡的事情经常发生，有时船货的损失率达到了百分之三四十。据《申报》报道，"福州产米无多，向藉溪、海各路运来以资接济……上游浦城等处，素称鱼米之乡……入冬后溪水浅涸，载米之船十坏三四"①。即使最保守的比例也在10%左右。"据估计，在从邵武至福州的400英里的来回航程中，平均每十只船就有一只会完全沉没或部分损坏。因此，由船只运输的货物都不保险。运输中因自然条件、劫匪和军队调动造成的总损失必定十分巨大"②，而被人们认为困难重重的海上运输，其损失率最多还不到百分之一二。③由此，足见闽江航行损失率之大。

闽江航行时之所以有如此之大的损失率，主要的原因是地质条件形成的众多险滩。滩是闽江中上游航道中的一大自然景观。清人王沄在《闽游纪略》中写道："自浦城以下，水也。水都以滩名，黯淡特著。乱山夹峙，众流奔注，汇为一川，建瓴而下。曲者蛇行，直者矢激。一滩未至，先闻声若崩雷，至则岞崿蠹立，前若无罅，目不及瞬已失所在。每过一滩，战慄失次，气息未属而前滩又至矣。如是者以累十计。及将至黯淡，望不见石，意以为夷也，忽雷声自水发，舟若跃起，自上入下浴浪而出。乃知石立水底，水激怒飞，险倍他滩也。行者至此，莫不惊魂失气，僵卧不能起。或舍舟从岸逾险乃济焉。……自延津溯流而上至樵川之光泽，滩势稍杀。"④许旭在《闽中纪略》中也曾记道，"浦城下舟，舟如一叶，仅可容三、四人；又以十月水涸，危礁若锯，宛转其

---

① 《申报》光绪十八年十二月二十六日。
② Members of the Anti-Cobweb Society Foochow, *Fukien: Arts and Industries*, Foochow: Christian Herald Industrial Mission Press, 1933, P.75.
③ 清代施彦士《海运议》称，"商民往来海外，遭覆溺者百不一二"（《皇朝经世文编》卷八四）。清代齐学裘《见闻续笔》卷二云："遭风搁浅，斫桅松舱，事诚有之，然不过千百中之一二，且率在秋冬之间。春夏二运，从无此事。"
④〔清〕王沄：《闽游纪略》，见〔清〕王锡祺编：《小方壶斋舆地丛钞》第9帙第11册，杭州古籍书店1985年版，第103页。

中。忽值滩流奔激，瞬目便过。吾辈身习舟橹，莫不咋指叹息"①。

图1.3 险滩林立的闽江

资料来源： Edwin Joshua Dukes, *Everyday Life in China: On Scenes Along River and Road in Fuh-kien*, London: the Religious Tract Society, 1885, P.61.

这些险滩暗礁在丰水时期伏于水下，隐而不见，航行最为危险；在枯水期时虽现出水面，却颇为阻碍行舟。晚清人施鸿保在《闽杂记》中谈道："闽江水涨缩不时。春夏水涨，滩石尽没，舟行不能辨路；秋冬水缩，滩石尽露，舟行不能避石。惟水大下不至漫溢延平府城外石礅，水小上不至露建宁府城外石礅，则舟行最利。"②船只在上水行驶时，"二人如牵一缆，攀崖缘木，遇滩高水湍急，众舟子共肩舁送之。一舟既上，后舟始进，故上水舟子率裸，其下深则厉矣。下水程一日，上水过倍之，大率视水之盈缩。水盛则石伏，缩则见。欲缩不缩，若明若灭，

---

① 〔清〕许旭：《闽中纪略》，见台湾银行经济研究室编：《台湾文献史料丛刊》第6辑107号，台湾大通书局1987年版，第6页。
② 〔清〕施鸿保：《闽杂记》，见〔清〕王锡祺编：《小方壶斋舆地丛钞》第9帙第11册，杭州古籍书店1985年版，第119页。

下水者恒难之"①。钱国祥在《闽游日记》中也备录其过滩之艰辛："所过各滩较桐江为险，船搁受损，舟人皆赤体入水以扶之。"在经过有名的黯淡滩时，"舟人雇梢工放滩，水浅舟搁，推移久之，如在狮子林假山石上行走"。经南平后又先后历八仙滩、大湘滩之险，"船头四顾，奇石林立，势尽轩昂……舟之所行如蚁穿九曲，殊有戒心"。行至古田县三都口时，"滩石峭拔，如岛如屿，尤为奇特，而舟行亦愈险矣，同行之舟无一舟不受损者"。古田县水口以下河道虽然"滩之阻行者尽矣"，但又有水浅舟搁之困。在水口下游约90里的大麦溪"沙浅舟搁，至戌正始得晚膳……（至小麦溪）沙浅又搁，睡不能安，起视舱底积水尺余，推移久之"。②

一些著名险滩，还必须要由当地精于过滩的篙师亲自撑船才能过滩。"闽人有'纸船铁梢工'之谣。土梢世居龙上，习水性，奕世相传，咸精其业。舟人入滩，例倩最能者为之防护，护一舟下，返护第二舟。盖世其业者只数姓，姓又只数人，誓不传之于外，故不易过云。"③更有甚者，商客货物有时还不得不在这些险滩处起早，改行别道，至滩险稍平之处，再重新上船。"舟行至此（九龙滩）客皆负担而起，舟子亦率而从之，委舟于滩上。滩上土著世以放舟为业，为之放舟。下九龙滩毕，客与舟子同就登焉。"

至于闽江及其支流上到底有多少险滩，向来缺乏精确统计，一直难究其详。如据王介眉《闽江考》一书所载，闽江之滩有842处之多，并云"闽滩之险险于石……无滩无石，牙错碁布，横亘波心，槛如屋如，水激相斗，不异霆轰雹击……每至过滩，稍失手，舟立碎"④。据近人调

---

① 〔清〕王沄：《闽游纪略》，见〔清〕王锡祺编：《小方壶斋舆地丛钞》第9帙第11册，杭州古籍书店1985年版，第104页。
② 〔清〕钱国祥：《闽游日记》上册，上海图书馆藏，第26～29页。
③ 〔清〕周亮工：《闽小纪》，见〔清〕王锡祺编：《小方壶斋舆地丛钞》第9帙第11册，杭州古籍书店1985年版，第114页。
④ 戴一峰：《近代闽江航运业初探》，载《中国社会经济史研究》1986年第3期。

查,自水口以上至南平间共89公里,江宽约400公尺,落差约47公尺,"礁岩林立,滩险栉比,两岸均属高山峡谷"①,著名的险滩即多达24处之多。自邵武至福州,足以对粮食运输产生阻碍或引起危险的险滩便有邵武到顺昌的52滩、顺昌到南平的49滩、南平至福州的82滩。②从水口到建瓯的河段,"水程不过三百二十里,而滩险居然多至一百零四处",自邵武至顺昌"一路险滩五百余处"。③

在险滩林立的闽江航道,客货运输除有过滩丧命、失货之忧,还有遭风溺沉覆亡之虑。如1866年两名清政府的军官在自顺昌下行赴洋口时,因"船至距顺昌县十里之纱帽石地方,飓风大作,江流泛涨,舟复倾没"④,身死江中。

2.闽江通航能力

在闽江险滩密布的航行条件下,只有根据不同航道的水深条件行驶形制各异的船只才能保证相对的安全。大致说来,在福州以上闽江中行驶的帆船主要有以下几种。一是江西船。其中又分运货可达百担的刀子船、载重可达七八十担的鸡公船和载重三四十担的十金标。刀子船主要航行于省城、延平、洋口、建宁、汀州各地,鸡公船则航行延平、邵武、光泽间,船夫仅三四人,速度极慢。二是福州船。大者为闽船,载重四五百担,船夫可达20余人,且备有帆,航行速度快。小者称墟船,载重200担,再小者为三板,可运四五十担。三是麻雀船。上滩轻便,但不坚固,主要航行于省城至邵武间,下行多运米,上行多运盐。船只大小不一,有四舱、六舱、七舱之分,载重十余担至四五百担不等,常联合数十艘一起结队群行。形体最大的帆船是鸠尾,即课差船,载重最

---

① 章锡绶编著:《福建之水利》,福建省政府秘书处1944年版,第4页。
② 翁绍耳:《邵武米谷产销调查报告》,私立福建协和大学农学院农业经济学系1942年版,第42~44页。
③ 国民党福建省建设厅编:《福建省之公路建设》,转自戴一峰:《论近代闽江上游山区商品经济发展的制约因素》,载《中国社会经济史研究》1987年第3期。
④ 中国第一历史档案馆《左宗棠全集》整理组编:《左宗棠未刊奏折》,岳麓书社1987年版,第148页。

高可达500担左右，一般可装运每包300斤的食盐150包，但速度较迟缓。此种船只需水手和纤夫十余人，主要穿行于福州至南平、洋口、沙县等地，丰水期可由南平溯行至建瓯，多用以向上游各地运输官盐，一般不搭载旅客，运输其他货物也仅系偶尔为之。①另有航行于半溪流域的鼠船，尤以闽清鼠船最多。此种船载重二三百担，可航行至建阳、拿口、夏茂等地；载重100~150担的更小一点的鼠船还可通行至水吉、邵武、将乐、永安等处。里溪船多为各种麻雀船，载重30~60担，可通行至松溪、崇安、光泽、泰宁、建宁、清流等处，并可深入尤溪、古田溪、梅溪、大樟溪。福州下游的民船主要有运量在50~100吨的洋驳、运量在15~20吨的小驳和运客往来的甲板，它们主要在福州和马尾之间穿行。此外，还有南台的躺船、鸭母船和白鹭船等，也分别在各自的航道上穿行不息。②

表1.1　闽江航行民船简表

名称	地方	航路	船员人数	运输货物
甲板船	福州	闽江上下	6~7	人、行李
洋驳	福州	福州—马尾	8~9	行李
盐驳	福州	仓前山鸭姆洲	10	盐
茶驳	福州	福州—马尾	10	茶
舢板	福州	福州	2~3	人、行李

---

①［日］野上英一著，徐吾行译：《福州考》，福建师范大学图书馆藏，第85页。商船和课差船分运不同的货物，即使"有商号无货上水，而船只偶尔载盐者，此格外通融，亦犹乎食盐之由上游载货来省"。参见《福建商业公报》1910年第2期《溪运帮上商业研究所理由书》。
②张安福：《闽江之内河交通》，载《福建文化》1935年第3卷第17期；王祖彝：《福建之交通》，载《地学杂志》1918年第9卷第7、8合期；戴一峰：《近代闽江航运业初探》，载《中国社会经济史研究》1986年第3期。

续表

名称	地方	航路	船员人数	运输货物
双桨	福州	福州	1~2	人
家泫船	闽江各乡	福州	1~2	人
花船	长乐	福州—长乐	6~7	花及杂货
粪船	闽江各乡	闽江各乡	8	粪尿
帮船	大小箬	大箬—福州	7~8	杂货
讨鱼船	福州	闽江一带	2~3	鱼
平濑船	永泰	永泰—福州	4	土泥
九都船	尤溪	尤溪—福州	6~7	盐、笋、纸
平水荡	水口	水口—福州	5~6	米
清流船	清流	清流—福州	10	盐、杂货
盐船	闽江上游	上游—福州	15	盐
柴荡	闽江上游	上游—福州	7~8	薪炭
鸭姆船	闽江上游	上游—福州	4	杂货
半溪船	闽江上游	上游—福州	12	米、盐、杂货
里溪船	闽江上游	上游—福州	8~9	炭、笋、纸
鼠仔船	闽江上游	闽江上游	4	杂货
江西船	闽江上游	闽江上游	10	杂货
十金标	闽江上游	闽江上游	5~6	杂货
曲齐船	闽江上游	上游—福州	12	盐、杂货
鸠尾船	闽江上游	上游—福州	13	盐、杂货

资料来源：[日]野上英一著，徐吾行译：《福州考》，福建师范大学图书馆藏，第85~88页；闽省商业研究所编：《闽省各商之习惯》，福建省图书馆藏，第38页。

帆船在闽江上的航行速度，因水势、船只大小、水手及纤夫的多少以及风向的变化而异。一般来讲，上行时，因闽江险滩最多，故"以小船为便，日可行七八十里，大船则仅三四十里耳"①。以从福州向上游各县运输货物的溪船为例，"运上极重载货三千斤……其最小者载货七八百斤……上水船只备尝险阻，非十数日、二十余日不能到"②。至于下行，速度虽快，但常有触礁之险。晚清人钱国祥曾言，自浦城至福州的水路"上水每日不过四十里，下水迅速辄患触石覆溺，险恶之滩不胜枚举也"③。

综上所述，我们可以大体推断闽江的通航能力，列表显示如下：

表1.2 闽江流域主要河段的通航能力简表

河流	河段	里程	丰水期民船最高载重量	航行时间
建溪	政和至松溪	40里	二三十担以下	
	建瓯至西津			上行5日，下行2日
	建瓯至浦城	300里	二三十担至四五十担	上行9日，下行3日
	建瓯至建阳	110里	一二万斤大船	上行8日，下行3日
	建阳至崇安	120里	仅通小船	
	建瓯至南平		万斤大船	上行2日，下行1日

---

① 王祖彝：《福建之交通》，载《地学杂志》1918年第9卷第7、8合期。
② 闽省商业研究所编：《闽省各商之习惯》，福建省图书馆藏，第38、41页。
③〔清〕钱国祥：《闽游日记》上册，上海图书馆藏，第23页。乾隆年间赖盛远所辑《(新镌)示我周行·前集》亦载："自福建（原文如此，当为福州）府至浦城，水路计七百八十里……上水舡每日只行四五十里，下水四五日可至福州。"

续表

河流	河段	里程	丰水期民船最高载重量	航行时间
富屯溪	光泽以上		仅通木筏	
	洋口至光泽	320里		上行10日，下行5日
	洋口至将乐			上行3日，下行1日
	洋口至拿口			上行3日，下行2日
	洋口至顺昌	30里		上行6小时，下行2.5小时
	洋口至邵武	240里		上行7日，下行3日
	洋口至建宁			上行9日，下行4日
沙溪	上中游		仅通小船	
	永安至沙县		30~50担中号帆船	
	沙县至沙溪口		500担大号帆船	
	沙县至福州		500担	上行9日，下行4日，每年往来12次，每次需15~22日
尤溪	尤溪至江口	200里	帆船	
闽江干流	南平至水口	220里	大号帆船	上行3日，大船七八日
	水口至福州	200里	帆船、小轮船	轮船一昼夜，帆船上行3日，下行2日
	福州至闽江口	三四十英里	轮船至罗星塔以下可行，帆船畅通无阻	

资料来源：张安福：《闽江之内河交通》，载《福建文化》1935年第3卷第17期；王祖彝：《福建之交通》，载《地学杂志》1918年第9卷第7、8合期；铁道部业务司调查科编印：《京粤线福建段经济调查报告书》，1933年版，第152~155页。

可见，闽江多险滩急湍的自然条件，严重妨碍了船只的航行，大大制约了货物的流通,并难以为货物提供较安全的运输环境。在放船过滩时还会经常遇到艄公的讹诈,从而增加了货物的运输成本,提高了商品交易的成本,制约了商品流通的规模和速度,经济的发展也因之受到不利的影响。

(二)连接腹地的陆路交通

近代以前,福州港与闽江腹地之间陆路交通运输主要依靠邮驿系统进行。与省外的交通主要有如下几条途径:一是由福州府闽县三山驿起经延平府,至建宁府境浦城县小关驿,越仙霞岭至浙江江山县,全程约625千米。二是由福州府闽县三山驿起经延平府,至建宁府境崇安县大安驿,再至江西铅山县,全程约121千米。三是由福州府闽县三山驿起经延平府,至邵武府境光泽县杉关驿,再至江西南城县,全程约271千米。四是由福州府闽县三山驿起经延平府境将乐县白莲驿,至汀州府境入广东大埔县,全程约628千米。此外,在本区浦城、松溪、崇安、光泽、泰宁、建宁等县境内,还有一些与浙、赣、粤3省互通的次要道路。①

这些交通路线多为水陆兼用,而以陆路运输为主,但道路条件极差。本区山岭重叠,道路崎岖难行。"闽南上游诸郡,跬步皆山,崎岖崄巇,肩舆负戴者不数里辄喘息解衣,力疲足殆,虽隆冬,汗浸淫不止。"②例如,由古田至水口的陆路,"丛峦叠嶂,嶵嶪巃嵸,林木蒙密,一望千嶂,有仆坏而樵柯不及者。萝蔓交加,狝猴跳伏,鸟声嘤嘤……负担者随鸟道下上,数步一拄,冬月犹挥汗"③。再如大田县,"邑势层山外盘,溪涧错出,无平原广野,皆巉岩峭壁,树木阴翳,鸟道屈曲。一夫据关,千人莫入也……自郡陆行由沙县而入,皆一线羊肠,出没于危

---

①福建省公路局编辑组编:《福建公路史》第1册,福建科学技术出版社1987年版,第24~29页;张燕清:《清代福建邮驿制度考略》,载《福建论坛(人文社会科学版)》2001年第6期;李金强:《区域研究——清代福建史论》,香港教育图书公司1996年版,第27~31页。

②道光《顺昌县志》卷八《艺文志》,见《中国方志丛书·华南地方》第220号,台湾成文出版社1974年版,第639页。

③《古田县志》卷一二《艺文志》,福建师范大学图书馆藏。

坡峻岭。无论难通车马，即徒步时生惊悸，偶一失足，坠死坑堑"。该县陆路东抵尤溪，东北抵沙县至延平府，西北抵永安由水路至延平，西抵漳平达漳州，南抵德化达兴泉，但"高山峻岭，十居其五……往往负岩瞰滩，下临百仞，车马少蹶即祸不可测。邮递文书不敢夜行"。①甚至连接闽北地区两大中心城市建宁府城和延平府城之间的交通要道，其宽度也仅在1～3米之间，而且"荒草壅途"②，行人稀少，其他府县之间的陆路交通情况可想而知。即使主要陆路交通线上的运输可能相对比较繁忙，但一旦离开这些较大的干线时，行人就很少了。1850年初罗伯特·福钧离开崇安前往武夷山时写道，"当我们离开崇安（和江西相接）的'茶叶大路'（tea highway）后，前面的路开始变得更加窄小和人迹罕至了。乘坐肩舆的行人、肩背茶箱的苦力，以及所有的那些我们在穿越武夷山脉时所能见到的形形色色的人群都消失了，我们现在只能独自前行了"。在从星村到浦城县的陆路上，更是少见行人，道路"变得如此陡峭，以至于我不得不下舆步行。有时，当我发现自己与走在前面的我所雇佣的轿夫相距一段距离时，路看起来是那么荒凉和令我害怕，这好像是虎和其他凶恶的野兽从密集的灌木丛中出没的合适之地"③。

由于道路崎岖，货物运输只能采用肩挑、背驮的方式，运输成本极高。近代时期，闽江流域的陆路运输方式多停留在依靠人力步行、肩挑、背驮为主的落后状态，驮兽的使用极为稀少。④如古田县因僻处万山之中，山岭崎岖，不能通车，货物运输专赖挑夫肩挑，而商旅往来则恒

---

① 康熙《大田县志》卷二《险要》、卷四《道路》，见国家图书馆分馆编：《清代孤本方志选》第2辑第30册，线装书局2001年版，第194、281页。

② 〔清〕刘世英：《芝城纪略》，福建师范大学图书馆藏，第34页。

③ Robert Fortune, *Visit to the Tea-Districts of China and India*, London: John Murray, 1852, PP.222～249.

④ 福建省农林处统计室编：《福建省各县区农业概况》上册，福建省政府统计处1942年版，第131页。

以肩舆代步。①据20世纪20年代的外国人的调查，闽江流域腹地的"运输全靠肩挑背驮。此处的大路和唯一的交通路线就是狭窄的石路，在它们沿着山峰曲折伸展时还时不时地会被陡坡所截断。路上没有什么车辆，甚至驮兽也很少，有40%的运输是由男人、女人和小孩的背驮来完成的"②。

陆路不仅崎岖难行，跋涉维艰，而且运输能力低下。如清流县"其起解省仓之米石，自郡城运至清流县陆路二百一十里，尽系蚕丛鸟道，每夫一名，仅可负米五斗"③。以一人之力，不过负5斗粮米，足见运输能力之低下。在崇安境内，"从一个城镇穿越乡村到另一个城镇的距离约100里。乘坐轿舆的旅行者一天即可行完全程，但是身负茶箱的苦力需要两三天"④。据20世纪三四十年代的一份有关米谷运输的调查，在闽北的建宁、泰宁等地，肩挑每人仅可挑50~70斤，日行不过50~70里。⑤总体来说，在闽北山区，单人肩挑运载能力正常情况为80斤，最多不超过120斤；在负重60斤的情况下，每日最多可行百里。陆路运费上，人工挑运运费是水路运费的10倍多，人力车运费是水路运费的7倍多，⑥在某些地区甚至陆路运费是水路运费的15~33倍。⑦

---

① 民国《古田县志》卷一八《交通志》，见《中国地方志集成·福建府县志辑》第15册，上海书店出版社2000年版，第516页。

② The Anti-Cobweb Club, *Fukien: A Study of a Province in China*, Shanghai: Presbyterian Mission Press, 1925, P.75.

③〔清〕王廷抡：《临汀考言》，见《四库未收书辑刊》编纂委员会编：《四库未收书辑刊》第8辑第21册，北京出版社2000年版，第205页。

④ Robert Fortune, *Visit to the Tea-Districts of China and India*, London: John Murray, 1852, P.265.

⑤ 翁绍耳、林文澄：《建宁泰宁米谷产销调查报告》，福建省农业处、私立福建协和大学农学院农业经济学系1943年版，第24页。

⑥《福建省例》，见台湾银行经济研究室编：《台湾文献史料丛刊》第7辑141~142号，台湾大通书局1987年版，第384、751页；〔清〕佚名辑：《闽藩政要·平粜》，上海图书馆藏，第23、42页。

⑦ 翁绍耳、林文澄：《建宁泰宁米谷产销调查报告》，福建省农业处、私立福建协和大学农学院农业经济学系1943年版，第26页。

总之，自开埠前至新中国成立前的大部分历史时期中，闽江流域的陆路运输仍以肩挑为主，各式车辆及畜驮极为少见，运输能力极为低下。从下表即可概见。

表1.3 闽北陆路运输概况

县名	运输方式	载重（公斤）	日行里程（公里）	每公里每百斤平均运价（元）
闽侯	肩挑	50	30	0.30
	轻手车	150	35	0.30
	重手车	500	20	0.25
福清	重手车	400	20	0.25
	轻手车	100	20	0.40
	驴马	100	30	0.20
	肩挑	50	25	0.30
古田	二轮板车	300	35	0.18
	单轮手车	150	35	0.20
	肩挑	40	30	0.25
长乐	肩挑	50	25	0.30
连江	肩挑	60	25	0.15
永泰	肩挑	50	45	0.14
闽清	肩挑	50	30	0.25
屏南	肩挑	40	30	0.14
顺昌	板车	50	30	0.18
	肩挑	40	30	0.17

续表

县名	运输方式	载重（公斤）	日行里程（公里）	每公里每百斤平均运价（元）
建宁	单轮手车	120	30	0.26
	肩挑	50	30	0.30
浦城	轻手车	40	25	0.16
	肩挑	50	30	0.20
邵武	轻手车	150	20	0.14
	肩挑	40	20	0.18
崇安	轻手车	60	30	0.20
	肩挑	50	28	0.22
南平	肩挑	50	20	0.50
沙县	肩挑	50	25	0.45
将乐	肩挑	30	30	0.20
泰宁	肩挑	50	40	0.14
尤溪	肩挑	30	20	0.20
建瓯	肩挑	40	30	0.25
建阳	肩挑	45	25	0.24
松溪	肩挑	50	30	0.18
政和	肩挑	50	20	0.20
永安	肩挑	50	30	0.40

资料来源：《各县区陆路运输运价（二十九年十二月）》，载《闽政月刊》1941年第8卷第4期。

第二章
资源禀赋与近代闽江流域进出口贸易的消长

本章旨在探讨五口通商以来福州港进出口贸易的情况。由于1861年洋关建立以前缺乏系统的统计资料,故对五口通商时期的贸易分析主要依赖于文字描述史料,并充分利用英国领事商务报告中的零散统计数据;对1861年后的贸易分析一般以海关贸易统计为据,并以若干主要的进出口商品为例,探寻本口贸易发展的大势及影响因素。

第一节 福州开埠与港口贸易的发轫

福建的对外贸易可溯至东汉时期,在宋代和元代达到顶峰。就沿海各口的地位变化来讲,本区一度兴起了在国际、国内贸易中具有重要地位的贸易大港。宋元时期,随着闽南地区的开发,在隋唐时即已名著国内的泉州开始成为闻名世界的东方第一大港。[①]福州作为福建的省会,受政治力量的影响最大,大部分时期始终作为进行国内省际贸易的地区性港口而存在。明清以来,福州虽与山东、江苏、浙江等省有着一定的经

---

① 厦门大学历史研究所中国社会经济史研究室编著:《福建经济发展简史》,厦门大学出版社1989年版,第300~311页。

贸往来，但相较省内泉州、厦门、漳州等地而言，其贸易量难以与之相提并论，与开埠后的福州更是有着天壤之别。直到1844年7月福州开埠以后，才揭开了福州近代对外贸易新的历史性一页。

一、沉寂的港口

福州于1844年7月正式开埠后没有像英国人期望的那样，马上成为他们的商品推销地和茶叶出口港。1844年时，福州与英国没有任何贸易。直到该年9月时才有一只美国船进口，但停泊月余也无生意可做，最后不得不请求当地官员减价变卖部分货物离口他去。道光二十四年（1844）十一月十三日，闽浙总督刘韵珂奏："该夷目（指福州英国领事李太郭）自抵南台以来已经半载，情形极为静谧，惟该国并无货船入口，故通商章程尚未议定。八月间，有咪唎��国货船一只驶入口内，停泊月余，民间并无前向贸易之人，嗣咪商因耽延已久，欲行驶赴他口，而资斧罄尽，不能起程，愿将船载胡椒沙藤哔叽洋布等货减价出售，以资盘费……该夷商遂将胡椒等货在南台销得洋银数千圆，于十月间开船出口。李太郭亦将嘆商寄来作样之哔叽一包、棉花一包、洋布四匹，一并销卖，与咪商均照例输纳税钞，此外并无各国货船入口，亦无与民间私自交易之事。"①英国方面也认识到了这个问题，在1844年8月的一个有关舟山群岛政治经济诸方面的综合调查报告中就提出警告："不久以后，我们就会充分认识到广州和上海以外的领事机构在商业和贸易诸方面的毫无用处……那时将不得不承认目前（领事机构所在地）的选择是草率和有害的。"②

1845年时，"各国货船，自咪夷去后，杳无续来。至本年二月，始

---

① 中国第一历史档案馆编：《鸦片战争档案史料》第7册，天津古籍出版社1992年版，第545页。

② R.Montgomery Martin, *China*：*Political, Commercial, and Social, in an Official Report to Her Majestys'Government*, Vol.Ⅱ, London：James Madden, 1847, P.386.

有嘆商货船一只驶抵五虎门口外，夷商驾杉板船进省，与李太郭相商。李太郭以此地难以销货向复，该商停歇三四日，即至口外将货船开去"①。数月后，一个名为记连的英国商人也来到了福州，并于当年10月开设了一家洋行。他办来大量布匹销售，同时也考察了茶叶市场，并试图由福州直接出口茶叶。但由于通过厦门进口布匹的华商联合反对，其进口的布匹没有销路，在市场上也仅仅买到了少量仅供当地消费的茶叶。②当年英国方面的统计数据与此相近：1845年，福州仅有5只英国船载运价值72 147镑的洋货进口，同时出口了价值683镑的货物，其中茶叶638镑。③所以，当1845年6月英国植物学家罗伯特·福钧首次到达福州时，只能面对这样的现实："尽管它早已向英国开放并有一个英国领事，但对于它商业上的价值，人们还是所知甚少。"④在1845年12月时，施美夫（Rev.George Smith）也坦承："福州目前几乎不存在任何对外（国的）贸易。只有1个欧洲商人居住于此，仅有7只外国船进入本口，其中3只为美国船。目前也没有任何迹象表明对外贸易会马上增长。"⑤

1846年4月，英国商人记连在一次中外冲突中被殴，愤然离去，从而结束了外商在此地经商的首次尝试。"自从那时以来，没有一只商船到过这个港口。同时，除了有几百匹棉布由中国小船接运在金牌门登

---

① 中国第一历史档案馆编：《鸦片战争档案史料》第7册，天津古籍出版社1992年版，第567页。
② ［英］卫京生著，刘玉苍译：《福州开辟为通商口岸早期的情况（一个帝国主义分子的供状）》，见中国人民政治协商会议福建省委员会文史资料编辑室编：《福建文史资料（选辑）》第1辑，福建人民出版社1962年版，第145页。
③ R.Montgomery Martin, *China*: *Political*, *Commercial*, *and Social*, *in an Official Report to Her Majestys' Government*, Vol.Ⅱ, London: James Madden, 1847, P.147, 150.
④ Robert Fortune, *Three Years' Wanderings in the Northern Province of China*, London: John Murray, 1847, P.355.
⑤ Rev.George Smith, *A Narrative of an Exploratory Visit to Each of the Consular Cities of China, and to the Islands of Hongkong and Chusan*, *in Behalf of the Church Missionary Society in the Years 1844*, *1845*, *1846*, London: J.Nisbet and Co., 1847, P.364.

岸，通过了海关，再也没有任何合法的对外贸易。"①因之1847和1848年的福州对英贸易统计数据都是空白。这时，待在闽江口外的只是两只鸦片趸船。②

直到约1849年6月，另一个英国商人金顿（一作康普登）从广州来到福州，③卖出了一些布匹并出口了一批茶叶，但一年后也因缺乏资本和

---

① 姚贤镐编：《中国近代对外贸易史资料（1840—1895）》第1册，中华书局1962年版，第604页。此处所说进口的棉布当系记连的货物。在1846年9月4日英国领事写就的1846年上半年商务报告中提及"1846年6月30日前本口没有任何外国贸易"，但有两只船进港，一只船装载着记连的货物于4月30日抵达，5月1日未卸货而离港；另一只也是记连雇的，运来了500匹上等棉布，出口了320担茶叶，同时出口的还有341打头巾和103只八音盒。参见The Parliament of the United Kingdom of Great Britain and Northern Ireland, *British Parliamentary Papers: China*, *Vol.40*, *Statistical Returns*, *Accounts and Other Papers Respecting the Trade between Great Britain and China*, *1802-1888*, Shannon: Irish University Press, 1972, P.452.

② 姚贤镐编：《中国近代对外贸易史资料（1840—1895）》第1册，中华书局1962年版，第628页。若逊（Jackson）在1848年1月10日写就的福州1847年下半年贸易报告中谈道："去年下半年，这个港口的商业形势丝毫没有改变，同外国的来往也未增加。没有一艘英国或其他外国的船只曾经为贸易的目的而来到这个港口，也没有一个企图了解商业情况的外国人曾经到过这里。"参见The Parliament of the United Kingdom of Great Britain and Northern Ireland, *British Parliamentary Papers: China*, *Vol.40*, *Statistical Returns*, *Accounts and Other Papers Respecting the Trade between Great Britain and China*, *1802-1888*, Shannon: Irish University Press, 1972, P.616. 若逊在1848年7月5日写就的福州1848年上半年贸易报告中谈道："我再一次来做这个令人沮丧的报告：在这半年中，本港仍然完全没有英国或任何其他外国的贸易。"参见The Parliament of the United Kingdom of Great Britain and Northern Ireland, *British Parliamentary Papers: China*, *Vol.40*, *Statistical Returns*, *Accounts and Other Papers Respecting the Trade between Great Britain and China*, *1802-1888*, Shannon: Irish University Press, 1972, P.684.

③ 参见The Parliament of the United Kingdom of Great Britain and Northern Ireland, *British Parliamentary Papers: China*, *Vol.40*, *Statistical Returns*, *Accounts and Other Papers Respecting the Trade between Great Britain and China*, *1802-1888*, Shannon: Irish University Press, 1972, P.758. 在若逊于1849年7月30日写就的1849年上半年贸易报告中提及，来自广州的英国商人金顿于"5个星期"前到此，并且在福州租到了一个适于做账房和仓库的商行。尽管租金比现行的租金率高许多，但为了尽早开展贸易，只好被迫接受这一价格。又据罗伯特•福钧所言，他在1849年到达福州时，曾参加了居住于此的一个名叫金顿的朋友准备的晚宴。因此，金顿来到福州的时间当为1849年。参见Robert Fortune, *Visit to the Tea-Districts of China and India*, London: John Murray, 1852, P.143.

商业经验弃地而去。①到1851和1852年,"唯一开到这个商港的外国船只仅仅是驶到江口的鸦片船"。因数年来本口几无贸易可言,到1850年3月时,英国领事馆不得不因之裁员以节省用费,并将福州领事的地位降低至副领事一级,而中国官方也将主管对外商务的官员从原来的藩台改为职衔较低的知府。②不久,英国政府甚至产生了放弃福州另开其他口岸的想法,这一想法获得清政府支持,后因故未能实施。③

尽管如此,福州因系省城,且为正当通商口岸,必然也会有相当的洋货输入和消费。如当时施美夫就看到,福州南郊的商店中出售各种表和时钟,一些外国表都是从广州运来的,普通的表都是模仿外国货自己制造的。④在1845年7月左右,罗伯特·福钧竟然发现福州人"在大量消费着牛奶甚至牛肉。我所去过的其他地方从没人食用。事实上,其他地方的中国人看到英国人食用这些食物时都十分吃惊"⑤,而这些洋货都是从广州、泉州和厦门由陆路运入的,甚至到1848年时还是如此。⑥即便是福州所消费的鸦片,也大多取道福州、厦门之间的泉州进口,只是在1845年12月后福州的鸦片才大量"从闽江口(刚好在领事管辖范围

---

①此时福州并非没有洋商活动。早在1850年夏间时,即有美国商人卢刀、历甲在南台租房居住。1851年时,在南台也有英商3人。参见齐思和等、故宫博物院明清档案部编:《第二次鸦片战争》(一),上海人民出版社1978年版,第129页。

②[英]卫京生著,刘玉苍译:《福州开辟为通商口岸早期的情况(一个帝国主义分子的供状)》,见中国人民政治协商会议福建省委员会文史资料编辑室编:《福建文史资料(选辑)》第1辑,福建人民出版社1962年版,第149、152、153页。

③姚贤镐编:《中国近代对外贸易史资料(1840—1895)》第1册,中华书局1962年版,第609页。

④ Rev.George Smith, *A Narrative of an Exploratory Visit to Each of the Consular Cities of China, and to the Islands of Hongkong and Chusan, in Behalf of the Church Missionary Society in the Years 1844, 1845, 1846*, London: J.Nisbet and Co., 1847, p.367.

⑤ Robert Fortune, *Three Years' Wanderings in the Northern Province of China*, London: John Murray, 1847, P.344.

⑥姚贤镐编:《中国近代对外贸易史资料(1840—1895)》第1册,中华书局1962年版,第603、608页。

以外）新近为鸦片走私船设立的窑口贩来"①，并有福州人从事鸦片及其他货物（由闽江口到省城）的驳（船转）运生意。②虽然如此，福州的洋货输入还是极少的，试观下引福州、厦门洋关税收表，即可概见：

表2.1　1844—1858年福州、厦门洋关税收比较（单位：两）

时　段	征收量	
	福州	厦门
道光二十四年正月二十六至二十五年正月二十五	143	48 132
道光二十五年正月二十六至二十六年正月二十五	4 046	31 734
道光二十六年正月二十六至二十六年十二月二十五	36 997*	
道光二十六年十二月二十六至二十七年十二月二十五	29 136*	
道光二十七年十二月二十六至二十八年十二月二十五	24 600*	
道光二十八年十二月二十六至二十九年十一月二十五	723	29 932
道光二十九年十一月二十六至三十年十一月二十五	1 585	32 098
道光三十年十一月二十六至咸丰元年十月二十五	3 415	31 203
咸丰元年十月二十六至二年十月二十五	31 181*	
咸丰五年九月二十六至六年九月二十五	335 271	52 392
咸丰六年九月二十六至七年八月二十五	436 777	70 394
咸丰七年八月二十六至八年八月二十五	450 183	75 939

① 姚贤镐编：《中国近代对外贸易史资料（1840—1895）》第1册，中华书局1962年版，第595页。

② 最晚在道光末期就有福州人从事洋货的运输，但那时的商品可能主要是鸦片。裕泰在上奏有关咸丰元年民夷互殴事中查知，寄居在闽县的晋江人杨阿律在1850年秋间听闻福州人林文代洋人包送货物每月可得工资洋银一二十元，"起意争夺，遂置造小剥船两只"并冒认侯官举人杨熙元为同宗，到夷船上包揽剥运。见"中研院"近代史研究所编：《道光咸丰两朝筹办夷务始末补遗》第1册，"中研院"近代史研究所1966年版，第6~17页。

资料来源：齐思和等、故宫博物院明清档案部编：《第二次鸦片战争》（一），上海人民出版社1978年版，第354~465页；陈支平、詹石窗主编：《透视中国东南：文化经济的整合研究》，厦门大学出版社2003年版，第496页。

说明：*系福州、厦门合计数。

事情终于在1853年获得了转机。"在1853年，当帝国南方省份发生的叛乱切断了来自广州的茶叶税收来源后，福建的官方采取了一系列的措施以开放福州的对外贸易。因此，茶叶贸易突然马上兴盛起来并迅速发展，从而使得福州现在成为中国对外贸易最重要的地方之一。它因近于红茶产区，使得外国商人在此能以比其他港口低得多的价格收购茶叶，并能够在每个茶季开始的时候，比中国其他港口提前一个月将新茶投放到伦敦、纽约及其他国外市场。"[1]此即福州茶叶大批出洋之滥觞，而最先打开这一局面的是旗昌洋行。旗昌洋行的冒险成功后，其他洋行纷纷仿效，福州的茶叶出口骤然增加。

表2.2　1854—1858年福州茶叶出口量（单位：磅）

地区	1854	1855	1856	1857	1858
英国	12 400 000	22 700 000	22 883 100	20 489 400	18 513 500
美国	3 300 000	11 900 000	7 863 200	7 267 200	4 885 700
澳大利亚		900 000	4 372 100	2 730 500	3 960 100
欧洲大陆	1 300 000	1 000 000	3 119 800	1 395 700	630 300
总计	17 000 000	36 500 000	38 238 200	31 882 800	27 989 600

资料来源：The Parliament of the United Kingdom of Great Britain and Northern Ireland, *British Parliamentary Papers: China, Vol. 6, Commercial Reports: Embassy and Consular Commercial Reports*, Shannon: Irish University Press, 1972, P.23, P.78.

———

[1] R.S. Maclay, *Life Among the Chinese: With Characteristic Sketches and Incidents of Missionary Operations and Prospects in China*, New York: Carlton & Porter, 1861, P.151。

表2.3　1856—1861年茶季福州茶叶出口量（单位：磅）

地区	1856—1857	1857—1858	1858—1859	1859—1860	1860—1861
英国	21 396 500	2 181 300	18 227 300	26 472 500	36 507 700
澳大利亚	3 735 500	2 684 200	4 376 600	5 363 700	11 797 200
美国	7 435 600	6 259 300	6 701 700	8 615 400	11 293 600
欧洲大陆	2 712 400	1 293 500	—	897 000	2 068 000
总计	35 280 000	32 050 300	29 305 600	41 348 600	61 666 500

资料来源：The Parliament of the United Kingdom of Great Britain and Northern Ireland, *British Parliamentary Papers: China, Vol.7, Commercial Reports: Embassy and Consular Commercial Reports,* Shannon: Irish University Press, 1972, P.582.

表2.4　1855—1860年上海、福州茶叶出口量比较（单位：磅）

年份	福州	上海
1855	15 700 000	80 200 000
1856	41 000 000	59 300 000
1857	32 000 000	41 000 000
1858	28 000 000	51 000 000
1859	46 500 000	39 000 000
1860	40 000 000	53 500 000

资料来源：［美］马士著，张汇文等译：《中华帝国对外关系史》第1卷，上海书店出版社2000年版，第523页。

由上引各表可以看出，除了1857年和1858年因清政府平定太平天国义军，以及气候原因引起的减产，福州茶叶出口在1853年后的增长是极为迅速的，并在1859年首次超过上海的出口量。随着茶叶出口的增加，外国船只进入数量也日渐增多。在1853年旗昌洋行买办阿洪赴武夷山购茶的当年，仅有6只美国船进入，次年则达到12只，1855年和1856年分别为27只和34只；同期全部外国船只进入数分别为14只、50只、117只和175只。①

出口贸易虽然因茶叶出洋而勃兴，但洋货的进口不尽如人意。除了鸦片一物，福州进口的洋货极少，且以洋布和铅为多。"除了鸦片，这里的进口生意很少"，一直是19世纪60年代前英、美领事报告和通信中最常用的话语。1854年，福州口鸦片以外的进口值仅约20万元，即便到了1858年福州口洋货的进口值也不过80余万元，而这里面还包括了价值50万元的大米。②

综上，福州虽然早在1844年7月就已经正式开埠，但除了外国鸦片的走私，福州港几无任何正常贸易可言。其间虽曾有过洋商开辟当地市场的企图，但为时均不甚长，并以失败告终。1853年后，福州的茶叶出口贸易骤然而兴，并很快发展成为与上海、汉口三分天下的格局，对外贸易也因之走向了繁荣的历史局面。在五口通商时期，与其他口岸相比，福州在1844—1853年长达10年的时间里几成废口，揆诸史实，值得深思。

二、"死港"的复苏

关于福州开埠后何以未能马上成为外国人心目中的理想茶叶出口地和洋货输入地，主要有以下几种说法：

---

① Jules Davids, *American Diplomatic and Public Papers*: *The United States and China*, Vol.20, Wilmington: Scholarly Resources, 1973, P.191.

② The Parliament of the United Kingdom of Great Britain and Northern Ireland, *British Parliamentary Papers: China. Vol.6*, *Commercial Reports: Embassy and Consular Commercial Reports*, Shannon: Irish University Press, 1972, P.9, P.23.

其一是习惯束缚说，这包括中外双方商人的经营习惯。某些西方人认为，"主要的困难在于中国人一般都不愿放弃他们贸易的老习惯（此项困难目前正在逐渐克服中），以及外商不愿在广州和上海两大市场以外的任何其他地方分设机构，对在其他口岸增设代理店也有所犹豫"①。驻福州的英国领事若逊，即持此说。②还有不少西方商人认为，"代代相传的民族偏见和民族性格，使得中国生产者和商人维持旧有的商业习惯。同时，利害关系和对外政策，也使得中国政府努力将贸易限制在广州一处"③。

此说有一定的道理，因为闽北武夷茶除了运往俄国的这部分由山西人在江西铅山县河口承买，出口欧洲的茶叶多由广东人采办。由于茶叶的采购权掌握在广东商人手中，而且当时茶叶经营中盛行预先支付制度④，闽北的茶叶只能沿着旧有的内陆商道，经江西越梅岭至广州。鸦片战争后，广州在一定时期内仍是中国对外贸易的重心，武夷山的茶叶大部分还是运至河口装箱，由广州启洋。另有部分闽茶，经江西入长江顺流而下，或经浙江转运上海，但数量极少。由此，福州口岸的茶叶来源就是个大问题，因为闽北地区供给福州本地市场的少量茶叶，显然不能满足外商大批购买的需要。而且就商品的进口来说，1847年时若逊曾指出，福州的"本地商人不愿意也没有力量大规模进行贸易……他们不愿意开展和外国人的贸易"，该地所消费的为数不多的外国货物都是"从广州、厦门、泉州和其他地方经陆路运到福州来"⑤的。看来，在出口货

---

① 姚贤镐编：《中国近代对外贸易史资料（1840—1895）》第1册，中华书局1962年版，第596页。

② 姚贤镐编：《中国近代对外贸易史资料（1840—1895）》第1册，中华书局1962年版，第603页。

③ Henry Charles Sirr, *China and the Chinese：Their Religion，Character，Customs，and Manufactures*, London: Wm.S.Orr & Co., 1849, P.362.

④ 庄国土：《鸦片战争前福建外销茶叶生产和营销及对当地社会经济的影响》，载《中国史研究》1999年第3期。

⑤ 姚贤镐编：《中国近代对外贸易史资料（1840—1895）》第1册，中华书局1962年版，第603页。

物（主要是外国人渴求的茶叶）的来源和洋货进口的渠道上，外国人都难以与福州建立稳定的商业关系，从而使福州始终处于无足轻重的地位。

但是，这一因素在本时段并非不可克服。其实在1847年的报告中，若逊实际上已经指出了解决问题的可能性，"从产茶区来的商人们也曾经肯定地说，如果对于红茶的需要前途是稳定的、长期的，那么尽管广州和上海的茶商据说已经把最好的红茶垄断起来，他们也能够供应任何数量的红茶在福州出口"①，因为毕竟哪个商人也抵挡不了省费、迅速、安全的巨大诱惑力。更有人认为，"如果英商能在福州定居的话，可以促使中国人放弃原来的旧方式，因为尽管中国是个囿于旧习的民族，但他们也追求利润。如果茶叶能够在福州装船从而节省掉前往广东的内陆转运费用，那么这将大有赚头"②。如此，出口货源的问题（看似）得以解决。另一方面，只要能使本地商人得到相当的利益，他们也会放弃传统的进货渠道，③从而使得进口货的供应也可以舍弃广州、厦门而从外国进口商那里进口。这样，这一问题暂时得到解决。

其二是金融排斥说。持此论者可以若逊为代表。他认为，福州的现银缺乏而纸币盛行，虽然纸币在当地人那里具有无上的权威性，并具有现银无法比拟的诸多好处，"但是若想使外国人也以同样的信任接受这些纸币，可能还要一些时候"④。其实，至少在两年前就有国人点破天机，并将其视为阻碍中外贸易正常开展的一种因素。1845年闽浙总督刘韵珂奏称，"民间交易皆用钱票，并无现银，即逆料该夷到此，即使开市，

---

① 姚贤镐编：《中国近代对外贸易史资料（1840—1895）》第1册，中华书局1962年版，第605页。
② Henry Charles Sirr, *China and the Chinese: Their Religion, Character, Customs, and Manufactures*, London: Wm. S.Orr & Co., 1849, P.164.
③ 姚贤镐编：《中国近代对外贸易史资料（1840—1895）》第1册，中华书局1962年版，第603页。
④ 姚贤镐编：《中国近代对外贸易史资料（1840—1895）》第1册，中华书局1962年版，第604页。

其贸易亦必不丰旺"①。但是，这同样也不是什么大问题。若逊本人也提出了应对之道，即实行早已流行于上海等地的以货易货制度，以鸦片交换茶叶。实际上，这一举措十分必要，也十分有效，以至于即使在以后的中外贸易发展相对稳定的时期，这种贸易方式仍不时地在发挥作用。当然，这也不是什么新发明。因为早在鸦片战争前，福州与其他省份的贸易就已经"几乎全部是通过物物交易来进行"②的了。看来，此说亦未涉及问题的实质所在，也极易解决，不值得为之辩驳。

其三是航道艰险说。此说得到许多人士的首肯。③某些西方人在谈到制约福州港发展的因素时说："福州的劣势，尤其特别需要更长的时间、花费更多的资金才能解决。闽江口为沙洲所阻，且暴露在外没有安全感。当向内河航行时，船只不得不面对许多湍流和易于搁浅的泥质河岸奋力航行40英里。因为省城的河道很狭窄，在克服了所有的困难后，除了吃水浅的船只，其他船只不得不在离城10英里远的地方抛锚。"④罗伯特·福钧也是此说的积极鼓吹者。他曾多次到达福州，故对闽江下游的河道相当了解。1854年3月，当他最后一次来福州考察时，指出福州港若干弊端的第一条就是"闽江口的沙洲、闽江本身的湍流，是安全航行的致命障碍。自从本口开放后，几只价值颇高的船和货物都丧失殆尽，以至于保险公司不得不提高保险费用"。但他本人也同时指出，这种乍看起来很严重的缺陷亦非不可克服。"采用设置暂时陆标和浮标的办法，也能使航行危险降得更低。此外，大量的小拖船也会随地而生，它们将

---

① 中国第一历史档案馆编:《鸦片战争档案史料》第7册，天津古籍出版社1992年版，第565页。

② 姚贤镐编:《中国近代对外贸易史资料(1840—1895)》第1册，中华书局1962年版，第601页。

③ 姚贤镐编:《中国近代对外贸易史资料(1840—1895)》第1册，中华书局1962年版，第563、594、612页；J.Scarth, *Twelve Years in China: The People, the Rebels, and the Mandarins*, Edinburgh: Thomas Constable and Co., 1860, P.38.

④ W. Tyrone Power, *Recollections of a Three Years' Residence in China*, London: Richard Bentley, 1853, PP.298~299.

会谙熟不同的河道、潮汐和水流状况，从而能够以最安全的方式带船进出港口。毫无疑问，沙洲众多、航道狭窄、水流湍急都是缺点，但在上述情况下看起来并非不可克服。"①1854年福州英领事的报告也同样指出这一点。②

其四为海盗干扰说。持此说者甚多，不胜枚举。③此说有一定的合理性，考诸史实也能多方证明。鸦片战争前后，中国东南海面海盗肆虐，官兵防不胜防，捕不胜捕。海盗不仅大肆掳掠来往商船，抢劫琉球贡船，而且还袭击鸦片趸船，甚至劫持水师战船，围攻外国轮船。19世纪40年代后期，东南沿海的海盗活动猖狂到了极点。1847年，香港周围屡受海盗侵扰，"整个的广东和福建的沿岸实际上是在海盗党徒们管制之下，商船和渔船都向他们交纳经常的黑费"④。在1846到1850年间，福建海盗甚至成为当时英国驻福州领事对外通信的主要内容。由于海盗盛行，沿岸的民船贸易几乎完全停止。这种局面直到19世纪50年代后还没有太大的改观。1855年6月，闽江海盗的攻击使美国运茶船损失了大约4万元，因此美国驻福州领事不得不要求美国军舰前来福州保护。鉴于"从上海到厦门尤其是福州府附近地区"的海盗集团严重威胁到了美国的商业利益，他的要求马上得到上海方面的回应，上海方面派遣装备甚佳的"孔夫子"号军舰开赴福州。直到1859年时，福州沿海的海盗问题还成为美国驻福州领事讨论的话题。⑤但我们也要注意，这一制约因素

---

① Robert Fortune, *A Residence Among the Chinese: Inland, on the Coast, and at Sea*, London: John Murray, 1857, P.222.

② The Parliament of the United Kingdom of Great Britain and Northern Ireland, *British Parliamentary Papers: China. Vol.6, Commercial Reports: Embassy and Consular Commercial Reports*, Shannon: Irish University Press, 1972, P.24.

③ 姚贤镐编：《中国近代对外贸易史资料（1840—1895）》第1册，中华书局1962年版，第606页。

④ [美]马士著，张汇文等译：《中华帝国对外关系史》第1卷，上海书店出版社2000年版，第455页。

⑤ Jules Davids, *American Diplomatic and Public Papers:The United States and China*, Vol.20, Wilmington: Scholarly Resources, 1979, PP.167~217.

虽然在本阶段说得通，但无法解释整个历史时期港口发展缓慢的原因。因为大约在19世纪60年代以后，海盗行为已经逐渐减弱，从而也就不再成为港口发展的绊脚石。①

其五是官方钳制说。这一说将福州贸易未能发展的原因，归因于"当地官吏的限制"②。在外国人中最早提出此说的，可能是传教士斯加滋（J.Scarth）和麦利和了。主张此说的外国人虽然不多，但可谓抓住了问题的根本。

因省城福州系闽省根本重地，故上至道光皇帝，下至闽省官员和一般士绅，均不愿意对列强开放福州。早在1841年1月，当时的钦差大臣琦善曾以"羁縻"英夷为由，奏请开放厦门和福州为商港，便遭到道光帝的痛斥。1842年8月时，迫于战争形势，道光帝虽然同意英商可以在厦门、宁波、上海通商，但同时又力主"福州地方万不可予"，或以泉州代福州。不过，最后在英国人的武力压迫下，道光皇帝也只能"抑遏勉从"。③被迫打开大门之后，中央和地方政府更是千方百计加以钳制。1845年闽浙总督刘韵珂奏称，"（该夷）其前在江南坚求此口，未必非专为收买茶叶起见，若先将此物阻令来省，则该夷之贪谋已折。再将别项贸易设法禁阻，俾令无一可图，则福州一口虽有如无，该夷不能开市，其势自难久住，庶上可以副圣意，下足以靖海疆。上年二月间，李太郭未到之前，即与臣刘鸿翱奏明，在茶商应行经由及可以绕越各处，节节设卡稽查（朱批：所见所办俱好，切不可令该夷知觉，是为至要），使内地贩茶之人先多阻碍，则人情不以为便，必仍贩往粤东等省行销，不复来福。及五月间，李太郭到后，复督同藩司密派文武员弁，分赴各处查

---

① 姜修宪、王列辉：《开埠初期闽浙沿海的海盗活动初探》，载《安徽史学》2006年第2期。
② 姚贤镐编：《中国近代对外贸易史资料（1840—1895）》第1册，中华书局1962年版，第612页。
③ 福建师范大学历史系、福建地方史研究室编：《鸦片战争在闽、台史料选编》，福建人民出版社1982年版，第244~246页。

访，不准稍有偷漏。一面又委熟悉情形之员，向省城内外之巨商大贾密加晓谕，以夷人在省会通商，非有益于地方之事，总宜令其废然而返，方为长策。劝令各该商等勿得即与互市，俾免该夷在此勾留。各该商亦尚知轻重，均称不愿与该夷交易，故以后李太郭屡将所带作样之洋布等物给人查看，欲图销卖，民间绝无顾问之人……臣等惟有与藩司尽乎力之所能为，阴加阻挠，密为钳制，使该夷不能即逐所谋"①。福建地方官的遏制政策十分缜密和有力，效果显著，并几乎维持十年而不坠。因中国方面做得十分秘密，当时的外国人很少有人意识到这一点。但中国官方的举动，毕竟也让像斯加滋这样在福州生活了多年的外国人嗅到了一点苗头。

  一个旁证则是，1853年后福州茶叶贸易的繁荣，与其说是旗昌洋行努力的结果，②还不如说是福建地方大员的推动所致。首先，旗昌洋行买办阿洪深入闽北内地采办武夷茶是非法的，中国官方如果制止，无论在道义上还是在条约上，都是可以成功的。同时，福州当时又没有什么可信赖的买办，因此内地采购制度在福州会遇到不少障碍。况且，即使内地采购制度能够行得通，这也不是茶叶来源的主体，在福州本地市场中流通的茶叶才是大宗货源。③因此，如果福州市场上没有大量的茶叶，那么旗昌洋行及后来的洋商根本无法大量出口茶叶；即使当时侥幸成功，以后也要被禁止，而这稳定、大批货源的组织者，则是当时的闽浙总督王懿德。由于太平军的战火蔓延到东南地区，福建地方政府的军费开支急剧增加，本已濒于枯竭的地方财政几近崩溃。面对财政带来的巨大压力，王懿德决定通过征收茶税的办法开放对外国的茶叶贸易并从中获取

---

  ①中国第一历史档案馆编：《鸦片战争档案史料》第7册，天津古籍出版社1992年版，第565~567页。
  ②［美］郝延平著，陈潮、陈任译：《中国近代商业革命》，上海人民出版社1991年版，第155页。
  ③［美］郝延平著，陈潮、陈任译：《中国近代商业革命》，上海人民出版社1991年版，第172页。

巨额税源。

《王懿德年谱》云："（咸丰三年）夏四月，变崇安茶法。崇安为产茶之区，又为聚茶之所，商工辐辏，常数万人。自粤逆窜扰两楚，金陵道梗，商贩不行，佣工失业，公奏请由海运招商赴崇安运茶，于省城南台听夷商贩运出口，仍赴福防同知换照，闽海关按则纳税，由海运赴广东、宁波、上海、天津转贩西口。茶路畅销，人皆安业。"①咸丰三年（1853）五月十四日，王懿德上呈的这件请求由海运出口茶叶的奏折，为皇帝所批阅并交部议。②

那么，奏折到京用多长时间？目前我们没有直接的资料，只能推测。一般说来，驿递速度分为日行200里、300里、500里和600里数等，而后两者非有紧急事件不得滥用。就福建地方来讲，由于闽地行路甚艰且无驿马，因此即使日行600里的最紧急的公文，一旦进入福建境内，均只能按日行300里的速度传递；出省时由于水路上水行迟，多数时候还远达不到这个速度，以至光绪年间清政府不得不做出更张，规定日行240里。③这样，如果将王懿德的奏折按日行600里的最高递送级别计算，以自福州至京师6134里、自福州至浦城850里计算，④则省内以日行300里计之需行3天，出省后以600里计之需要9天，合计12天。再扣除中间登记及进京的延迟，则咸丰帝看到此折时至少已是半月之后。又参照乾隆二十年（1755）时，福州将军曾于当年四月十九接到四月初五让其迅速备办漳绒，并于七月解送至京的加急上谕，⑤我们可以推知，王懿德的奏折到达皇帝那里至少也得半个月。如果这样，那么王懿德上奏的时间最晚不超过当年的五月。加之当时已拟定好了有关章程，算上该章程

---

① 〔清〕王家勤：《王懿德年谱》上册，福建师范大学图书馆藏，第44页。
② 太平天国历史博物馆编：《吴煦档案选编》第6辑，江苏人民出版社1983年版，第158页。
③ 《福建省例·邮政例》，见台湾银行经济研究室编：《台湾文献史料丛刊》第7辑141~142号，台湾大通书局1987年版，第794页。
④ 〔清〕钱国祥：《闽游日记》中册，上海图书馆藏，第22页；〔清〕赵尔巽等：《清史稿·地理志》卷七七，《二十五史》（百衲本）第10册，浙江古籍出版社1998版，第322页。
⑤ 《宫中档乾隆朝奏折》第11辑，台北故宫博物院1982年版，第234页。

的酝酿和制定时间，如是，福建官方准备开放茶叶贸易的时间，不会比旗昌洋行的茶商阿洪赴崇安购茶晚到哪里去。甚至可以说二者是在彼此互不知情的情况下，几乎同时做出的举动。不仅如此，在王懿德拟定的这一章程中，不但提出竭力招徕华商，而且其中单列的一条即"照会夷酋，循照通商章程赴闽买茶，以广销路"，从而推动福州茶叶贸易的开展。[①]此后，福州港的茶叶出口贸易就进入了极其繁荣的19世纪60年代，并一直持续了数十年的时间。这样看来，从1845年时福建官方处心积虑地钳制对外贸易，到1853年后福建官方千方百计地招徕中外商人，官方的态度经历了一个180度的大转变，福州港也从一个沉睡几近十年的"死港"中苏醒，进而发展成为中国近代三大茶叶出口港之一，并促进了闽江流域经济的繁荣和发展。因此，福建地方政府态度的转变，才是港口走向繁荣的根本原因，而非旗昌买办的冒险活动。

此外，有关福州开港后十年间（1844—1853）几成"死港"的原因，还有火灾影响说、产品质量说、重税扼杀说等，[②]可谓众说纷纭。尽管有些观点也并非空穴来风，内、外因素对福州港的对外贸易也都或多或少地起到了一些阻碍作用，但就我们考查的这一时段来讲，这些说法都没有触及问题的实质，尤其是无法回答何以在福州开埠的十年间几乎毫无对外贸易的问题。事实上，政府态度的转变才是港口贸易得以兴起并走向繁荣的根源所在。海盗行为和自然环境的不利，固然有损于本口贸易，但也不是不能克服的困难，只能算是外部影响因素，而商业习惯也只是局部地发生作用，都不是福州开埠最初十年间贸易停滞的根本原因。

[①] 太平天国历史博物馆编：《吴煦档案选编》第6辑，江苏人民出版社1983年版，第164页。
[②] J.Scarth, *Twelve Years in China:The People，the Rebels，and the Mandarins*, P.31. The Parliament of the United Kingdom of Great Britain and Northern Ireland, *British Parliamentary Papers: China*, *Vol.6*, *Commercial Reports: Embassy and Consular Commercial Reports*, Shannon: Irish University Press, 1972,P.22.姚贤镐编：《中国近代对外贸易史资料（1840—1895）》第1册，中华书局1962年版，第598页。

第二节　港口贸易的发展与近代闽江流域经济的外向化

1853年后，随着茶叶出口贸易的迅速增长，尤其是1861年在福州正式设立闽海关后，福州口岸的对外贸易逐渐步入正轨。从福州港主要进出口货物的发展态势来看，晚清时期形成了以鸦片、棉纺织品、五金为主要进口商品和以茶叶、木材为主要出口商品的贸易结构，并可以19世纪80年代中期为界，将晚清福州港的贸易发展进程分为前后两期：前期基本上是贸易发展期，大部分土、洋货的输入和腹地土货的输出均呈上升态势；此后即呈现全面下降趋势，进入贸易衰落期。①

一、生活消费型的进口商品结构

在福州进口的大宗洋货中，鸦片始终占最主要的位置，19世纪90年代前几乎占本口全部净进口值的一半；布匹则是鸦片以外的最主要进口洋货，一般占进口值的15%上下；铅是五金类中的最大宗进口商品，一般在进口值的10%以下波动；进入19世纪90年代后，棉纱和煤油的进口量大增，但一般仅占进口总值的10%以下。

表2.5　1868—1908年福州主要进口洋货净值占洋货进口总值的比例(%)

年份	总进口值	鸦片	布匹	棉纱	铅	锡	火柴	煤油
1868	5 207 019	63	10	0.22	10	1	0.02	0.09

---

① 林玉茹等：《闽台近代经济地理》，华东师范大学出版社2016年版，第25页。

续表

年份	总进口值	鸦片	布匹	棉纱	铅	锡	火柴	煤油
1873	3 006 436	51	15	0.15	4	4	0.2	0.04
1878	3 468 015	48	14	0	9	3	0.4	0.46
1883	3 431 308	46	21	0.03	6	3	0.61	1.12
1888	4 310 807	49	16	0.1	5	4	0.5	0.74
1893	4 774 904	49	10	3.02	3	2	1.93	3.56
1898	5 816 862	30	10	10.51	3	2	1.03	5.27
1903	8 059 007	32	7	9.32	2	3	0.81	6.01
1908	6 496 630	28	6	10.41	0	3	1.07	9.85

资料来源：中国第二历史档案馆、中国海关总署办公厅编：《中国旧海关史料（1859—1948）》，京华出版社2001年版。

说明：进口总值单位1868年为元、1873年为两、1878年以后为海关两。

（一）鸦片

早在鸦片战争开始前的19世纪20年代，福州就已经成为外国在华走私鸦片贸易的重要口岸之一。1832年，怡和洋行的查顿派两只鸦片船先后驶往福州和厦门附近的泉州湾，并带回价值数十万元的现金。[①] 1856年，闽海关以"洋药"的名义准许鸦片进口，使得鸦片的进口量开始日益增加。19世纪50年代末，福州的鸦片进口增至6 000箱，但在1862年达到7 292箱后，即急剧下降。到1875年时，鸦片进口开始反弹，呈现上升趋势，在1888年达到第二个峰值6 165担后，又开始下

---

① ［英］格林堡著，康成译：《鸦片战争前中英通商史》，商务印书馆1961年版，第124、126页。

滑，直到本期终了时，一直保持着下滑的态势，并在1914年后消失于海关贸易统计中。其中，洋药中的白皮土、公班土、喇庄土和波斯土在很长一段时期内是福州进口鸦片的主体部分，并在极个别年份（如1870年、1872年以及1883—1890年间）进口过少量（不超过30担）的土耳其鸦片。换言之，白皮土和公班土进口数量的变化，左右着福州鸦片进口贸易的总趋势，而喇庄土和波斯土只不过是前者的替补品。至于福州进口的土药，主要包括温州鸦片、台州鸦片和本地鸦片，偶尔也有四川和云南的土药少量进入本口，但在进口总量中所占份额很小。①

表2.6 1861—1914年福州鸦片进口数量

时间	洋药					土药
	白皮土	公班土	喇庄土	波斯土	合计	
1861	2 747	425	41	—	3 213	—
1862	5 992	1 122	178	—	7 292	—
1863	5 153	1 218	136	4	6 511	—
1864	3 900	1 978	475	128	6 481	—
1865	2 280	1 820	1 116	302	5 518	—
1866	2 544	2 158	920	300	5 922	—
1867	2 326	2 008	868	301	5 503	—
1868	2 460	1 508	452	543	4 963	—
1869	2 199	1 566	455	587	4 807	—
1870	1 850	1 540	236	630	4 256	—

---

① 福州海关编：《近代福州及闽东地区社会经济概况》，华艺出版社1992年版，第181页。

续表

时间	洋药					土药
	白皮土	公班土	喇庄土	波斯土	合计	
1871	1 696	1 317	258	258	3 529	—
1872	2 137	1 459	187	103	3 886	—
1873	2 043	1 092	175	—	3 310	—
1874	1 798	1 273	94	11	3 176	—
1875	2 416	1 362	96	140	4 014	—
1876	2 379	1 505	124	10	4 018	—
1877	1 751	1 239	149	26	3 165	—
1878	1 453	1 716	232	626	4 027	—
1879	1 610	1 769	376	519	4 274	—
1880	1 610	1 744	415	432	4 201	—
1881	1 809	1 778	521	676	4 784	—
1882	1 610	1 573	460	582	4 225	—
1883	2 067	1 100	844	353	4 364	—
1884	2 124	1 080	677	190	4 071	—
1885	2 406	1 402	406	194	4 408	—
1886	2 419	1 732	281	307	4 739	—
1887	2 701	1 639	338	248	4 926	—
1888	3 161	2 219	446	325	6 151	—
1889	2 735	1 771	613	500	5 619	—

续表

时间	洋药					土药
	白皮土	公班土	喇庄土	波斯土	合计	
1890	2 706	1 759	426	281	5 172	—
1891	2 607	1 468	624	322	5 021	—
1892	2 579	1 319	454	901	5 253	—
1893	2 351	1 413	242	941	4 947	—
1894	2 365	1 492	174	379	4 410	—
1895	2 080	1 240	166	217	3 703	—
1896	1 653	1 301	127	489	3 570	—
1897	1 264	1 492	203	612	3 571	—
1898	1 179	1 366	425	592	3 562	—
1899	1 624	1 207	458	556	3 845	—
1900	1 324	850	358	388	2 920	656
1901	1 217	803	324	358	2 702	976
1902	1 067	885	345	1 120	3 417	1 008
1903	1 518	858	421	1 622	4 419	234
1904	1 442	686	352	1 371	3 851	431
1905	1 081	858	441	921	3 301	804
1906	1 025	1 222	617	498	3 362	906
1907	1 062	829	425	878	3 194	534
1908	1 085	559	316	909	2 869	1 105

续表

时间	洋药					土药
	白皮土	公班土	喇庄土	波斯土	合计	
1909	909	522	272	855	2 558	1 149
1910	846	317	170	466	1 799	632
1911	509	112	69	759	1 449	176
1912	851	52	24	20	947	—
1913	991	34	1	8	1 034	—
1914	109	1	0	0	110	—

资料来源：中国第二历史档案馆、中国海关总署办公厅编：《中国旧海关史料（1859—1948）》，京华出版社2001年版；福州海关编：《近代福州及闽东地区社会经济概况》，华艺出版社1992年版；The Parliament of the United Kingdom of Great Britain and Northern Ireland, *British Parliamentary Papers: China, Vol.7, Commercial Reports: Embassy and Consular Commercial Reports,* Shannon: Irish University Press, 1972, P.584.

说明：1861—1864年的进口量单位为箱，其他年份为担。1861年的数据为设立闽海关后7月14日至12月31日的进口量。

影响鸦片进口贸易的因素是多方面的，但最主要的原因是鸦片进口税率的变化。福州鸦片进口在1862—1874年间的剧降，除了在1865年前本省境内战乱的影响，[1]大部分时间内是由于福州的鸦片税厘过重。

---

[1] 这种战乱状态不仅导致本口进口量的减少，而且还使得原由本口进口鸦片的地区改由其他渠道输入，从而减少了本口鸦片的进口量。商务报告也曾指出，"目前与前些年相比，差别在于过去许多由福州供应的市场已经从其他渠道获得鸦片供应"。参见 The Parliament of the United Kingdom of Great Britain and Northern Ireland, *British Parliamentary Papers: China, Vol.8, Commercial Reports: Embassy and Consular Commercial Reports,* Shannon: Irish University Press, 1971, P.485.

表2.7　1869年福州鸦片进口征税量

鸦片种类	上年进口量(担)	在港所征税			转运税	
		税种	开征时间	税额(海关两)	税种	税额(海关两)
白皮土	2 459.83	华税	1856	41.4	延平府厘金	5.3
公班土	1 508.40	厘金	1857	19.2	建宁府厘金	5.36
喇庄土	452.34	防剿厘金	1861	5	大安厘金	10.2
波斯土	542.95	票税	1863	17.6	政和县厘金	5.6
		官行费	1866	1.44	邵武府厘金	5.34
					兴田村厘金	6.68

资料来源：中国第二历史档案馆、中国海关总署办公厅编：《中国旧海关史料(1859—1948)》第4册，京华出版社2001年版，第258页。

由上表可知，1863年以后，鸦片运入福州地区即要加征80多海关两的税厘，如果再加上进口税，总额近120海关两。但实际上对不同种类的鸦片征收的税率还略有不同，如对白皮土和波斯土所征收的税率是每担117.64两，公班土和喇庄土为134.28两。① 上述税率，至少维持到1877年以前，而1870年时售价最高的白皮土每担售价才700元。② 如此计算，则税率高达25%，如果再加上20.86海关两的内地税，并按1海关两合1.55元计，税率更是高达30%。

由于福州口的鸦片税厘过高，并远远超过全国其他口岸，原由福州供应鸦片的内陆腹地转而从其他口岸进口。从下表可以看出，福州对鸦片征收的税厘在各口岸中不但是最高的，而且比其他的还要高出许多。

---

① The Parliament of the United Kingdom of Great Britain and Northern Ireland, *British Parliamentary Papers: China*, Vol.8, Commercial Reports: Embassy and Consular Commercial Reports, Shannon: Irish University Press, 1971, P.485.

② The Parliament of the United Kingdom of Great Britain and Northern Ireland, *British Parliamentary Papers: China*, Vol.11, Commercial Reports: Embassy and Consular Commercial Reports, Shannon: Irish University Press, 1971, P.83.

因福州的鸦片税厘较其他口岸尤其是邻近口岸为重,因此本应从福州口岸进口的鸦片取道税率较低的宁波、温州等地进口也就不足为怪了。换言之,鸦片进口税率的变化是造成本口鸦片进口数量变动不居的主要原因。

表2.8 1869年各口对鸦片进口的征税率

口岸	征收量(海关两/担)		
	在港口时	运入内地主要市场时	总数
牛庄	18.6	10.197	28.797
天津	17	到北京36,到山西17	到北京53,到山西34
烟台	18.6	—	18.6
汉口	13.92	16.564	30.484
九江	34	16.96	50.96
镇江	38.4	24	62.4
上海	44.74	—	44.74
宁波	34	—	34
福州	84.64	20.86	105.5
淡水	32.136	—	32.136
打狗	45.34	—	45.34
厦门	90.29	—	90.29
汕头	11.5	3.71	14.76
广州	23	25.34	48.34

资料来源:中国第二历史档案馆、中国海关总署办公厅编:《中国旧海关史料(1859—1948)》第4册,京华出版社2001年版,第217页。

说明:以上税率不包括已经支付的30海关两进口税。

这种情形,早在19世纪60年代的贸易报告中即曾提及。海关注意到鸦片进口量在1862年达到7 292箱后就开始逐渐减少的现象,并认为这"不是由于销量减低,而是因为有些地区过去由福州供应,现在则通过更直接的途径满足需求"①。1868年的领事商务报告也曾谈及,"目前与前些年相比,差别在于过去许多本由福州供应的市场已经从其他渠道获得鸦片供应"②。例如,江西原来从福州市场购买鸦片,但现在因"鸦片税太重"转而从九江和该省其他地方购买,因为"江西买者可以从杭州和九江以每箱少40两的价格买到鸦片,他们不再光顾本口市场毫不为奇"③。

与福州相邻的其他几个口岸的贸易和商务报告,也为这一现象提供了旁证。1874年宁波口的贸易报告就提到,最近三四年间,福建北部地区因为当地鸦片税厘过高而从宁波进口鸦片。④在19世纪70年代,由于宁波的鸦片税厘比芜湖和九江及福州都少得多,因此闽北、赣东北和皖南地区的鸦片都由宁波供应。1877年宁波口的贸易报告中说,宁波的主要鸦片进口洋商是沙逊洋行,他们把进口的鸦片批发给当地的土行(即华人鸦片经销商)。在宁波的31家土行中,来自福建的就占了21家,宁波本地只有10家。当时进入闽北的鸦片,系由宁波沿京杭运河经杭州溯富春江而上,运抵衢州府江山县后,再由江山县清湖镇起岸,越仙霞岭进入闽北浦城。在浦城专门设有征税局,对鸦片按每担(重120斤)80两的税率课税,而当时福建的鸦片税厘为每担85两。因此,闽北的鸦片都由宁波供应。⑤

1876年以后,由于其他口岸的鸦片税厘相继开始增加,因而福州的鸦片进口量又有逐渐上升之势。但由于福州口的鸦片税厘仍然较其他

---

①福州海关编:《近代福州及闽东地区社会经济概况》,华艺出版社1992年版,第22页。

②The Parliament of the United Kingdom of Great Britain and Northern Ireland, *British Parliamentary Papers: China*, Vol.8, *Commercial Reports: Embassy and Consular Commercial Reports*, Shannon: Irish University Press, 1971, P.485.

③福州海关编:《近代福州及闽东地区社会经济概况》,华艺出版社1992年版,第34页。

④中华人民共和国杭州海关译编:《近代浙江通商口岸经济社会概况——浙海关、瓯海关、杭州关贸易报告集成》,浙江人民出版社2002年版,第156页。

⑤中华人民共和国杭州海关译编:《近代浙江通商口岸经济社会概况——浙海关、瓯海关、杭州关贸易报告集成》,浙江人民出版社2002年版,第175~177页。

第二章
资源禀赋与近代闽江流域进出口贸易的消长

地方为重，因此鸦片进口恢复增长的速度很慢，此时仍然有大量鸦片通过其他口岸输入福州腹地。① 例如，在1884年时，因为福州的厘金高于温州，温州的鸦片商就将鸦片运到福建之东山、福宁、福鼎一带出售。② 1883年的福州口商务报告早就注意到这一现象，"据说可能来自印度的鸦片在宁波购买后通过浙江运入本省的内陆地区销售，其数量不得而知。宁波的厘金远比这里的每担86两的税率轻得多，这对本口的鸦片贸易是一沉重的负担和障碍。在本口厘金率为40两的时代，每年进口量达到八九千箱，而最近十年左右的平均进口量却仅有4 200箱"。

到1885年，由于新的征收洋药税厘办法的改进，尤其是1887年全国各口岸开始实行洋药税厘并征政策后，③ 各港口的税率已经划一，④ 福州口鸦片进口的增长才有所加快。1887年福州海关税务司即指出，当年鸦片进口量的增加"可能要归于各口岸实行了平等的关税，这样本省通过本口岸进口了一些鸦片，货源就变得更为充足，而先前是通过厦门、汕头、宁波、九江等口岸进口的"。⑤ 英国领事在商务报告中也曾谈道："自从本年终了时，《烟台条约》附加条款已经开始生效……看起来，大多数意见认为，一旦新的规定正常运行起来，对福州是极为有利的，因为以前在福州征收的厘金远高于邻近的港口，从而使得某些地方从后者进口鸦片。现在希望的是，既然各口厘金率一致了，那些上述地区将会再度从福州获得鸦片供应——因为那本是最自然的渠道，那么本口的生意

---

① The Parliament of the United Kingdom of Great Britain and Northern Ireland, *British Parliamentary Papers: China*, Vol.14, *Commercial Reports: Embassy and Consular Commercial Reports*, Shannon: Irish University Press, 1971, P.449.

② 中华人民共和国杭州海关译编：《近代浙江通商口岸经济社会概况——浙海关、瓯海关、杭州关贸易报告集成》，浙江人民出版社2002年版，第522页。

③ 中国第一历史档案馆：《光绪朝朱批奏折》第79辑，中华书局1995年版，第208页。

④ 1885年《烟台条约续增专条》制订了新的征收洋药税厘办法，即鸦片输入中国口岸时，由海关封存，在按照每百斤向海关交纳进口税30两、洋药厘金80两后，即可运销全境，不再缴纳任何税厘。从1887年起，海关开始洋药税厘并征，每百斤征收110两，土药亦然。参见汤象龙编著：《中国近代海关税收和分配统计（1861—1910）》，中华书局1992年版，第17页。

⑤ 福州海关编：《近代福州及闽东地区社会经济概况》，华艺出版社1992年版，第162页。

就会增长了。"①

其次，福州茶叶出口贸易的盛衰，是影响本口鸦片贸易变动的另一重要原因。自19世纪80年代中期以后，福州的茶叶出口贸易已渐趋衰退，而茶叶出口的减少直接导致了福州及闽江流域腹地人们收入的减少，从而影响了购买进口鸦片的能力。这在19世纪90年代福州口的贸易报告中屡屡被提及。"外国鸦片进口量减少是由于茶叶出口不断减少，民众生活贫苦"，"目前，鸦片贸易的不顺，应归咎于茶叶贸易的不景气。近年来茶叶（原译文误为鸦片——笔者注）种植者的利润减少，无钱消费奢侈品，瘾君子们则不得不多吸一些廉价的温州鸦片"。②1864—1914年福州口红茶出口和鸦片进口趋势变化的高度一致性，③充分说明了这一问题。

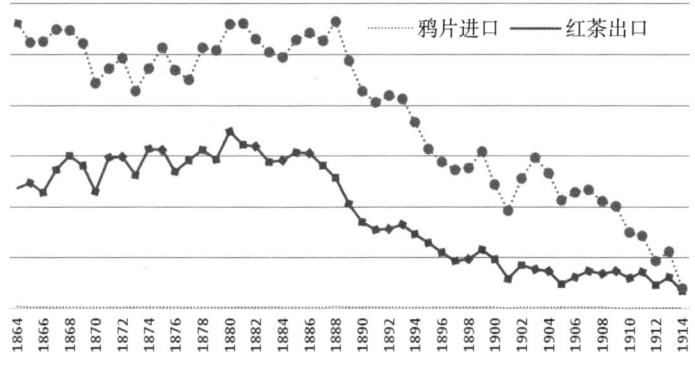

图2.1　1864—1914年间福州红茶出口与鸦片进口变化趋势示意图

---

① The Parliament of the United Kingdom of Great Britain and Northern Ireland, *British Parliamentary Papers: China*, *Vol.15*, *Commercial Reports: Embassy and Consular Commercial Reports*, Shannon: Irish University Press, 1971, P.675.

② 福州海关编：《近代福州及闽东地区社会经济概况》，华艺出版社1992年版，第181、185页。

③ 出口红茶数据来自Thomas P.Lyons, *China Maritime Customs and China's Trade Statistics (1859-1948)*, Trumansburg, N.Y.: Willow Creek Press, 2003。鸦片数据来自中国第二历史档案馆、中国海关总署办公厅编《中国旧海关史料（1859—1948）》中历年海关贸易统计，为求图像鲜明易观，将鸦片进口量扩大了100倍。

另外，国产土药对进口洋药的替代，也是影响鸦片进口贸易的重要原因。据林满红的研究，就全国来讲，1858年后即产生了土药对洋药的进口替代。①就福州及其腹地闽江流域来讲，本区罂粟的种植最晚在1870年前后开始逐渐增加。"在福宁及邻省浙江之温州，据说罂粟正在逐年稳定不断地种植，而在马尾港数里之遥的尚干乡，过去两年也已经开始试种鸦片。"②到19世纪80年代，这种状况一直在持续发展。"福建沿北半省农民嗜利，大半栽种莺粟为衣食之谋。近日有加无已，连畦接畛，几如丰台芍药无处不花，而嗜烟者亦传染愈众。"③"种植莺粟近年来几遍地皆是，而尤以同安为最甚。当春暮夏初时，阡陌花开，无非此种。闻收取故膏后每两不过二三百文，故闽省下游之轿夫挑夫及各署之兵差皆取食此膏，以为救命之物。"④19世纪90年代时，闽江流域的罂粟种植仍然有增无已。"年来闽垣四乡多种莺粟，获利甚厚，民人争效耕耨以栽培之。"⑤英国领事商务报告也注意到本地的罂粟种植和鸦片生产一直在增加的现象，并认为尽管其质量低劣，但"当地的需求将越来越由当地的生产来供应"⑥。

然而，我们又不能片面夸大本区罂粟种植的程度。实际上除了福宁府、福州府、漳州府及泉州府的部分县份有较多的种植，罂粟种植在福建尤其是闽北并不普遍。诚如1898年一份官方报告所指出的那样，福建本省土产鸦片的产地有福州府的闽县、侯官、长乐、福清、连江、闽清

---

① 林满红：《清末本国鸦片之替代进口鸦片（1858—1906）——近代中国"进口替代"个案研究之一》，载《"中央研究院"近代史研究所集刊》1980年第9期。

② The Parliament of the United Kingdom of Great Britain and Northern Ireland, *British Parliamentary Papers: China*, Vol.9, Commercial Reports: Embassy and Consular Commercial Reports, Shannon: Irish University Press, 1971, P.458.

③《益闻录》光绪八年九月十七日。

④《申报》光绪九年四月二十日。

⑤《益闻录》光绪二十二年四月二十九日。

⑥ The Parliament of the United Kingdom of Great Britain and Northern Ireland, *British Parliamentary Rapers: China*, Vol.21, Commercial Reports: Embassy and Consular Commercial Reports, Shannon: Irish University Press, 1971, P.501.

6县，福宁府的福安、福鼎、霞浦3县，泉州府的同安县，以及建宁府的松溪县，以上各县所产土药每年总共不过三四十担。①主要原因在于，闽江流域大部分地区的气候、土壤不适合罂粟的种植和生长。②一是"山地偏多，不适合罂粟种植，大面积种植并不合算"③。二是罂粟是温带、亚热带植物，性喜干冷，华南酷热，不宜种植，加之东南台风较多，而罂粟茎极脆弱，故除了山区隐秘之处也不易种植。④三是"闽北和闽西北地区的土壤太碱或太富含氨而不宜罂粟的生长"，以致栽种的罂粟多数只开花不结球或结球而无浆，从而难以有什么收成。⑤

因此，19世纪90年代前，在本省土药产量稀少，而温、台二地的土产鸦片不交税或者交很少的税就可进入福州腹地的情况下，对外国鸦片产生进口替代作用的，主要还是来自温州和台州的鸦片。⑥

1895年后，经汉口、江西运入的大量川土和云土，更是加速了土药对洋药的替代过程。⑦但海关统计显示，经由海关进口的土产鸦片数量仍是微不足道的，进口量在数百至千余担之间波动。其第一次出现在统计表中是1900年，当时进口656担；最后一次出现是在1911年，当时进口176担。1900年后，由于本省罂粟的种植越发旺盛，甚至在很大程度上

---

① 中国第一历史档案馆编：《光绪朝朱批奏折》第78辑，中华书局1995年版，第159页。
② 福州海关编：《近代福州及闽东地区社会经济概况》，华艺出版社1992年版，第186页。
③ 福州海关编：《近代福州及闽东地区社会经济概况》，华艺出版社1992年版，第186页。
④ 林满红：《清末本国鸦片之替代进口鸦片（1858—1906）——近代中国"进口替代"个案研究之一》，载《"中央研究院"近代史研究所集刊》1980年第9期。
⑤ The Parliament of the United Kingdom of Great Britain and Northern Ireland, *British Parliamentary Papers: China*, Vol.14, *Commercial Reports: Embassy and Consular Commercial Reports*, Shannon: Irish University Press, 1971, P.536.
⑥ The Parliament of the United Kingdom of Great Britain and Northern Ireland, *British Parliamentary Papers: China*, Vol.12, *Commercial Reports: Embassy and Consular Commercial Reports*, Shannon: Irish University Press, 1971, P.397.
⑦ 福州海关编：《近代福州及闽东地区社会经济概况》，华艺出版社1992年版，第206、212页。

已经取代了原来大量来自温州的经陆路运入福州的部分,①再加上温州等地土产鸦片的不断输入,②都使得福州的洋药进口量开始不断下滑。

最早被逐出福州洋药市场的是波斯土。在19世纪80年代前,土药对波斯土的替代作用最大,对优等白皮土或喇庄类烟土的影响不怎么明显。③这主要是由于波斯土的质量远较后者为劣,又主要在相对贫困的内陆地区消费,④因此最容易发生进口替代,只有在土产鸦片生产不足的情况下,波斯土的进口才能有所增长。⑤

公班土的销售也受到国产鸦片的影响。只是在19世纪80年代之前,主要因为土药的质量问题,以及茶叶贸易所带来的生活水平的提高,土药对印度产鸦片几乎没有什么替代作用,甚至根本不曾影响到印度鸦片的销售。但是,最晚到19世纪90年代,印度鸦片的消费也受到了深刻的影响。"去年印度和波斯鸦片的进口显著下降,今年亦复如此……与中国其他港口一样,在福州,印度鸦片正逐渐被土烟所驱逐。前者早已成为富人的奢侈品,而那些一般的苦力,要么吸食川土,要么吸食本省主要是福宁地区生产的低等烟土。"⑥

---

① The Parliament of the United Kingdom of Great Britain and Northern Ireland, *British Parliamentary Papers: China*, Vol.21, *Commercial Reports: Embassy and Consular Commercial Reports*, Shannon: Irish University Press, 1971, P.136.

② 据估计,"1904年时,温州土产鸦片有20%运往了福建",参见中华人民共和国杭州海关译编:《近代浙江通商口岸经济社会概况——浙海关、瓯海关、杭州关贸易报告集成》,浙江人民出版社2002年版,第577页。

③ The Parliament of the United Kingdom of Great Britain and Northern Ireland, *British Parliamentary Papers: China*, Vol.10, *Commercial Reports: Embassy and Consular Commercial Reports*, Shannon: Irish University Press, 1971, P.351.

④ The Parliament of the United Kingdom of Great Britain and Northern Ireland, *British Parliamentary Papers: China*, Vol.15, *Commercial Reports: Embassy and Consular Commercial Reports*, Shannon: Irish University Press, 1971, P.358.

⑤ 福州海关编:《近代福州及闽东地区社会经济概况》,华艺出版社1992年版,第122页。

⑥ The Parliament of the United Kingdom of Great Britain and Northern Ireland, *British Parliamentary Papers: China*, Vol.19, *Commercial Reports: Embassy and Consular Commercial Reports*, Shannon: Irish University Press, 1972, P.398.

土产鸦片替代进口洋药现象的产生,与二者价格相差悬殊有很大关系。据1896年的一则记载,当时1两熬好的土鸦片只需600文,而体积更小的1两外国鸦片则高达1 000文,而且前者加工起来还不像后者那样麻烦。① 由于外国鸦片税负远重于国产土药,② 国产鸦片价格仅是洋药的33%~60%,以致洋药难以与廉价的土药相竞争,③ 在经济贫困的地区和经济萧条时期尤其如此。

观下述国产鸦片与外国鸦片价格的比较,即可清楚地看到这一点。

当然,由于外国鸦片的价格不仅因种类的不同而异,而且即使同一种类的鸦片,在一年中的不同时间也波动极大,有时一天的价格即相差多达50元,一年的价格相差达240元。④ 为了更为有效地说明这一问题,我们尽力寻找到了本研究时段和区域内的一些更加精确的数据,列表如下:

---

① 福州海关编:《近代福州及闽东地区社会经济概况》,华艺出版社1992年版,第212页。

② 在19世纪70年代时,土药每担征税35两,在1887年奉行土药税厘并征时,每百斤征35两,另征厘余银3.5两,1898年时土药税厘才增加到每百斤60两。如此算来,1898年前的土药税厘仅是洋药税厘的26%~30%。如果再考虑土产鸦片"一次若购买很少的量,厘金税可能就会因之而豁免",那么,洋药和土药的税厘率会相差更大。参见The Parliament of the United Kingdom of Great Britain and Northern Ireland, *British Parliamentary Papers: China*, *Vol.11*, *Commercial Reports: Embassy and Consular Commercial Reports*, Shannon: Irish University Press, 1971, P.831. The Parliament of the United Kingdom of Great Britain and Northern Ireland, *British Parliamentary Papers: China*, *Vol.12*, *Commercial Reports: Embassy and Consular Commercial Reports*, Shannon: Irish University Press, 1971, P.27. 中国第一历史档案馆编:《光绪朝朱批奏折》,中华书局1995年版,第77辑第320页、第78辑第160页。

③ 林满红:《清末本国鸦片之替代进口鸦片(1858—1906)——近代中国"进口替代"个案研究之一》,载《"中央研究院"近代史研究所集刊》1980年第9期。

④ The Parliament of the United Kingdom of Great Britain and Northern Ireland, *British Parliamentary Papers: China*, *Vol.12*, *Commercial Reports: Embassy and Consular Commercial Reports*, Shannon: Irish University Press, 1971, P.278. The Parliament of the United Kingdom of Great Britain and Northern Ireland, *British Parliamentary Papers: China*, *Vol.14*, *Commercial Reports: Embassy and Consular Commercial Reports*, Shannon: Irish University Press, 1971, P.449.

表2.9 福州及其腹地国产鸦片与进口洋药价格比较

时间	土药价格（元）		洋药价格（元）		土药与洋药价格比
	福建产	温州产	白皮土	波斯土	
1869	320		718	612	45%～52%
1870	310		701	565	45%～55%
1881		480	760	600	63%～80%
1883	300		557	521	54%～60%
1890	350	450	570	555	61%～81%

资料来源：The Parliament of the United Kingdom of Great Britain and Northern Ireland, *British Parliamentary Papers: China, Vol. 9, Commercial Reports: Embassy and Consular Commercial Reports,* Shannon: Irish University Press, 1971, P.73, P.458. The Parliament of the United Kingdom of Great Britain and Northern Ireland, *British Parliamentary Papers: China, Vol.14, Commercial Reports: Embassy and Consular Commercial Reports,* Shannon: Irish University Press, 1971, P.22, P.449. The Parliament of the United Kingdom of Great Britain and Northern Ireland, *British Parliamentary Papers: China, Vol.17, Commercial Reports: Embassy and Consular Commercial Reports,* Shannon: Irish University Press, 1972, P.231.福州海关编：《近代福州及闽东地区社会经济概况》，华艺出版社1992年版，第181页。

说明：由于喇庄土和公班土的重量单位是箱，为避免折算过程中的误差，仅取白皮土和波斯土的价格相比较。福建产鸦片属于低等品，多来自闽东福宁府地区，同安县鸦片一般不在福州腹地吸食；温州及川土、云土同属较高品质的土药。

上表所示，仅是各种鸦片在福州口岸的价格，如果再运到内地，则价格相差更大。①由于价格是人们，尤其是穷人选择鸦片时的主要考虑因素之一，因此土药对洋药的进口替代也就主要发生在闽江流域内地和较为贫穷的吸食者身上。

清末及民国初期国内的禁烟举措，最终使得鸦片贸易合法化进程寿终正寝。光绪末年，鉴于鸦片流毒既广且深，清政府不得不于1906年颁布禁烟章程，令各地将军、都统、督抚及税务司等在本辖区内设法稽

---

① 如1867年时，白皮土在建宁府的售价即为每箱995~1050元。参见福州海关编：《近代福州及闽东地区社会经济概况》，华艺出版社1992年版，第36页。

查，严禁鸦片进口。①1906年，林则徐曾孙林炳章在福州创设去毒社，此后，福建各地也纷纷建立去毒支社，并曾一度发展到112个支会。如古田县全年鸦片消耗不下数十万金，去毒支社即从禁售、禁吸、禁种诸方面严格禁烟，以绝漏卮。社员们不但集资设立戒烟所，而且还凭借清政府的支持将本县各土膏店全部封禁，甚至带领军队铲除本地烟苗。②面对国内人民轰轰烈烈的禁烟运动，以及慑于世界舆论的影响，英国等遂宣布逐年递减向中国输入的鸦片量。这样，在中国政府厉行禁烟，以及西方列强被迫减少对华鸦片输入量的情况下，福州口岸的鸦片进口量逐年减少，并在1914年后消失于海关贸易统计中。

此外，其他诸如国内战争、鸦片生产地的经济变动和鸦片质量，以及汇率变化而导致的鸦片价格波动等，都影响福州口鸦片的进口和销售。例如，英国领事报告就曾谈到19世纪80年代鸦片质量的变化导致消费差异的情形。"今年的白皮土因质量较差和不适本口市场而难以出售……喇庄土的收益明显增加，这可从最近的需求增加上表现出来，而这又是由于印度方面最近已经开始极为重视其制作过程的改善……投放到市场上的大部分喇庄土的质量更高，也就是说在鸦片里融入了更多的吗啡。"③ "以前波斯土的生产大量掺杂糖及其他甜料，因此在过去很长的一段时间它都难以销售。当波斯人终于意识到这一点时，最近两三年开始掺入较少的杂料而使鸦片质量提高，现在它与白皮土很相像，并且毫无疑问在不久的将来它会与印度鸦片展开激烈的竞争。"④ 鸦片生产地

---

① 于恩德编著：《中国禁烟法令变迁史》，中华书局1934年版，第263页。
② 民国《古田县志》卷三八《禁烟小史》，见《中国地方志集成·福建府县志辑》第15册，上海书店出版社2000年版，第740~741页。
③ The Parliament of the United Kingdom of Great Britain and Northern Ireland, *British Parliamentary Papers: China*, Vol.14, Commercial Reports: Embassy and Consular Commercial Reports, Shannon: Irish University Press, 1971, P.22.
④ The Parliament of the United Kingdom of Great Britain and Northern Ireland, *British Parliamentary Papers: China*, Vol.14, Commercial Reports: Embassy and Consular Commercial Reports, Shannon: Irish University Press, 1971, P.449.

经济、货币政策的变化，也会影响洋药的进口与销售。1894年福州口的英国领事商务报告中曾谈道："本年是近十年来（鸦片进口量）最少的一年，主要是波斯土下降了一半。目前的下降看起来是由于印度有关银的立法使价格上涨，因而外国鸦片立即成为仅限于富人长期使用的奢侈品。"①

（二）棉织品

福建本非产棉区，棉织业又十分落后，当地土布的生产无法满足人们的需求，因此需要从海外大量进口棉纺织品。由于这些商品几乎全部由海关监管的船只运抵福州，②因此，海关对这类棉织品进口统计的数据基本上可以视为实际进口数量，详见下表：

表2.10 1861—1919年福州主要棉织品进口量

时间	标布	原色布	白布	土布	常关土布	印度棉纱
1861	93 334	29 360	4 862	—	—	—
1862	130 330	41 492	7 285	14 222	—	—
1863	35 375	71 437	7 453	—	—	—
1864	57 589	47 685	16 182	—	—	—
1865	13 966	43 614	6 393	26 612	—	161
1866	26 503	58 800	7 618	27 723	—	91

---

① The Parliament of the United Kingdom of Great Britain and Northern Ireland, *British Parliamentary Papers: China*, Vol.19, *Commercial Reports: Embassy and Consular Commercial Reports*, Shannon: Irish University Press, 1972, P.125.

② 在19世纪70年代时，福州的海关官员曾向英国领事保证"没有中国帆船载运洋棉、洋毛货物进入本口"。参见The Parliament of the United Kingdom of Great Britain and Northern Ireland, *British Parliamentary Papers: China*, Vol.12, *Commercial Reports: Embassy and Consular Commercial Reports*, Shannon: Irish University Press, 1971, P.277.

续表

时间	标布	原色布	白布	土布	常关土布	印度棉纱
1867	59 291	67 805	6 561	28 746	—	132
1868	124 320	65 147	8 392	14 005	—	225
1869	136 234	67 682	5 307	2 549	—	103
1870	137 975	46 218	5 921	531	—	33
1871	166 458	61 766	6 310	—	—	—
1872	196 210	67 344	6 943	351	—	49
1873	202 885	57 256	8 067	1 358	—	75
1874	203 668	73 906	7 174	593	—	21
1875	208 963	69 704	10 712	489	—	10
1876	217 601	53 104	11 952	507	—	7
1877	198 333	55 993	12 085	520	—	—
1878	207 354	57 092	15 208	1 055	—	—
1879	283 522	63 424	18 172	582	—	—
1880	255 056	58 445	17 595	890	—	—
1881	281 984	60 856	18 763	1 068	—	—
1882	261 160	60 558	18 027	1 083	—	30
1883	273 230	60 989	17 551	968	—	32
1884	219 928	57 145	16 902	1 693	—	36
1885	296 420	86 606	22 226	1 685	—	138
1886	285 730	65 042	18 893	1 778	—	92

续表

时间	标布	原色布	白布	土布	常关土布	印度棉纱
1887	273 361	60 929	18 640	2 237	—	147
1888	264 332	70 752	21 022	2 287	—	165
1889	220 119	55 788	15 855	1 811	—	305
1890	212 903	61 561	17 191	1 758	—	339
1891	210 514	62 164	17 213	2 188	—	2 947
1892	218 559	62 765	18 799	2 280	—	12 953
1893	172 099	53 616	16 202	2 058	—	8 240
1894	139 176	54 436	14 281	1 921	—	10 784
1895	171 498	63 367	16 341	1 862	—	15 941
1896	192 961	61 635	16 168	2 144	—	26 016
1897	172 065	67 508	16 332	2 266	—	26 857
1898	184 727	63 652	16 572	2 112	—	30 679
1899	194 577	61 984	15 167	2 092	—	23 851
1900	116 074	48 144	10 420	1 985	—	17 904
1901	143 863	56 738	14 722	2 108	—	29 365
1902	130 336	58 816	13 571	1 677	1 537 324	29 066
1903	120 543	59 350	17 026	1 627	1 391 193	33 025
1904	113 049	63 135	16 131	3 253	2 335 238	35 147
1905	125 723	72 296	18 337	3 120	1 471 188	39 605
1906	122 599	63 456	15 103	4 537	1 537 092	29 584

续表

时间	标布	原色布	白布	土布	常关土布	印度棉纱
1907	83 856	53 854	13 135	2 609	1 386 503	29 713
1908	92 783	49 689	13 583	1 854	1 375 526	26 565
1909	97 249	66 797	16 826	1 866	1 305 651	27 396
1910	86 558	58 426	14 989	2 266	703 083	27 726
1911	76 967	50 979	13 351	2 405	1 476 526	26 073
1912	80 265	49 587	10 617	2 889	1 073 704	32 133
1913	74 252	45 474	8 795	3 839	1 413 739	30 569
1914	94 492	61 654	14 198	4 906	1 291 909	21 658
1915	70 465	69 777	18 865	4 881	1 253 793	18 883
1916	78 012	75 629	13 236	3 753	803 883	18 530
1917	55 588	56 369	14 101	2 992	5 802	13 557
1918	51 913	44 447	10 616	2 102	4 919	4 048
1919	52 657	39 158	7 331	3 347	13 201	8 947

资料来源：中国第二历史档案馆、中国海关总署办公厅编：《中国旧海关史料（1859—1948）》，京华出版社2001年版；福州海关编：《近代福州及闽东地区社会经济概况》，华艺出版社1992年版；The Parliament of the United Kingdom of Great Britain and Northern Ireland, *British Parliamentary Papers: China*, Vol.7, *Commercial Reports: Embassy and Consular Commercial Reports*, Shannon: Irish University Press, 1972, P.583; Jules Davids, *American Diplomatic and Public Papers: The United States and China*, Vol.20, Wilmington: Scholarly Resources, 1973.

说明：洋布和土布进口量的统计单位分别是匹和担。常关土布进口量的统计单位，除了1917—1919年为担，其他均是匹。1861年数据收集自当年7月14日至12月31日。

1.洋布

福州开埠之初，虽然本地对布匹的需求量很大，但也仅限于从全国其他口岸进口的土布，极少有洋布在福州及其腹地市场流通。[①]甚至在19世纪50年代时，福州口岸的洋布进口量也不过10万匹左右，而土布则多达100多万匹。[②]进入19世纪60年代后，随着茶叶贸易的繁荣，洋布的进口量日见起色，并在总体上呈现持续增长的态势。从上表可见，除了1861—1864年间闽南农民起义及清政府平定太平天国运动导致布匹进口量波动较大，自1865年至1885年随着茶叶贸易的繁荣，洋布的进口量一直在持续缓慢地增长，[③]到1885年以后因茶叶贸易的衰落和福州土布业的发展才呈现下降的趋势。

福州进口的洋布主要以标布和本色市布为主。[④]标布的进口数量从19世纪60年代末直到19世纪末，一直在10万~30万匹之间波动，1885年的最高额不过296 420匹。由此可见，不但标布进口的绝对数量很低，而且增长幅度也不大。相对标布来讲，本色市布的进口量几乎没有什么变化，自1861年至19世纪末，一直在年均6万匹的低水平上轻微浮动。

---

① The Parliament of the United Kingdom of Great Britain and Northern Ireland, *British Parliamentary Papers: China*, Vol.40, *Statistical Returns, Accounts and Other Papers Respecting the Trade between Great Britain and China 1802—1888*, Shannon: Irish University Press, 1972, P.758.

② The Parliament of the United Kingdom of Great Britain and Northern Ireland, *British Parliamentary Papers: China*, Vol.6, *Commercial Reports: Embassy and Consular Commercial Reports*, Shannon: Irish University Press, 1971, P.9.

③ 英国领事商务报告谈道："几年内，英国产品的消费有望继续增长。因为随着出口国外的茶叶量日益增加，全省的人民因之变得富裕，从而使本省许多阶层的人民得到了以前所未曾有过的相当舒适和繁荣的生活。"参见 The Parliament of the United Kingdom of Great Britain and Northern Ireland, *British Parliamentary Papers: China*, Vol.8, *Commercial Reports: Embassy and Consular Commercial Reports*, Shannon: Irish University Press, 1971, P.244.

④ The Parliament of the United Kingdom of Great Britain and Northern Ireland, *British Parliamentary Papers: China*, Vol.8, *Commercial Reports: Embassy and Consular Commercial Reports*, Shannon: Irish University Press, 1971, P.485.

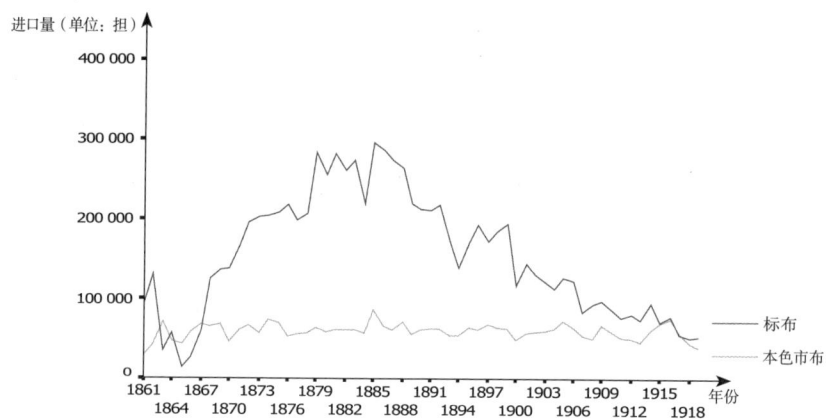

图2.2　1861—1919年福州口标布和本色市布进口量变化趋势图

  与全国其他口岸相比,福州历年进口的洋布数量是很少的。例如,以福州进口数量最大的标布来讲,其"一年的进口量还抵不上上海一天的销售量"①。这也是历任英国领事耿耿于怀的地方,他们在商务报告中写道,"与沿海其他开放口岸一样,本口最需要本色市布和标布。但是,在福州及邻近地区,此类商品的进口量和年约十万匹的消费量,对于这个广大和重要的地方来讲,却是微不足道而为人所不齿的"②。

  那么,造成这种现象的原因何在?诚然,影响洋布进口贸易的因素很多。例如,1867年洋布的进口贸易即受到欧洲经济萧条的影响,而

---

①The Parliament of the United Kingdom of Great Britain and Northern Ireland, *British Parliamentary Papers: China*, *Vol.14*, Commercial Reports: Embassy and Consular Commercial Reports, Shannon: Irish University Press, 1971, P.449.

②The Parliament of the United Kingdom of Great Britain and Northern Ireland, *British Parliamentary Papers: China*, *Vol.10*, Commercial Reports: Embassy and Consular Commercial Reports, Shannon: Irish University Press, 1971, P.124.

1895、1909年的洋布进口受到汇率和银价下跌的影响。①另外，无论棉织品还是毛织品，茶叶贸易的衰落都对此类产品的消费有着莫大的影响。②但以下几点更值得注意：

首先，沉重的厘金和内地税是洋布难以深入福州腹地的重要原因之一。在19世纪六七十年代英国领事的商务报告中，处处充满了对福建内地加征税厘的抱怨："从我与一些主要的商人的谈话中，似乎可以看出，（洋布销售）这种生意被遍布全省的内地厘金局加诸铅和所有洋货身上的重税所大大削弱了，并且不会产生任何重大进展。"③到19世纪70年代，英国领事对此仍是抱怨不已："外国商品的供应不可能超出本口临近地区的原因是多方面的，这包括本省多山的自然环境和水运交通的缺乏，人民的普遍贫困，但最重要的原因是对经过内地的货物所征收的厘金重税。"④由于重税，长江流域的九江和东南沿海的厦门、宁波等通商口岸，也参与了对福州洋布销售市场的争夺。⑤因此"棉织品仅在福州城的邻近

---

① The Parliament of the United Kingdom of Great Britain and Northern Ireland, *British Parliamentary Papers: China*, *Vol.8*, *Commercial Reports: Embassy and Consular Commercial Reports*, Shannon: Irish University Press, 1971, P.243. The Parliament of the United Kingdom of Great Britain and Northern Ireland, *British Parliamentary Papers: China*, *Vol.19*, *Commercial Reports: Embassy and Consular Commercial Reports*, Shannon: Irish University Press, 1972, P.397. 福州海关编：《近代福州及闽东地区社会经济概况》，华艺出版社1992年版，第275页。

② "（棉、毛织品进口量的）下降看起来是因为这一购买阶层在茶叶贸易上损失严重，因而无钱消费。"参见 The Parliament of the United Kingdom of Great Britain and Northern Ireland, *British Parliamentary Papers: China*, *Vol.16*, *Commercial Reports: Embassy and Consular Commercial Reports*, Shannon: Irish University Press, 1972, P.664.

③ The Parliament of the United Kingdom of Great Britain and Northern Ireland, *British Parliamentary Papers: China*, *Vol.7*, *Commercial Reports: Embassy and Consular Commercial Reports*, Shannon: Irish University Press, 1971, P.308.

④ The Parliament of the United Kingdom of Great Britain and Northern Ireland, *British Parliamentary Papers: China*, *Vol.9*, *Commercial Reports: Embassy and Consular Commercial Reports*, Shannon: Irish University Press, 1971, P.457.

⑤ The Parliament of the United Kingdom of Great Britain and Northern Ireland, *British Parliamentary Papers: China*, *Vol.8*, *Commercial Reports: Embassy and Consular Commercial Reports*, Shannon: Irish University Press, 1971, P.249.

地区消费。本省西部和北部的布匹消费可能由九江进口,并在子口税单的保护下由江西运入其地消费"①。

表2.11 1869年福州口部分进口商品征税量

货物花色	1868年进口量（匹）	在港所征税（海关两）			转运税（海关两）	
		税种	开征时间	税额	税种	税额
本色市布	65 147	厘金	1858	0.05	水口厘金	0.054 6
		小税	1866	0.002 7	延平府厘金	0.036 4
					竹崎关税	0.022
标布	124 320	与本色市布相同			与本色市布相同	
白布	8 392	厘金	1858	0.06	与本色市布相同	
		小税	1866	0.002 7		
染色布	883	与白布相同			与本色市布相同	
印花布	3 550					
缎子	318					
斜纹布	4 560	厘金	1858	0.06	水口厘金	0.027
		小税	1866	0.002 7	延平府厘金	0.018
					竹崎关税	0.022
彩布	4 758	厘金	1858	0.06	水口厘金	0.067 2
		小税	1866	0.002 7	延平府厘金	0.044 8
					竹崎关税	0.022
小呢	3 662	厘金	1858	0.72	水口厘金	0.7
		小税	1866	0.45	延平府厘金	0.4
					竹崎关税	0.8
羽毛	4 234	厘金	1858	0.6	水口厘金	0.42
		小税	1866	0.053	延平府厘金	0.28
					竹崎关税	0.8
哔叽	1 633	厘金	1858	0.3	水口厘金	0.3
		小税	1866	0.09	延平府厘金	0.2
					竹崎关税	0.35

---

① The Parliament of the United Kingdom of Great Britain and Northern Ireland, *British Parliamentary Papers: China*, *Vol.16*, *Commercial Reports: Embassy and Consular Commercial Reports*, Shannon: Irish University Press, 1972, P.357.

资料来源：中国第二历史档案馆、中国海关总署办公厅编：《中国旧海关史料（1859—1948）》第4册，京华出版社2001年版，第258~259页。

但最晚到19世纪70年代末，福建政府减轻了税厘，19世纪80年代初福州进口棉布的厘金率已经降到了半税的水平。①厘金已不再是洋布侵入福州及其腹地的主要障碍了。②对此，英国领事也谈道，"对诸如本色市布、标布及所有棉织品加征的税额，大约与洋关所征收的2.5%的税率相当。厘金税几年前也降到了这个水平，旨在促使商人在厘卡纳税，从而使税收重新回到当地政府那里而不使之再归于洋关的子口税项下，并上交到中央政府"。因此，"不能说是厘金扼制了洋布的消费"。从图2.2所示标布进口数量变化趋势图上，也可以看出这一点。

其次，还有更重要的原因抑制着洋布的销售，这就是中国内地土布的竞争。本国及本地所出土布，对进口洋布的销售形成了强大的阻力。福州进口的洋布所遇到的竞争，一方面来自福建本省所织土布。中国产的土布，不仅价格较洋布便宜，而且更加耐穿，"比外国布耐久达3倍、4倍，甚至5倍"，加上织布用的土纱与洋纱不同，本身还更加暖和。③据19世纪50年代英国人的实地调查，福建农民种甘蔗制糖，再用糖换回棉花，然后在作物"收割以后，农家所有人手，老者和青年一起都从事梳棉和纺织工作，他们身上穿的就是这种自制的厚而经穿的衣料。既

---

① The Parliament of the United Kingdom of Great Britain and Northern Ireland, *British Parliamentary Papers: China*, Vol.14, *Commercial Reports: Embassy and Consular Commercial Reports*, Shannon: Irish University Press, 1971, P.451.

② The Parliament of the United Kingdom of Great Britain and Northern Ireland, *British Parliamentary Papers: China*, Vol.17, *Commercial Reports: Embassy and Consular Commercial Reports*, Shannon: Irish University Press, 1972, P.279. The Parliament of the United Kingdom of Great Britain and Northern Ireland, *British Parliamentary Papers: China*, Vol.12, *Commercial Reports: Embassy and Consular Commercial Reports*, Shannon: Irish University Press, 1971, P.638.

③ The Parliament of the United Kingdom of Great Britain and Northern Ireland, *British Parliamentary Papers: China*, Vol.15, *Commercial Reports: Embassy and Consular Commercial Reports*, Shannon: Irish University Press, 1971, P.493.

适于粗重的劳作，又要穿上二年至三年。他们把多余的土布送到附近市场，卖给布店，布店买来卖给城市居民及河下船夫，十分之九的中国人都穿着这种自织的土布；其质地由极粗的到极细的都有，完全是农家生产的。生产者除了原料价值，或者只是用糖换来的原料，无需其他成本"①。因此，除了极少数人，绝大部分的福建人仍穿着从闽南或江南地区运来的土布。到1888年福州织布局成立后，开始在城郊大量生产用印度棉纱织成的本地土布。这种布十分畅销，成为洋布的有力竞争对手。

另一方面洋布还受到来自江南地区棉布的强烈竞争。海关贸易报告认为："只要宁波、上海或日本的原棉产量能达到平均水平，（福州）对外国匹头的需求就可能会降低，并且虽然土布系用手织，但最终仍较为便宜。""至于棉货，中国人明显偏爱本国自制的产品，因为它们更暖和更结实，所以虽然开始购买时有点贵，从长远来看却更便宜更合算。它们在苏州由福州本地商号的代理人购买，并用中国帆船运到本口。"②由于土布暖和、耐穿、价低，洋布销量便难以获得实质上的增加，而且当时英国及其他国家的生产力还没有发展到能够对中国的消费需求做出回应从而改进生产的程度，③在19世纪末以前福州港洋布进口数量不多、发展不快，也就是理所当然的事情了。虽然后来随着西方资本主义国家社会生产力的提高，这种情况有所改善，但又遇到了来自本国和本地所产土布的更大竞争。由此我们可以看出，暖和、耐穿、价低的土布始终是

---

① 1852年3月15日米琪尔致文翰的报告，见彭泽益编：《中国近代手工业史资料（1840—1949）》第1卷，中华书局1962年版，第503页。

② The Parliament of the United Kingdom of Great Britain and Northern Ireland, *British Parliamentary Papers: China*, *Vol.7*, *Commercial Reports: Embassy and Consular Commercial Reports*, Shannon: Irish University Press, 1971, P.307.

③ 对此，英国领事坦言："我很惊奇曼彻斯特居然几乎未曾致力于从宽度和质地上仿造这种布以与真正的苏州布相抗衡，因为毫无疑问，机器生产的产品总会比手工生产的要更便宜。"参见 The Parliament of the United Kingdom of Great Britain and Northern Ireland, *British Parliamentary Papers: China*, *Vol.9*, *Commercial Reports: Embassy and Consular Commercial Reports*, Shannon: Irish University Press, 1971, P.71.

导致本期洋布滞销的一大原因，只要洋布无法克服与土布相比的这种劣势，其销量终究难以有实质上的增加。

再次，中国人的衣着习俗和消费习惯也制约了洋布的消费。一方面，一般来讲，较为富有的阶级及从事其他事务的中产阶级，才会较多地穿着洋布，或者普通人仅仅是为了好看而穿着洋布。"所有沿海城市的较富有的阶级有时穿穿英国的上等棉布，夏季作便服代替绸纱，冬季作棉衣代替皮毛和厚缎，商号的职员，司账，店铺里站柜的伙计，穿英国布的相当普遍，英国布染色较鲜明，布面比同等的土布整洁，然而任何阶级，不论其职业多么轻松，不劳力，而其目的是要取得一件新衣的最大效用的人，都不穿英国布；即使较富有的阶级也不是出于爱好而穿英国布的，他们不过是出于偶然兴之所至，或者由于（前述那）一些次要的目的，用英国布比土布便宜，才用英国布。"①这种情形，至少到19世纪60年代末期仍是如此。在福州的英国领事曾谈道："富人在夏天穿着白色的衬衫衣料，因为它好看、料细又凉快。但其消费量很小，因为最近一个高级官员告诉我说，像他那样阶层的人们每隔10至12天才换一次用亚麻布做的衣服，而他又比普通的官员更为干净，后者中的许多人整个冬天或许才换一次内衣，在夏天也不过每3周换一次。我对此感到痛惜，并乐观地希望我将看到所有阶层逐渐习惯于偏向穿着英国的棉布，而不是那种一旦受污就不易洗净的丝绸内衣。"②另一方面，中国人还崇尚节俭的消费习惯。根据19世纪40年代中期的一则记载，闽北"浦（城）人风尚节俭，士大夫率不屑丰食美衣，即素封家亦然"③。与闽北相邻的赣东北地区的人们"衣服直到穿的破成了满是补丁才放弃。一

---

① 彭泽益编：《中国近代手工业史资料（1840—1949）》第1卷，中华书局1962年版，第504~505页。

② The Parliament of the United Kingdom of Great Britain and Northern Ireland, *British Parliamentary Papers: China*, Vol.8, *Commercial Reports: Embassy and Consular Commercial Reports*, Shannon: Irish University Press, 1971, P.482.

③〔清〕梁章钜撰，于亦时点校：《归田琐记》，中华书局1981年版，第155页。

件衣服补了又补，可供一个男人穿三四年，而洋布不超过一两年"①。这种节俭的习惯，主要是出于人们对布匹价格的慎重考虑。英国领事认为，"较便宜的布类——棉货中的原色布和标布是在本口中国人中最为需要的，而白布和美国斜纹布却因为太贵而销售不佳。总体来说，价格是中国人考虑最多的问题"②。因此，受中国人生活习俗所限，福州及闽江流域腹地人们对洋布的消费量必定不会很多。

2. 土布

与洋布的滞销相较，土布进口一直是历任英国领事羡慕不已的事情。目前能够找到的福州口最早进口国产棉布的统计数据始于1846年。下表列出了1846年前两个季度福州口主要货物的进口情况：

表2.12　1846年上半年福州口民船贸易统计

货物	1846年1月1日至3月31日（306只船26 799吨）		1846年4月1日至6月30日（592只船54 893吨）	
	数量（斤）	价值（斤）及占贸易总值的比重	数量（斤）	价值（斤）及占贸易总值的比重
棉花	236 490	25 490（3.76%）	94 450	11 334（0.798%）
棉纱	2 110（担）	633（0.09%）	12 600（担）	3 780（0.27%）
土布	422 184	52 773（7.78%）	774 992	90 018（6.34%）
咸鱼	2 433 115	146 780（21.63%）	7 024 048	381 671（26.89%）

---

① The Parliament of the United Kingdom of Great Britain and Northern Ireland, *British Parliamentary Papers: China*, Vol.14, Commercial Reports: Embassy and Consular Commercial Reports, Shannon: Irish University Press, 1971, P.63.

② The Parliament of the United Kingdom of Great Britain and Northern Ireland, *British Parliamentary Papers: China*, Vol.9, Commercial Reports: Embassy and Consular Commercial Reports, Shannon: Irish University Press, 1971, P.70.

续表

货物	1846年1月1日至3月31日 （306只船26 799吨）		1846年4月1日至6月30日 （592只船54 893吨）	
	数量（斤）	价值（斤）及占贸易总值的比重	数量（斤）	价值（斤）及占贸易总值的比重
豆类	4 332 167	153 468（22.61%）	6 992 173	283 530（19.97%）
盐	9 889 797	59 339（8.74%）	15 782 257	110 476（7.78%）
总值		678 657（100%）		1 419 540（100%）

资料来源：The Parliament of the United Kingdom of Great Britain and Northern Ireland, *British Parliamentary Papers: China*, Vol.40, *Statistical Returns, Accounts and Other Papers Respecting the Trade between Great Britain and China 1802－1888*, Shannon: Irish University Press, 1972, PP.126~128.

说明：土布每4斤1匹，每100匹50元，染色布每100匹60元。

由上表可知，1846年第一季度进口土布105 546匹，第二季度进口193 748匹。因第三季度处于"停秋"期间，时间约为百日，一般无船只进口，故第四季度进口量即以一、二季度的平均数15万匹代替。如此，则1846年全年进口土布约为45万匹。由于19世纪50年代前外国船运输中国货物还不是十分普遍，即使有，运输的也大多是体小价高的鸦片、丝织品和茶叶。因此，自江南地区由外国船只运往福州的土布数量应该不会太大。①而在1850年前福州的进口贸易中，也极少有土布进口。这样，综合考虑，可以确定在19世纪40年代，自海路运往福州的土布每年约有四五十万匹。

---

① 例如，在1846年上半年的上海港，由总载重6 627吨的25只英国船出口的土布不到40担，价值411镑；而出口的生丝及丝织品则为3 000多担，价值284 889镑；茶叶4 682 539磅，价值171 407镑；全部出口总值才仅456 965镑。参见The Parliament of the United Kingdom of Great Britain and Northern Ireland, *British Parliamentary Papers: China*, Vol.40, *Statistical Returns, Accounts and Other Papers Respecting the Trade between Great Britain and China 1802－1888*, Shannon: Irish University Press, 1972, P.450.

在19世纪50年代后,情况发生了一些变化,土布进口数量开始增加。据英国领事的报告,在1850年,"土布是在苏州购买,并由福州本地商号的代理人用民船运到本口。每年估计进口价值1 500 000元的土布在本地和临近地区销售"①。以上表所说之土布每百匹50元计,当折合土布约300万匹。在1858年,由1 079只民船运入的土布达到35 474包,价值248 318两,以每包20匹计,则为709 480匹,加上由英国船只进口的土布1 136 908匹,二者合计180万余匹。由此,我们可以估计在19世纪50年代福州自海路进口的土布当在180万~300万匹之间。

表2.13　1858—1864年福州港由英国船只进口的土布和洋布数量

时间	土布		洋布					洋布合计价值/土布价值
			原色布		标布		洋布合计价值	
	数量	价值	数量	价值	数量	价值		
1858	1 136 908	89 482	70 754	47 378	14 298	5 568	52 946	59.17%
1861	13 575		31 020		81 766			
1862	15 449	193 120	50 346	47 923	112 229	56 114	104 037	53.87%
1863	11 973	192 012	84 598	93 376	35 375	28 729	122 105	63.59%
1864	3 237 166	310 730	72 422	78 845	47 989	44 364	123 209	39.65%

资料来源:The Parliament of the United Kingdom of Great Britain and Northern Ireland, *British Parliamentary Papers: China, Vol. 6, Embassy and Consular Commercial Reports 1854—1866*, Shannon: Irish University Press, 1972.

说明:所有数据均取整数,未四舍五入;洋布中原色布包括白布、斜纹布和印花布等;洋

---

① The Parliament of the United Kingdom of Great Britain and Northern Ireland, *British Parliamentary Papers: China, Vol.7, Commercial Reports: Embassy and Consular Commercial Reports*, Shannon: Irish University Press, 1972, P.307.

布计量单位均为匹，土布计量单位1858年为匹，1861、1862、1863年为担，1864年为磅；价值计量单位均为镑。1861年仅计算7月14日至12月31日的进口量。

到19世纪60年代，土布的进口量继续增加。"本口主要的进口土货是土布、药材、糖、烟草和豆饼。自北方进口的土布居于首位。"[①]1867年是海关统计中福州口土布进口的高峰，当年土布进口量为28 746担，折合440余万匹。[②]1869年，英国领事曾"向中国布商询问了人均年消费苏州（或南京）土布以及我国产品的数量。估计南京土布约为13.7万包，每包20匹，一共274万匹，每包7两。而英国长细布（long cloth）则为15万匹，每匹2两"[③]。1870年后，土布进口商普遍采取利用汽船将运载土布的帆船和三桅帆船拖运进港的方式逃避海关的监管和税收，因此，海关统计中的土布进口数据再也无法反映真实的情况。[④]同时，由于土布多利用民船载运，[⑤]而民船出入的常关又没有留下土布进口的数据，因此其后的土布进口量难以确知或进行相对准确的估算，只能暂付阙如。但不可否认的是，此时福州仍然进口相当数量的江南土布。据一份约写于光

---

① The Parliament of the United Kingdom of Great Britain and Northern Ireland, *British Parliamentary Papers: China*, Vol.7, Commercial Reports: Embassy and Consular Commercial Reports, Shannon: Irish University Press, 1972, P.308.
② 根据1869年英国领事的报告，"好的南京土布每担150~200匹，普通的110~120匹；别人告诉我说（当年）进口了约2/3的好布和1/3的普通布"。参见The Parliament of the United Kingdom of Great Britain and Northern Ireland, British Parliamentary Papers: China, Vol.9, Commercial Reports: Embassy and Consular Commercial Reports, Shannon: Irish University Press, 1971, P.76. 此数据是以好布占2/3，每担合175匹，普通布占1/3，每担合115匹计算。
③ The Parliament of the United Kingdom of Great Britain and Northern Ireland, *British Parliamentary Papers: China*, Vol.9, Commercial Reports: Embassy and Consular Commercial Reports, Shannon: Irish University Press, 1971, P.76.
④ 福州海关编：《近代福州及闽东地区社会经济概况》，华艺出版社1992年版，第64页。
⑤ 如福州布业"原有规章，凡串布入闽，应由航船载运，不得由于轮船载运"。参见《福建商业公报》1910年第2期。另外，海、常两关对入口船只征税率的不同也使得土布多利用民船运输并在常关报关。一个实际的例子是，土布的洋关税收是每13市斤（每束）3钱，而常关是7厘。参见福州海关编：《近代福州及闽东地区社会经济概况》，华艺出版社1992年版，第85页。

绪后期的《福州内港南台局卡进出口货物厘金章程》，在其中所列的货物名单上，人们可以发现高丽布、沙头布、紫棉布、北新桥市布、余姚市布、崇明市布、石门市布等诸多江南产土布的名字。①据闽浙总督卞宝第的估计，在1890年左右，"棉布一项贩自苏、松者约二十万束，值银一百二十万两，其从浙江、江西来者尚不在此数"②。如果以土布一束为13市斤（洋关的统计标准），一匹土布重1.0914关秤斤计，则约合标准土布238万匹。无怪乎直到19世纪90年代末时，英国领事还将福州视为镇江和九江以外的最大土布进口港。③ 1901年海关兼管常关后，保存下了福州土布进口的较为详细的统计数据。从统计表中可以看出，1901—1919年的常关土布进口量每年都在一百数十万匹以上，而洋关进口的数量从未超过5 000担（以每担155匹折合为77.5万匹），二者合计不过200万匹左右。

简言之，晚清时期福州进口的土布数量可以大致估算如下：19世纪50年代180万~300万匹，19世纪60年代300万匹，19世纪60年代末440万匹，19世纪90年代300万匹，20世纪初200万匹。据研究，清代中叶江南地区的棉纺织业中心松江府的棉布外销能力，最多不过2 600万匹左右。④也就是说，仅福州及闽江流域腹地，至少消费了松江府的外销棉布的十分之一，由此可见江南地区的土布对福州的输入量之大，江南布匹对福州及其腹地市场的影响之深。即使在20世纪初期以后，江南地区的土布输入对福州及腹地布匹市场的主导作用依然没有消失。1910年秋末时分，由于福州此前的土布储备不足，而且专门运输土布的浙江

---

① 〔清〕佚名：《福州内港南台局卡进出口货物厘金章程》，福建师范大学社会历史学院资料室藏，第13~14页。

② 〔清〕卞宝第：《卞制军政书·通饬种棉织布札》，见沈云龙主编：《近代中国史料丛刊》第194~195号，台湾文海出版社1966年版，第319页。

③ The Parliament of the United Kingdom of Great Britain and Northern Ireland, *British Parliamentary Papers: China*, Vol.21, *Commercial Reports: Embassy and Consular Commercial Reports*, Shannon: Irish University Press, 1971, P.137.

④ 李伏明：《明清松江府棉布产量与市场销售问题新探》，载《史学月刊》2006年第10期。

船只正值"停秋"之际,故不敷腹地各县采办所需,使得市面布价一时大昂,甚至"以闽中所织之布,醮以糊水,权为苏庄"也无法应付市场所需。①

3.棉纱

与鸦片、布匹主要用于生活消费不同,福州进口的棉纱主要用于生产性消费。19世纪60年代前,福州仅从英、美等国输入少量的棉花。较原棉价格低廉的洋纱,始于1864年才出现在福州口海关贸易统计表中,当年进口棉纱161担。此后,棉纱的进口量不断增长,尤其是"新年前三个月的棉纱需求最旺盛。在繁忙的茶季直到大米收获后,消费便趋于萧条"②。不过,在19世纪90年代以前,福州进口的印度棉纱数量仍然是微不足道的,其大规模地进口始于1891年,当年进口2 947担,是前一年进口量339担的8倍多。这主要是因为1888年福州织布局成立后,开始大量生产本地土布以挽回利源,而福建本地缺少优质棉花和棉纱,故不得不依赖于进口洋纱,从而导致了棉纱进口的大量增加。③直到19世纪90年代终了,福州棉纱的进口生意一直畅旺,其中印度棉纱由于易抽而最受欢迎,日本棉纱也因价贱而流行,唯上海棉纱却因难抽而失宠。后来福州织布局的倒闭,虽然使得棉纱的进口一度受挫,但不久又因民间织布局的兴起而恢复了增长的态势,并一直持续到20世纪初,进口量常年保持在二三万担。民国以来,尤其是一战之后,曾经畅销一时的洋纱进口呈现出一泻千里的状态,并为国产机制纱所取代。1913年,包括印度棉纱在内的来自外洋的棉纱多达35 129担,到1920年则剧降至2 197担,到1930年时仅3担,并在1931年后消失在对外贸易统计表

---

① 《福建商业公报》1910年第2期。

② The Parliament of the United Kingdom of Great Britain and Northern Ireland, *British Parliamentary Papers: China*, Vol.9, *Commercial Reports: Embassy and Consular Commercial Reports*, Shannon: Irish University Press, 1971, P.73.

③ The Parliament of the United Kingdom of Great Britain and Northern Ireland, *British Parliamentary Papers: China*, Vol.17, *Commercial Reports: Embassy and Consular Commercial Reports*, Shannon: Irish University Press, 1972, P.401.

中。相反,随着印度棉纱价格的上涨以及国内机制纱厂的增加和产量的增长,来自上海的国产棉纱逐渐成为福州棉纱进口的主流。1912年,来自上海的棉纱进口首次突破1万担,1914年则达到2万担,一战期间输入量骤减,在1923年达到33 730担的峰值后即转趋下降,至抗战前基本维持在年均1万多担的水平。①

(三)其他

除了鸦片、棉织品,福州进口的其他生活和生产性商品还有米谷、五金以及煤油、火柴等。

表2.14 1861—1919年福州部分洋杂货进口量

时间	煤油(加仑)	火柴(罗)	铅块(担)	锡块(担)
1861	—	—	30 741	222
1862	—	—	45 190	1 482
1863	—	—	43 186	1 026
1864	—	—	35 780	1 309
1865	206	6 325	36 686	1 512
1866	2 934	4 231	40 256	1 910
1867	4 531	1 301	18 110	2 601
1868	8 150	4 132	61 952	3 577
1869	—	—	57 689	2 387

① 福建省政府秘书处统计室编:《福建历年对外贸易统计(1899—1933)》,福建省政府秘书处公报室1935年版,第142页。

续表

时间	煤油（加仑）	火柴（罗）	铅块（担）	锡块（担）
1870	217	633	48 007	4 246
1871	—	—	60 267	3 441
1872	7 556	5 852	66 114	4 101
1873	3 030	10 243	25 997	4 988
1874	9 665	15 077	39 409	6 650
1875	6 589	13 841	61 322	5 151
1876	14 916	21 512	53 345	4 930
1877	16 750	25 407	58 471	6 175
1878	59 520	31 126	69 844	6 829
1879	88 300	35 356	40 108	3 554
1880	115 200	41 584	56 043	4 482
1881	206 060	42 398	62 618	5 136
1882	280 000	50 931	53 352	5 389
1883	235 950	46 651	55 043	5 410
1884	34 292	37 438	42 356	5 226
1885	63 065	69 678	45 924	7 183
1886	161 670	60 356	53 727	4 443
1887	153 210	93 845	46 321	4 971
1888	172 660	70 041	48 841	6 109

续表

时间	煤油（加仑）	火柴（罗）	铅块（担）	锡块（担）
1889	257 780	63 594	39 611	6 639
1890	276 500	82 448	28 211	6 085
1891	394 100	78 347	29 166	5 382
1892	640 470	113 486	29 842	4 461
1893	1 661 790	141 634	34 897	4 639
1894	1 126 080	169 977	36 127	5 276
1895	1 941 460	144 290	26 590	6 595
1896	2 108 865	163 131	27 419	7 089
1897	3 002 200	185 709	16 489	4 364
1898	2 282 325	236 964	28 915	3 654
1899	3 093 000	236 117	20 656	4 021
1900	2 627 850	183 438	21 466	3 041
1901	2 651 700	160 100	13 933	5 852
1902	2 938 690	216 593	19 735	3 861
1903	2 662 215	226 472	19 373	4 168
1904	4 506 489	206 762	13 676	3 657
1905	3 066 690	250 021	16 314	3 788
1906	2 875 399	301 636	13 055	3 650
1907	3 170 348	303 610	15 488	4 642

续表

时间	煤油（加仑）	火柴（罗）	铅块（担）	锡块（担）
1908	4 071 176	272 200	18 129	3 878
1909	4 307 297	340 200	13 632	4 042
1910	2 306 626	340 950	15 415	3 018
1911	4 480 848	317 210	12 520	2 090
1912	3 699 221	367 300	11 636	3 409
1913	3 239 827	315 008	11 104	4 379
1914	4 330 565	328 072	10 353	5 671
1915	2 858 691	277 269	15 089	2 616
1916	4 083 945	307 157	10 340	4 551
1917	1 395 725	308 936	4 741	2 867
1918	2 026 746	310 306	4 592	2 128
1919	4 196 195	259 859	8 232	7 166

资料来源：中国第二历史档案馆、中国海关总署办公厅编：《中国旧海关史料（1859—1948）》，京华出版社2001年版。The Parliament of the United Kingdom of Great Britain and Northern Ireland, *British Parliamentary Papers: China*, Shannon: Irish University Press, 1972.

说明：海关统计数据中1865—1888年为煤油，1889年后分美国油、俄国油和苏门答腊油等，上表系合并后数据。1861—1865年和1871年铅块的进口数据来自The Parliament of the United Kingdom of Great Britain and Northern Ireland, *British Parliamentary Papers: China, Vol.7, Commercial Reports: Embassy and Consular Commercial Reports,* Shannon: Irish University Press, 1972, P.584. The Parliament of the United Kingdom of Great Britain and Northern Ireland, *British Parliamentary Papers: China, Vol.10, Commercial Reports: Embassy and Consular Commercial Reports,* Shannon: Irish University Press, 1971, P.134.

1.五金

就福州进口的五金来讲,主要有铅、锡、铁及铜等,尤以铅为最大宗,它们一般用于生产性消费。福州进口的铅一般用于制作衬于茶箱的衬里,其进口量在19世纪80年代以前一直处于增长的态势,并在1878年达到近7万担的峰值,此后即转而下降,但在1890年以前还始终保持四五万担的水平,其后福州茶叶出口的减少导致铅的进口数量持续下降,进入20世纪后,从未超过2万担,均在一二万担之间波动。试观下面铅块进口和红茶出口变化趋势图,即可明见其内在的一致性。

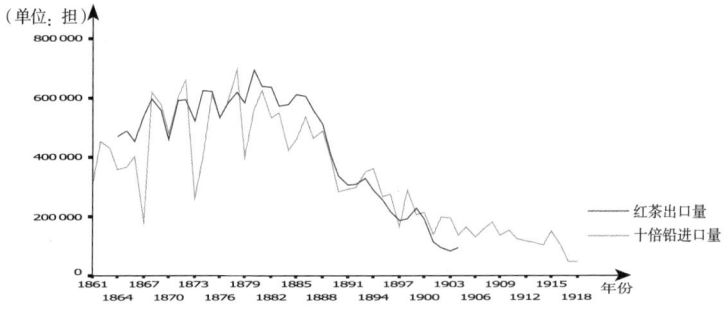

图2.3 1861—1919年红茶出口与铅块进口趋势图①

锡主要是用来制作迷信用纸,称为纸箔,其进口量在19世纪90年代中期前基本上是逐步增长的,并在1896年达到7 000担的峰值,此后即趋于下降,进入20世纪后更是如此,只是与铅相较,其进口数量的下降速度和幅度较缓。由于锡是制作纸箔的原料,福州出口纸箔和进口锡锭的变化曲线走向也几乎是一致的,二者的变动存在高度相关性。

---

① 为求图像鲜明易观,铅的进口数量扩大了10倍。

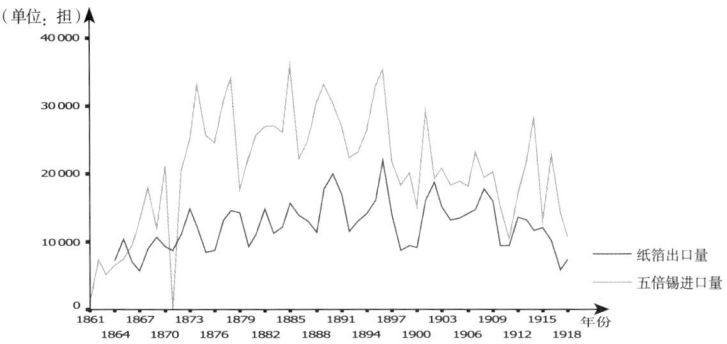

图2.4 1861—1919年锡块进口和纸箔出口趋势图①

2.煤油与火柴

与以上进口货物相比,煤油、火柴等生活日用品进入福州的时间略晚,但发展迅速,并成为19世纪80年代后福州进口的最有影响的洋杂货。从欧洲(主要是德国)进口的火柴和从美国进口的煤油这两类生活必需品,是在19世纪80年代后才引起海关注意的,②而且煤油和火柴的进口变化趋势极为一致,因此二者几乎是同步运动的。

煤油进口于1864年首次出现在贸易统计表中,当年进口量仅为1 510加仑。19世纪70年代中期以后,进口量快速增加,1876年时进口1.5万加仑,并在1880年突破10万加仑。但是由于使用煤油照明极易引发火灾,故福州地方政府一度曾经采取严格措施限制使用煤油,③以致进口波动起伏较大。煤油进口持续增长的时间约在19世纪80年代中后期,不到十年的时间即突破百万加仑的大关,到1893年达166万加仑;其后的进口量继续增加,但增长幅度开始变缓,常年在二三百万加仑之间波

---

① 为求图像鲜明易观,锡的进口数量扩大了5倍。
② 福州海关编:《近代福州及闽东地区社会经济概况》,华艺出版社1992年版,第123页。
③ 如因1884年和1885年中国政府采取严格措施禁用煤油,所以其进口量比1886年少,其后禁令有所缓解,进口量增加。参见福州海关编:《近代福州及闽东地区社会经济概况》,华艺出版社1992年版,第158页。

动上升,并在1904年达到了民国前的最高进口量450万加仑。民国以后至抗战前,煤油的进口量虽然在一战期间有所减少,但战后迅速增加,均保持在二三百万加仑的水平,到1923年达到近460万加仑的峰值,直到20世纪30年代后才渐呈下降趋势,进入低落期。这种局面的出现,主要的原因可能是闽江内河和沿海轮运业兴起和发展过程中,需要大量的煤油做动力燃料。输入福州及其腹地的煤油主要来自美国、俄国、苏门答腊和日本等,其中前期以美国煤油和俄国煤油为主,在1895年后进口了价格便宜许多的苏门答腊油,并在此后成为福州煤油进口的主流,而日本煤油也在一战期间大量进入福州煤油市场。[1]

火柴的进口变化曲线与煤油相类,但其进口增加趋势的发生时间是在19世纪70年代初,略早于煤油。早期输入福州港的火柴以欧洲火柴为主,到19世纪90年代时,日本火柴已在福州及其腹地的市场上占有垄断地位,中国火柴、俄国火柴及其他火柴均无法与之竞争,[2]其用了不到十年的时间就将欧洲火柴完全驱逐出福州市场。[3]1865年时,火柴的全部进口量不过6 000余罗,十年后也不过1万余罗,此后即逐渐增长,到1892年突破11万罗,并持续增长至1912年的峰值36万余罗。一战期间的进口量有所减退,战后更是由1919年的近26万罗,剧跌至1920年的8 000余罗,并于1931年消失在贸易统计表中。然而,自1923年起,来自外埠的国产火柴开始出现于海关统计表中,是年进口20万罗,价值123万元。此后的进口量即日渐增长,1931年达到33万罗的峰值。因此,从总体上看,火柴进口量在19世纪90年代后开始迅速增加,在1906年超过30万罗,直到抗战前,除了1919—1927年间进口量多在20万罗左

---

[1] 福州海关编:《近代福州及闽东地区社会经济概况》,华艺出版社1992年版,第219页。
[2] The Parliament of the United Kingdom of Great Britain and Northern Ireland, *British Parliamentary Papers: China*, Vol.16, *Commercial Reports: Embassy and Consular Commercial Reports*, Shannon: Irish University Press,1972,P.63.
[3] 福州海关编:《近代福州及闽东地区社会经济概况》,华艺出版社1992年版,第224、236页。

右，其他时间多在30万罗上下。①

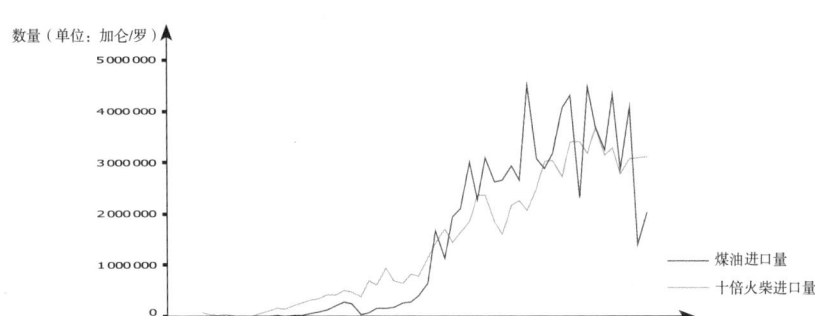

图2.5　1861—1919年煤油和火柴进口量变化趋势图②

3.米谷

就本口主要食粮的进口来看，输入数量变动不居，呈现出骤升骤降、忽高忽低的折线式发展趋势。这种状况的形成，主要是受外部非市场因素的影响。

表2.15　1864—1919年福州口大米和面粉的进口量（单位：担）

时间	中国大米	外国大米	外国面粉	中国面粉
1864	222 411	—	—	—
1865	20 873	114 123	—	—
1866	24 322	14 181	—	—
1867	20 409	—	—	—
1868	571	—	—	—

---

①福建省政府秘书处统计室编：《福建历年对外贸易统计（1899—1933）》，福建省政府秘书处公报室1935年版，第164页。
②为求图像鲜明易观，火柴的进口数量扩大了10倍。

续表

时间	中国大米	外国大米	外国面粉	中国面粉
1869	2 103	11 329	—	—
1870	35 999	3 567	—	—
1871	—	—	—	—
1872	51 143	2 473	1 050	—
1873	18 663	—	682	—
1874	6 207	—	1 026	—
1875	52 162	—	1 044	—
1876	230 172	7 422	977	—
1877	561 367	154 988	769	—
1878	190 225	82 678	1 006	—
1879	267 188	—	662	—
1880	162 647	—	741	—
1881	235 972	—	755	—
1882	329 888	—	757	—
1883	169 719	963	773	—
1884	226 899	—	1 798	—
1885	48 498	—	1 804	—
1886	128 386	—	3 165	—
1887	284 622	—	2 541	—
1888	438 559	—	3 338	—
1889	295 108	—	2 948	—
1890	324 578	2 780	3 322	—
1891	159 591	—	3 587	—

续表

时间	中国大米	外国大米	外国面粉	中国面粉
1892	127 502	—	4 155	—
1893	520 935	15 150	3 955	—
1894	136 530	—	4 855	—
1895	30 755	—	8 650	—
1896	82 712	—	8 669	—
1897	5 963	—	7 294	—
1898	4 942	27 024	23 724	—
1899	56 110	4 934	44 238	1 948
1900	313 328	11 277	21 580	2 026
1901	105 700	40 994	28 122	513
1902	43 370	114 694	32 853	—
1903	238 358	—	21 640	—
1904	46 640	16	21 365	1 079
1905	9 514	6	27 185	3 008
1906	12 876	17 853	96 557	1 223
1907	—	237 352	254 228	1 950
1908	3 633	1 664	159 317	56 119
1909	91	62	35 316	143 521
1910	—	37 455	25 604	122 687
1911	10 833	13 408	134 020	36 531
1912	7 624	8	142 232	68 339
1913	324 169	155 064	116 838	159 766
1914	23	13 582	56 297	166 993

续表

时间	中国大米	外国大米	外国面粉	中国面粉
1915	—	512	324	296 858
1916	1 167	2 085	2 020	309 744
1917	122 072	13 297	2 329	234 287
1918	38 396	6	426	234 793
1919	171	2	372	309 106

资料来源：中国第二历史档案馆、中国海关总署办公厅编：《中国旧海关史料（1859—1948）》，京华出版社2001年版。

以中国大米的进口量为例，其发展变化的峰值出现在1864、1877、1882、1888、1893、1900、1903、1913和1933年等几个年份。这主要是由于战争和严重水旱灾引起缺粮。[①]如1864、1893、1913、1933年进口量的突然增加，都是在诸如中日战争、辛亥革命、十九路军入闽等战事发生前后，军队增加和抚恤难民而进行粮食储备所致，至于1877、1882、1888和1900年进口量的增加，则都是因为当年或前后数年间（连续或不连续）的水、旱灾害。1887年的贸易报告谈道："今年的干旱是这几年来时间持续最长的一次，直至准备这份报告时，干旱仍在持续。"[②]但1901—1912年是国产大米进口量急剧下降的时期。如1902年的进口量仅是1901年的一半、1905年的进口量不足万担、1907年的进口量小得不值得记入海关统计。

[①] 水利电力部水管司、科技司，水利水电科学研究院编：《清代辽河、松花江、黑龙江流域洪涝档案史料　清代浙闽台地区诸流域洪涝档案史料》，中华书局1998年版，第413~503页；徐吾行：《福建历代之饥馑——对于饥馑之时地原因结果救济及米价之初步的研究》，载《福建文化》1941年第1卷第3期；林敦奎：《晚清福建水灾概述》，载《福建论坛（人文社会科学版）》1993年第5期。

[②] 福州海关编：《近代福州及闽东地区社会经济概况》，华艺出版社1992年版，第166页。

相对国产大米来讲,晚清时期外国大米的进口量相对较少,进口峰值期发生在1865、1877、1902、1907年,其原因也是战争和水灾,但进口的数量远少于本国大米,只可视为对后者的补充。其他多数年份则没有外国大米的进口,即使有也不过数千担。民国以后,外国大米进口的数量逐渐增加,尤其是1921—1927年时的进口量较往常增加甚多,并在1927年达到了39万担的峰值。这一方面说明,在晚清时期的战争或灾荒年景,外国洋米对国产大米的进口起着调剂余缺的作用。另一方面也说明,民国以后驻军等外来人口的突然增加,也是引起本口粮食进口增加的重要原因。

面粉进口变得重要是在1884年之后,主要因北军南下时北方人口突然增多。其中美国面粉进口量在1884年前很少超过1 000担,但1884年开始近于2 000担,1886—1894年间基本上在三四千担的水平上徘徊;在1895—1898年自七八千担上升到二万多担后,即在数万担的水平上波动;在1907年突然增加到了25万担,之后又迅速跌落;一战结束后,外国面粉的进口量虽又有所增加,但直到抗日战争前最高进口量仍不超过28万担。国产面粉首次出现在1899年,当年进口量不到2 000担;大量进口始于1909年,其后便不断增加,至1919年增加至30万担,并在1933年达到抗战全面爆发前进口的峰值,近48万担。从国产面粉和外国面粉的进口量基本相反的趋势来看,二者之间有较强的相互替代作用。

综上可见,气候变化导致的年成丰歉,是影响福州米谷进口的最主要原因。开埠后至1876年前的30余年间,福州及闽江流域地区除了1844和1853年的大水,一直风调雨顺,极少见有水灾的记录。因此,除了在1864年前后为了作战补充军粮而大量进口大米,其他时间的大米进口量都很小。此时,福州每年进口的大米最多不过5万余担,少者仅数百担。然而在1876年,尤其是1877年的大水灾后,福州地区的水灾时有发生,十年之内最少亦发生一二次,如1878、1880、1886、1890、1900、1909年都是水灾相当严重的年份。因此,大米的进口量也增加至新的高峰。19世纪80年代前后,即使在没有特大灾年和战争影响的时期，福州进口的大米也多在一二十万乃至30万担左右波动，不足10万担的情况都很少。

另外，福州米谷进口趋势的变化还与闽江上游地区制茶、造纸等外向化产业的兴衰有关。在左宗棠写于19世纪80年代的一件文书中曾谈道："闽省山多田少，本地所产之米，民不敷食，向藉上游、台湾、江、浙等处运济。溯至通商以来，延、建一带产茶日旺，外来做茶人愈聚愈众。时至春夏，转多入省运米，上游之无米运省由来已久。"①一个旁证是，中日甲午战后大米输入量的减少，一方面固然受台湾割日后台米运榕受限的影响，另一方面也是闽江流域商品性农业逐渐消退的结果。此外，诸如闽江流域产米区域的社会秩序、交通情况以及外来非农人口的增加也会引起福州粮食市场的变化。

二、资源依赖型的出口商品结构

（一）茶

在福建，经过初步加工而形成的产品称为毛茶，主要分为红茶、乌龙茶、绿茶、黑茶、黄茶和白茶6大类。其中前两类最常见，后两类出产很少。对毛茶再加工后形成的成品茶，分为红茶、乌龙茶、绿茶、压缩茶和其他茶（包括黄茶和白茶）5大类。在1888年前，海关统计采用中国人使用的主要名称，保留了红茶、绿茶和砖茶3个主要的分类，而将乌龙茶并入了红茶，将熏花茶并入了红茶与绿茶，并分出了茶末。②

茶叶是福州的主要出口商品，在很长的时间里，福州港对外贸易的繁荣是建立在茶叶出口贸易的发展之上的。福州的茶叶贸易起步于1853年，并在19世纪60年代发展成为当时全国最大的茶叶出口地，这种态

---

① 〔清〕左宗棠著，刘泱泱、廖运兰校点：《左宗棠全集·奏稿（八）》，岳麓书社1996年版，第578页。

② Thomas P. Lyons, *China Maritime Customs and China's Trade Statistics 1859–1948*, Trumansburg, N.Y.: Willow Creek Press, 2003, P.88.

势持续发展，并在19世纪七八十年代达到了顶峰。但福州茶叶总出口量在1880年达到802 000担的峰值后，除了在1885—1886年间出现了短暂的反弹，其余时间里一直呈剧烈下跌的态势，并持续到20世纪初期。在世纪之交又出现了一个新的转折，然后是长时间的平稳发展，并在20世纪20年代中期最终下降至低谷。其中在1862—1880年的第一个阶段平均增长率为2.55%，在接下来的1880—1898年的18年间，平均增长率则为-4.5%。[1]至20世纪初时，福州茶叶的出口量仅为峰值时的三分之一，其后即维持在这一低水平上平稳发展，并在20世纪20年代中期最终下降至低谷，图示如下：

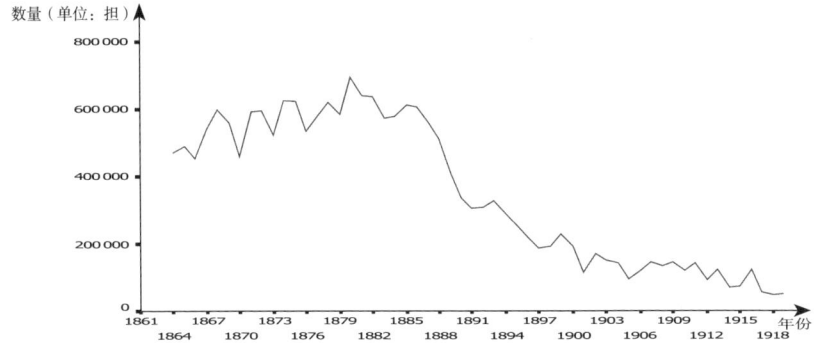

图2.6　1864—1919年福州红茶出口量变化趋势图

就出口茶叶种类来讲，直到1900年，红茶始终是茶叶出口的主体。砖茶最早于1872年首次列入统计表中，并在1886年达到10.6万担的顶峰，但从未超过总出口量的24%。绿茶的出口量更少，直到世纪之交，"其他"种类的茶叶和绿茶合计也从未超过1万担，只是在1914—1918年间，由于海关统计口径的变化，才使得绿茶的出口量看起来超过了红

---

[1] Thomas P. Lyons, *China Maritime Customs and China's Trade Statistics* (1859-1948), Trumansburg, N.Y.: Willow Creek Press, 2003, PP.97~98.

茶。①

福州茶叶出口的兴衰何以变得如此曲折？个中原因，不一而足。既受茶叶输入地外贸政策的影响，又受茶叶生产地各种条件的限制；既有本地茶叶质量参差不齐的因素，又有他国茶叶排挤的压力；既有本区茶叶生产方式落后的原因，又是因为列强对国际茶叶市场的操纵。对此，学者们均做了一定的探讨。②另一个重要原因是，制度设计及变迁在福州茶叶出口贸易中具有不可忽视的作用。由于商人是市场中最活跃的一员，商品的运输和交易都要经过商人之手，因此，商人的经营行为、旧有商业网络、商业习惯或制度都对贸易的发展产生不同程度的影响。在福州茶叶出口贸易的繁荣时期，内地采买制度、"往来赊欠账户制度"在其中扮演了积极角色；在福州茶叶出口贸易的衰退时期，税收制度、中间商制度又在其中产生了一定的阻碍作用。

（二）木材

产自闽江流域腹地的木材，是福州港仅次于茶叶的第二大宗出口土货。福建的木材贸易由来已久。据《三山志》所载，早在宋代福建即向浙江等地输出木材，元明清时期福建一直是东南主要木材产地。③1832年4月下旬，英轮"阿美士德（Amherst）"号到达福州时，"福州府似乎是同它的邻省浙江进行着大宗贸易，许多浙江船只停泊在江上，每日进出港口……各种木材与木料似乎是主要的货物"④。开埠后福州港的木材输出继续发展，成为仅次于茶叶的第二大宗出口土货。1845年罗伯特·福钧在谈到福州港口的贸易时说道："福州最大的出口货还是木材。由闽江放筏下来，堆在郊外江边，占地很广。成千的木帆船来自厦门、宁

---

①Thomas P. Lyons, *China Maritime Customs and China's Trade Statistics* (1859-1948), Trumansburg, N.Y.: Willow Creek Press, 2003, PP. 97~105.
②林齐模：《近代中国茶叶国际贸易的衰减——以对英国出口为中心》，载《历史研究》2003年第6期；戴鞍钢：《近代中国植茶业的盛衰》，载《史学月刊》1989年第1期。
③林庆元主编：《福建近代经济史》，福建教育出版社2001年版，第208页。
④福建师范大学历史系、福建地方史研究室编：《鸦片战争在闽、台史料选编》，福建人民出版社1982年版，第68页。

波、乍浦，有的甚至来自北方的山东及渤海湾，它们都是经营木材贸易的。这种木材主要是供建筑用的普通松木。在装船之前，一般都将木材锯成适于建筑用的长度。在福州也能买到任何数量的上等硬木锯成的良好木板。"①甚至连当时的英国驻福州领事阿礼国（Alcock，1845—1846年在任）也将福州港定性为"木材（出口）港"②。1890年前后，在闽江口外尖峰岛洋面，传教士麦高温（J.Macgowan）还看到许多装着来自闽江上游山区木材的三桅帆船泊于该处，正在候潮出海，并在万寿桥下看到许多装载了大量木料的帆船正在扬帆起航。③

图2.7 待运出口的木材及运送木材出口的帆船

资料来源：Members of the Anti-Cobweb Society Foochow, *Fukien: Arts and Industries: Paper by Members of the Anti-Cobwed Society, Foochow, Fukien, China*, Foochow: Christian Herald Industrial Mission Press, 1933, P.133.

福州港出口的木材主要有软木类的松木（板）、杉木（杆）以及硬木类的楠木、樟木等。木材最初多是以圆木的形式捆载出口，后来随着茶

---

① Robert Fortune, *Three Years' Wanderings in the Northern Province of China*, Shanghai: The University Press, 1847, P.344.

② R.Montgomery Martin, *China: Political, Commercial, and Social, in an Official Report to Her Majestys' Government*, Vol.II, London: James Madden, 1847, P.300.

③ J.Macgowan, *Pictures of Southern China*, London: The Religious Tract Society, 1897, P.74, P.124.

叶、煤油和香烟贸易的兴起又增加各类木板、木箱的制作和出口。英国领事商务报告首次提及木材出口贸易是在1858年，当年由帆船运输出口的货物总值约为38万两，而木材即达到24万两（约8 000镑）。其中，由英国船只出口的木材为5 717镑，而到1862、1863、1864年，这一数字已分别剧增至11 050镑、21 484镑和48 680镑。①

以杉木杆的出口为例，自1864年海关首次对其进行统计以来，在经历了19世纪60年代中期到19世纪80年代的持续低迷后，于19世纪80年代中期开始趋于上升，在1906年达到峰值后，又开始下降，直到1913年达到另一峰值。

不过，需要指出的是，福州木材的外运主要使用民船，而其不在海关的监管范围之内，使得福州港绝大部分的木材输出不经过海关，因此上述木材出口变化趋势难免存在失真的可能性。实际上，出口木材是由常关监管的帆船运输，还是由海关监管的外国船运输，是导致上述变化的根源。19世纪80年代中期以前，福州杉木出口量曲线的波动如此之大，亦可从中得到解释。19世纪80年代中期以后，由于外国帆船大量从事木材的运输贸易，故而反映在海关统计中的杉木出口量才逐年上升。②民国以后，由于各地建筑增多，对杉木的需求也逐年增加，其地外国木材输入量尚微，故本区杉木的出口量逐年增加，直到1930年后，种种原因使得本区木材出口量锐减。

---

① The Parliament of the United Kingdom of Great Britain and Northern Ireland, *British Parliamentary Papers: China*, *Vol.6*, *Commercial Reports: Embassy and Consular Commercial Reports*, Shannon: Irish University Press, 1972, P.80，P.82，P.181，P.360，P.675.

② The Parliament of the United Kingdom of Great Britain and Northern Ireland, *British Parliamentary Papers: China*, *Vol.15*, *Commercial Reports: Embassy and Consular Commercial Reports*, Shannon: Irish University Press, 1971，P.667.

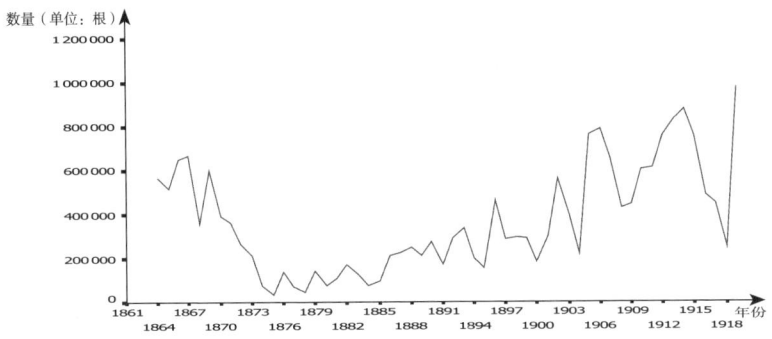

图2.8　福州杉木杆出口量变化趋势图

与杉木相比，松木的出口贸易兴起较晚。在清末民初时期，先是由英商祥泰洋行（Rathbone Worthington & Co.）向洋口、建瓯沿溪一带采办松木，后又有天祥（Adamson，Bell & Co.）、建兴（Davies, Brooke & Gran Architects）及德商禅臣（Siemssen & Co.）洋行继之而起，均在建溪、富屯溪、沙溪流域砍伐松木。当时运抵福州以供锯板出口的数量，每年不过20万筒。民国以后，松木的出口贸易进入兴盛期。1918年后，年均输出五六十万筒，至全面抗战前达到年约七八十万筒的规模，直到全面抗战军兴，海口封锁，木材运输断绝，松木贸易因之停歇。①

总体来说，福州的木材输出，除在个别时期因战争（1894年中日战争）、灾害（1877年水灾）等原因而出现下降，在20世纪初期以前的绝大部分时间内，都呈上升趋势，并逐渐取代茶叶成为本口最大宗的出口商品。如果从经由福州海关出口的木材来看，20世纪前的晚清时期木材出口不足百万元，民国初年达到二三百万元。20世纪以后，由于杉木采伐日多，种植日少，②很多本来应当在几年后才能投入市场的半成熟的木

---

①翁绍耳：《福建省松木产销调查报告》，私立福建协和大学农学院农业经济学系1941年版，第5~7页。
②The Parliament of the United Kingdom of Great Britain and Northern Ireland, *British Parliamentary Papers: China*, Vol.21, *Commercial Reports: Embassy and Consular Commercial Reports*, Shannon: Irish University Press, 1971, P.142.

材,也被砍伐,设在福州的锯木厂也因很难弄到足够大的木材而濒临倒闭,这都表现出木材生产和出口难以为继的窘境,①福州的木材出口急剧衰落。

在木材的流向上,清代时期,经福州出口的大部分木材多流向厦门、宁波、乍浦、上海等地。②开埠后,除了仍旧沿袭开埠前这一趋向,其最大的变化是对天津等北方口岸输出量的增加,以及上海之取代乍浦成为福建木材的最大输出地。上海附近一带所需木材,除外国建筑或铁道所用者皆由美国及日本输入,其他均仰给于福建。③据清末时日人调查,由闽北贩木商人组成的建汀帮在上海开设的木行和木厂甚多,仅大木材商即有30家之多。④这种状态一直到抗战前都没有太大的变化。据20世纪30年代的调查显示,在福州出口至各地的木材中,到宁波者占15%、到上海者占30%、到镇江及其附近者占20%、到台湾者占20%,到北方口岸如青岛、胶州、牛庄、烟台、天津等者合计占20%。⑤

一向繁盛的木材出口贸易缘何在20世纪30年代后趋于沉寂?除了外国木材的排挤、林区交通不便、税厘加重、林区社会动荡不安等原因,关键原因在于急功近利导致的木材的乱砍滥伐现象严重。早在19世纪90年代,人们就注意到闽江流域的木材采伐日多,种植日少所带来的种种恶果:出口木材的直径远较以前为小;闽北各县沿溪地区满目有童山之忧,绝少苍翠茏葱之象;市场上大量出现本来应在几年后才能投入市场的半成熟的木材。⑥如政和县杉木"向多围拱巨木,今则大仅盈把

---

① 福州海关编:《近代福州及闽东地区社会经济概况》,华艺出版社1992年版,第274页。
② 嘉庆《福建沿海航务档案》,福建师范大学图书馆藏,第108页。
③ 《商务官报》第1册,台北"故宫博物院"1982年版,第224页。
④ 日本东亚同文会编,何福麟译:《中国经济全书》,经济学会1910年版,第55页。
⑤ 林荣向:《福建木材之调查》,载《福建建设厅月刊》1929年第3卷第7期。
⑥ The Parliament of the United Kingdom of Great Britain and Northern Ireland, *British Parliamentary Papers: China*, *Vol.21*, *Commercial Reports: Embassy and Consular Commercial Reports*, Shannon: Irish University Press, 1971, P.142.福州海关编:《近代福州及闽东地区社会经济概况》,华艺出版社1992年版,第274页。

即行砍伐，农民又以收利太迟，鲜谋继种，故产额渐减，底价频高。不独运售为难，即本地建筑均受其影响"①。到20世纪30年代末时，沙县、永安、顺昌、建瓯各县位于沿溪两岸和交通路线之处的松木均已采伐殆尽，其他各处如果只伐不种，数十年后也将无可伐之松。②

（三）纸

明、清及近代以来，福建造纸多系以竹为原料。因所造纸的质量悬殊、用途不同、产地各异、销路不一而致名目纷杂，种类繁多。大体而言，以生产过程中是否经过漂白、蒸煮等手续，可分为熟料纸和生料纸；同时，各种纸类因加工精细与否而又有上等、下等之分。按用途的不同，则可分为3大类，即主要用于书写的白料纸、主要供包装所用的甲纸以及专供迷信之事的海纸。而上述3种分类之关系可大概表示如下：熟料纸之大部和少数上等生料纸系白料纸，甲纸全用生料法制成，海纸则大部分用生料，少数用熟料法制成。另外，海关出口贸易统计中则将纸张分为上等纸、次等纸、纸箔和其他4类，并将白料纸归入上等纸，将甲纸归入次等和下等纸，将海纸称为纸箔。③

表2.16　1861—1919年福州口各类纸张出口量

年份	纸（担）	纸箔（担）	常关上等（张）	常关次等（担）
1862	25 117	—	—	—
1864	32 896	7 159	—	—
1865	45 215	10 377	—	—

---

① 民国《政和县志》卷一七《实业》，见《中国地方志集成·福建府县志辑》第8册，上海书店出版社2000年版，第606页。

② 翁绍耳：《福建省松木产销调查报告》，私立福建协和大学农学院农业经济学系1941年版，第13页。

③ 林存和编：《福建之纸》，福建省政府统计处1941年版，第13、19页。

续表

年份	纸（担）	纸箔（担）	常关上等（张）	常关次等（担）
1866	56 503	6 916	—	—
1867	49 741	5 697	—	—
1868	56 351	9 041	—	—
1869	74 481	10 636	—	—
1870	40 070	9 349	—	—
1871	24 865	8 747	—	—
1872	27 732	11 134	—	—
1873	26 020	14 877	—	—
1874	25 372	12 230	—	—
1875	27 702	8 520	—	—
1876	34 011	8 769	—	—
1877	32 984	13 220	—	—
1878	48 502	14 591	—	—
1879	32 677	14 313	—	—
1880	27 305	9 261	—	—
1881	19 319	11 120	—	—
1882	34 442	14 820	—	—
1883	22 967	11 224	—	—
1884	32 954	12 254	—	—
1885	35 882	15 672	—	—

续表

年份	纸（担）	纸箔（担）	常关上等（张）	常关次等（担）
1886	16 323	13 846	—	—
1887	19 786	13 104	—	—
1888	23 250	11 404	—	—
1889	21 945	17 821	—	—
1890	35 524	20 021	—	—
1891	62 550	16 922	—	—
1892	38 280	11 529	—	—
1893	25 218	13 064	—	—
1894	13 859	14 175	—	—
1895	23 976	16 094	—	—
1896	59 913	21 952	—	—
1897	52 594	14 027	—	—
1898	45 052	8 688	—	—
1899	45 915	9 448	—	—
1900	19 105	9 138	—	—
1901	33 709	16 044	—	—
1902	37 333	18 784	145 569 210	383 996
1903	57 780	15 193	126 297 561	383 584
1904	50 288	13 247	122 138 033	361 912
1905	76 930	13 447	118 449 066	471 680

续表

年份	纸(担)	纸箔(担)	常关上等(张)	常关次等(担)
1906	59 227	14 179	144 749 692	433 479
1907	55 318	14 690	94 976 635	330 293
1908	43 668	17 749	112 498 513	328 360
1909	54 466	15 928	124 905 625	357 185
1910	85 912	9 404	112 887 268	280 894
1911	85 329	9 468	87 690 330	303 460
1912	107 456	13 569	74 102 936	289 499
1913	90 837	13 131	116 224 626	282 692
1914	74 715	11 712	117 744 288	371 735
1915	96 649	12 115	93 572 651	277 497
1916	88 137	10 086	89 556 306	294 549
1917	78 089	5 781	44 243	174 120
1918	70 307	7 427	44 345	163 372
1919	149 473	6 876	36 130	122 826

资料来源：中国第二历史档案馆、中国海关总署办公厅编：《中国旧海关史料（1859—1948）》，京华出版社2001年版。

统计数据显示，从福州出口的纸张以上等纸（如白料）最多，次等纸（如甲纸）次之，纸箔最少。大致说来，上等和次等纸的出口总量在经历了19世纪60年代的增长后，在70年代开始下降，到80年代虽然开始逐渐上升，但多在3万~6万担之间波动，且波动幅度相当大。进入20世纪以后，出口总量仍在不断攀升，1910年后多在10万担左右波动,并在1912年达到11万担的峰值。一战结束至抗战前,纸张的出口进入黄金时期,呈现欣欣向荣之势。抗战前、后虽因政府救济而有所复兴,但已难复旧观。这时不但纸的种类不如以往繁多,而且数量也不如从前。例如,永安以前生产的上等白料纸有两种,但全面抗战前夕均已完全绝迹;生产的毛边纸从以前的3 000篓减至10余篓,贡纸由以前的万余篓减至3 000篓,正中纸由近万篓减至零。①

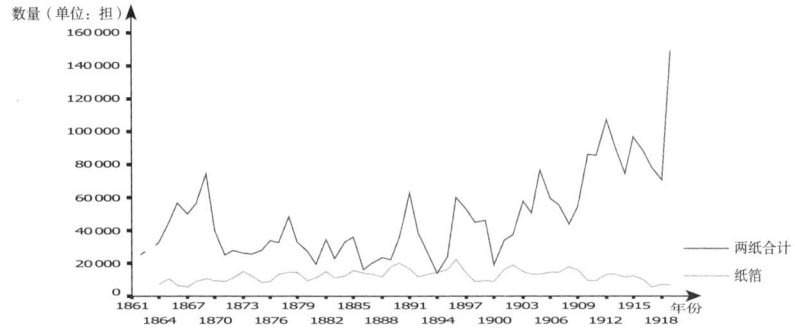

图2.9　1861—1919年上等和次等纸及纸箔出口变化趋势图

三、以英国为主的国际市场结构②

本口除了茶叶出口贸易,与外洋的直接贸易较少。若就洋货进口贸易的国别和地区来看,在甲午战争前,洋货主要来自香港、英国、新加坡、澳大利亚和日本等地。以1871年为例,直接从上述地区进口的商品额不过298万两,其中香港292万两,英国44 538两。可见,此时的进口贸易市场以香港和英国为主。甲午战争前夕的1894年,本口主要洋货进口地区和国家为,香港404万海关两、俄国16万海关两、美国7万海关两、日本5.9万海关两、英国8 383海关两、新加坡2 963海关两。可

---

① 《闽政月刊》1938年第1卷第3期。
② 本部分论述参见刘梅英:《全球化与区域化:福建对外贸易研究(1895—1937)》(中国社会科学出版社2016年版)第5章第2节相关内容。

见，除了香港，俄国、美国和日本也成为本口洋货进口的主要来源地。甲午战争至一战结束，日本和美国成为洋货进口来源增长最迅速的国家，到1919年时，香港、日本、美国和新加坡4地占全部洋货进口总值的比例分别为66%、15%、14%和5%。此后，虽然本口洋货进口总值在不断变化，进口来源地也不断增加，但主要进口来源地所占的位次几乎没有什么变化，直到20世纪30年代初基本维持这一态势。其后，本口主要洋货进口国别发生了较显著的变化，主要表现是从香港和日本进口的比重下跌幅度较大，而欧美国家的比重呈上升态势。

本口出口贸易的主要市场在英国、香港、澳大利亚、美国、新加坡等地，而以英国为最大出口市场。以1875年为例，当年福州出口至各地土货的比重分别约为：英国70%、澳大利亚15%、香港5%、美国3%，欧洲大陆和英海峡殖民地各占2%，新西兰、俄国和南非各占1%，其他市场占2%。到19世纪80年代中期以后，随着福州茶叶出口贸易的衰落，土货出口市场结构也发生了显著的变化，出口至英国的比重下降显著，至澳大利亚和美国的比重上升明显。到1900年时，出口比重原来位居首位的英国让位于香港而居第三位，美国上升为第二位，俄国和澳大利亚分居第四、第五位。一战后，日本从福州进口土货的比重上升明显。1925年各地所占比重为：日本57%、香港31%、英国3%、德国和法国各占2%，美国和澳洲等地各占1%，其他市场占3%。1931年"九一八"事变发生后，由于国内抗日运动的影响，日本在本口土货进口中的比重显著下降，而欧美各国的比重转趋上升，并且一直持续到全面抗战爆发时都没有太大的改变。

第三章
制度创新与近代闽江流域商业市场的嬗变

市场经济依赖市场而存在，货物是否得到顾客欢迎，直接决定货物的销售量和销售价值，成为制约进出口贸易的头等重要因素。商人是从事商品经营的主体，商人的活动能力、对市场经济的反映，以及商人的组织，同样对进出口贸易产生不可忽视的影响。但是，因各种原因而形成的商业组织和制度创新，也往往会促进或制约着商业贸易的开展。本章拟择取近代闽江流域商业发展过程中的若干事例，就商人及制度创新对市场波动的影响进行粗浅的分析。

第一节　华洋商人在土货市场的博弈

茶叶是闽江流域最主要的农产品，也是福州港大宗出口商品之一。在中国近代三大茶市中，福州港的茶叶出口曾经占有重要的地位，其繁荣也建立在茶叶出口贸易的兴盛之上。对此，1869年的一份英国领事商务报告也谈道："茶叶贸易使成千上万的内地人民富裕，正是它才使得本口成为条约港，并且使其在那些为中国政府带来大量税收的商业中心中位居前列。"①

一、福州茶市的华洋茶商

茶叶曾是我国近代最主要的出口商品之一,对近代茶叶贸易的研究也是史学研究的热点之一。大多数学者都认为,中国近代茶叶贸易的衰落不是单一因素在起作用,但茶叶质量的下降以及被印度、日本、锡兰等国茶叶排挤最终使华茶逐渐失去了固有的国际市场,继而使中国茶叶贸易走向衰败。资料表明,19世纪80年代后中国茶叶在伦敦市场上,无论质量和价格都竞争不过印度茶叶和锡兰茶叶了。1890年一份上海商务报告引用了一个伦敦商人的来信说,"对印度和锡兰的浓味粗茶所培养起来的爱好使人们已习惯于这种味道,因而现在没有别的茶叶能使他们感到满足了。这就像一个人习惯于白兰地酒后,如果给他端上一杯高级白葡萄酒或红酒之类的饮料,他是不会感谢你的"②。面对这种情况,此时的中国茶叶已无法在英国市场上与印度茶叶和锡兰茶叶竞争了。

还有学者认为,洋商对华商和茶市的操纵,才是导致华茶贸易衰退的根本原因。他们认为,洋商故意压低茶价,或者要求磅亏,才使得中国茶商在交易中处于受控制和被剥削的地位。③这些说法都有一定道理,却没有注意到茶叶贸易中的制度安排问题。

罗威廉有关汉口茶叶贸易的研究表明,洋商对华商和中国茶市的控制导致华茶贸易衰退这一说法与历史事实并不相符。④就福州茶叶交易的

---

① The Parliament of the United Kingdom of Great Britain and Northern Ireland,*British Parliamentary Papers: China*,*Vol.9*,*Commercial Reports: Embassy and Consular Commercial Reports*,Shannon: Irish University Press,1971,P.77.
② 李必樟译编:《上海近代贸易经济发展概况 1854~1898年 英国驻上海领事贸易报告汇编》,上海社会科学院出版社1993年版,第747页。
③ 陶德臣:《福州开埠与近代福州茶市》,载《古今农业》2001年第3期。
④ [美] 罗威廉著,江溶、鲁西奇译:《汉口:一个中国城市的商业和社会(1796—1889)》,中国人民大学出版社2005年版,第190页。

历史来讲，我们不知道是否有过茶叶过磅时打折（即磅亏）的情形，我们仅能从1885年中外茶商的那次贸易冲突中知道，中外商人曾就"称重标准"做过协商。①至于洋商要求减价的事情，则比较普遍，而且多数情况下都取得了成功。但洋商的这些抑价行为绝大多数都是在福州市场上提供的茶叶质量太差，以至于洋商不想买，而华商硬要卖的情况下的迫不得已之举，而且即使洋商以如此低的价格买进，将其运到英国国内销售时也常常亏损。②在19世纪80年代后此种情况尤其普遍。例如，1889年中国茶商意识到邵武等地的头春茶和二春茶因质量过于低劣而难以销售时，被迫接受了比往年低25%~30%的价格。即使如此降价，运到英国时英国的进口商也损失惨重。③同样，1891年的茶季末期，"中国商人太急于出售手中剩余的茶叶，以至于以比最初的收购价亏本40%~50%的价格出售，并且即使如此削价，那些将这些茶运走的（外国）商人仍有相当大的亏损"④。另外，罗氏的研究还表明，洋商的抑价行为也是由于华商在茶叶中掺假使然。由于华商大宗卖给洋商的茶叶与早先提供的茶样不符，甚至有时出现高达30%的掺假比例，"以至于西方商人已形成惯例，在根据样品议定单价之后，过磅时又习惯性地要求打折，而对大宗货物的品质则不再过问"⑤。对此，国人也曾直言不讳，"至近年茶商

---

① The Parliament of the United Kingdom of Great Britain and Northern Ireland, *British Parliamentary Papers: China*, Vol.15, *Commercial Reports: Embassy and Consular Commercial Reports*, Shannon: Irish University Press, 1971, P.360.

② The Parliament of the United Kingdom of Great Britain and Northern Ireland, *British Parliamentary Papers: China*, Vol.9, *Commercial Reports: Embassy and Consular Commercial Reports*, Shannon: Irish University Press, 1971, P.77.

③ The Parliament of the United Kingdom of Great Britain and Northern Ireland, *British Parliamentary Papers: China*, Vol.16, *Commercial Reports: Embassy and Consular Commercial Reports*, Shannon: Irish University Press, 1972, P.666.

④ The Parliament of the United Kingdom of Great Britain and Northern Ireland, *British Parliamentary Papers: China*, Vol.17, *Commercial Reports: Embassy and Consular Commercial Reports*, Shannon: Irish University Press, 1972, P.407.

⑤［美］罗威廉著，江溶、鲁西奇译：《汉口：一个中国城市的商业和社会（1796—1889）》，中国人民大学出版社2005年版，第175页。

亏本之由，洋商掯价之故，实因茶庄过多，每思侥幸朦混，制造粗率，烟熏水湿，气味不佳，兼以劣茶搀杂"①。

从上面的论述可以看出，西方商人在茶叶贸易中的打折行为，是以接受低质商品为代价的，而华商在茶叶重量和价格方面的损失完全可以从出售低劣商品中得到弥补。二者本是两不相欠，又如何能说是洋商对华商的剥削？而且即使在这种普遍盛行打折的19世纪七八十年代，华商对洋商的这种折扣又不是无条件地全盘接受的，甚至直到19世纪90年代末，与福州一样，汉口的华商在与洋商的贸易竞争中占据着"无所不能的地位"。②这样，我们又如何能说是洋商对华商的控制？

学人在谈到茶叶贸易时，多以华商的亏损为最有利的证据说明洋商对中国茶市的控制。③换言之，因为洋商在绝大多数情况下是获利的而华商则是受损的，所以我们才承认洋商对茶叶市场的控制。然而，我们的研究却并不完全支持这一结论。固然，在茶叶贸易中不乏华商损失的例子，但正如下表显示的那样，在华商损失的时候，洋商往往也未能幸免。

表3.1　海关贸易报告和领事商务报告所见华、洋茶商经营概况简表

年份	华商	洋商	同步运动
1866	-	-	√
1867	-	-	√
1868		-	

①〔清〕张之洞：《张文襄公奏稿》卷二〇，上海图书馆藏，第27~28页。
②〔美〕罗威廉著，江溶、鲁西奇译：《汉口：一个中国城市的商业和社会（1796—1889）》，中国人民大学出版社2005年版，第187页。
③林庆元主编：《福建近代经济史》，福建教育出版社2001年版，第202、332页。

续表

年份	华商	洋商	同步运动
1869	-		
1870	-	+	×
1872		-	
1876			
1880	--	-	√
1885	+	-	×
1886—1887	-	--	√
1888	+	-	×
1889	--	-	√
1890	-	+	×
1891	--	-	√
1892	++	+	√
1894	+	-	×
1895	-	-	√
1896	-	-	√
1900	-	-	√
1904	+	-	×
1907	+	+	√
1908	-	-	√

资料来源：福州口历年海关贸易报告和领事商务报告。

说明：表中获利者记为＋，损失者记为－，如果均获利，则获利多者记为＋＋；如果均受损，受损多者记为－－。最后一列显示的是华商与洋商获利或受损是否同步，分别记为√和×。

根据上表可知，就华、洋各商的经营状况来讲，在20个有关华商的记录中，有6个年份获利，有14个年份受损，有关洋商的20个记录中，仅4个年份获利，有16个年份受损；就双方经营状况的同步运动趋势来讲，在可资比较的19个年份中，有13个年份华洋各商经营状况同步，有6个年份经营状况不同。可见，不仅是洋商损失的年份稍多于华商，而且中外双方同步运动的时间远多于反向运动的，即双方一荣俱荣、一损俱损的情形比较普遍，只不过二者获利或受损的程度不同而已。还要看到的是，洋商获利而华商受损的记录不过2条，华商获利而洋商受损的记录却多达4条。也就是说，华商在与洋商的博弈中，胜算和获利的机会更多。因此，我们如果在提出洋商对华商控制导致华茶贸易衰退这一观点的同时，却又不得不承认洋商屡屡失利的事实，那岂不是一个大大的悖论吗？那么，福州茶叶市场的华洋商人，到底为何会有如此之大的差异呢？根源就在于华商的公会组织。

二、茶叶贸易中的华商公会

因笔者经眼史料有限，福州茶叶公会源于何时的问题暂时还无法确证。最早出现类似茶叶公会的字样"茶业公所"首见于1880年，估计福州茶业公会的形成当不迟于19世纪70年代。由于福州茶叶贸易史上大规模的华商联合抵制洋商的事件最早发生于1869年，我们有理由将这一组织的形成进一步前推至19世纪60年代。又观早在1853年闽浙总督王懿德在《奏定闽茶海运章程》中，即已规划出类似广州公行制度的茶行制度，①因此，将类似茶叶公会之类组织的源头再推进到19世纪50年代亦未尝不可。

福州茶叶公会的首要斗争目标是外国茶商，1869年出现的福州商人

---

① 太平天国历史博物馆编：《吴煦档案选编》第6辑，江苏人民出版社1983年版，第161~162页。

第三章
制度创新与近代闽江流域商业市场的嬗变

联合对付洋商购茶的事件就是一例。当年5月的第3周，新茶到达。因为茶区非同寻常的大雨，这一年的茶叶质量成为福州市场上有史以来最差的一年，茶叶中还掺杂了更多的上季的晚春旧茶。由于质量太差，洋人根本没有购买的欲望，更没有渴望开市的心情，而由英国传来茶市日益不利的消息，更加制约了洋商购买茶叶的热情。中国茶商尽管急于开市，因不愿接受伦敦的价格而坚持不让。双方僵持不下。后来，中国茶商共同协商采取了一些措施，使得他们能在把外商拖得受不了的时候还能持有大量的茶叶，从而控制市场的主动权。他们决定，在茶市没有充分开市前一律不许支付乡间的期票，并请官方同意延迟支付应该交纳的茶叶税款，①还通过中间人的担保向外国银行申请贷款，用诸如此类的方式获得支持茶市的必需资金。这样，心急的外国人坐不住了，在正式开市前5天，有些洋商就私下里秘密地与华商达成购买协议，并允诺支付比将来开市价格高一二两的茶款，进而其他的洋商也选择了不同种类的合约茶，并与中国货主达成了优先购买的协议。这样的秘密交易在6月20日之前一直在进行，直到6月25日福州新茶完全开市后，马上成交了9万箱茶叶。②从这次中外商人的首次交锋中可以看到，中国商人联合起来，并依靠政府的帮助，把一个本极不利于自身的困境扭转过来，并在竞争中取胜。

在19世纪80年代，福州的茶叶公会还曾就洋商支付茶款的期限等贸易规则做出有利于自身的修订。史料表明，至少在1878年前福州茶叶贸易中一直盛行着"往来赊欠账户"制度。福州的洋商在购茶时，"在许多情况下货款可以记账，茶商还允许有大笔结欠可拖延几个月甚至跨季节付款。年成好时，这些欠款得以清偿；年成不好时，就转到下一年

---

① 当时福州茶叶市场上通行的规则是，中国茶商购茶时向茶农支付期票，茶农凭票向钱庄支取钱文。另外，茶商在运茶进入福州市场之前，要向政府交纳厘金和落地税。

② The Parliament of the United Kingdom of Great Britain and Northern Ireland, *British Parliamentary Papers: China*, Vol.9, *Commercial Reports: Embassy and Consular Commercial Reports*, Shannon: Irish University Press, 1971, P.77.

付"①。但到1880年时，福州茶叶公会即将这一支付货款的期限缩短为一周，如果实在难以按时支付货款，最多仅可再宽限一周。②然而，洋商亦不是任由华商摆布，这一规定以后没有能够完全实行。于是，1885年华商又重申此项规定。据英国领事商务报告记载，当年茶市开市晚于常年，原因就是"本地茶叶经纪人急于想要在茶叶贸易中就有关称重和付款期限问题建立固定的规则"，他们以"问题没有解决以前拒绝出示茶样"相抗，迫使洋商就范，"经过多次商讨，双方同意共同采用一套规则，并于6月13日开始执行"。③

为了在市场上与洋商相竞，茶业公会还通过联合控制货源的方式维持一定的销售价格。1883年8月，福州各茶行相约不再往乡间运茶，"如有私自赴乡运茶者，一经同行察出，即照议罚洋一千元。且于秋间禁止乡人，不准摘茶"，借此获利丰厚。④1888年，华商再次利用这一手段获厚利。当年，福州的华商为了避免货源过多而导致茶叶价格下降，成立了一个名为"公义同"的公会，决定9月15日后不得将茶叶运进福州，违者罚款5000元。自此之后没人企图违反规定，价格稳定，因此没有采第三、四遍茶叶，华商以此赚了不少钱。⑤次年，中外商人又出现了纠纷，使得新茶虽然早在5月中旬即已到达，"但因为茶叶公会与商会（洋商的组织——笔者注）的争执，茶样直到6月19日才得以出示，从而

---

① 李必樟译编：《上海近代贸易经济发展概况　1854—1898年　英国驻上海领事贸易报告汇编》，上海社会科学院出版社1993年版，第489页。
② 《申报》光绪六年四月十二日。
③ The Parliament of the United Kingdom of Great Britain and Northern Ireland, *British Parliamentary Papers: China*, Vol.15, Commercial Reports: Embassy and Consular Commercial Reports, Shannon: Irish University Press, 1971, P.360.
④ 《申报》光绪九年七月二十七日。
⑤ 福州海关编：《近代福州及闽东地区社会经济概况》，华艺出版社1992年版，第170页。The Parliament of the United Kingdom of Great Britain and Northern Ireland, *British Parliamentary Papers: China*, Vol.16, Commercial Reports: Embassy and Consular Commercial Reports, Shannon: Irish University Press, 1972, P.359.

使得开市延迟"①。开市后,福州华商发现"(茶叶)销路更滞,大半减价出售,商情艰窘"时,再次联合起来,"佥议西、北路各种茶叶于六月截止,概不采运,免致再受亏折"②。

　　罗威廉在分析汉口茶业公会的集体行动时,指出茶商的联合斗争是"国内贸易中惯常使用的、在19世纪后期对外贸易中也偶尔成功运用的集体行动的事例之一",并且在历次与洋商的斗争中始终牢牢掌握着主动权,"证明自己有能力利用集体行动的方式去达到经济目的"。③福州茶叶公会的联合行动,同样是当地茶叶商人联合起来争取自己经济利益的有力行动,表明在当地的茶叶市场上中国商人往往掌握着主动权。

三、制度安排与华茶出口的盛衰

　　最能体现激励性制度创新促进市场繁荣的例子,无疑是福州的茶叶采购和运销制度。这些制度创新不但创造了福州茶叶出口贸易的黄金时代,即使在后来的茶叶贸易衰退期,也产生了一定的积极作用。

　　首先看茶叶收购中的内地采买制度、合同茶制度和优先取舍权制度。对此,郝延平的论述最为周详。④他的研究证明,"这些活动的最终结果,是中国茶叶出口的迅速增长"⑤。因此,这些制度当对福州茶叶贸易的繁荣促进良多。

---

① The Parliament of the United Kingdom of Great Britain and Northern Ireland, *British Parliamentary Papers: China*, *Vol.16*, *Commercial Reports: Embassy and Consular Commercial Reports*, Shannon: Irish University Press, 1972, P.666.
② 中国第一历史档案馆编:《光绪朝朱批奏折》第77辑,中华书局1995年版,第213页。
③ [美]罗威廉著,江溶、鲁西奇译:《汉口:一个中国城市的商业和社会(1796—1889)》,中国人民大学出版社2005年版,第185页。
④ [美]郝延平著,李荣昌、沈祖炜、杜恂诚译:《十九世纪的中国买办——东西间桥梁》,上海社会科学院出版社1988年版,第89~98页;[美]郝延平著,陈潮、陈任译:《中国近代商业革命》,上海人民出版社1991年版,第166~180页。
⑤ [美]郝延平著,陈潮、陈任译:《中国近代商业革命》,上海人民出版社1991年版,第182页。

但就福州的茶叶市场来说，更重要的可能还属茶叶贸易中的"往来赊欠账户"制度。上海领事商务报告在论述1878年上海茶叶贸易大大受损的原因时，曾将福州茶叶出口量的意外增长视为意料之中的事情，并认为原因在于所谓的"往来赊欠账户"制度。当时，华、洋商人在上海和汉口购茶都要付现款，在上海购进茶叶过磅后的第二天就得付款。而在福州，许多情况下货款可以记账，茶商还允许有大笔结欠，可拖延几个月甚至跨季节付款。年成好时，这些欠款得以清偿；年成不好时，就转到下一年支付。有的不需要贷款的商行，还利用汇率进行投机，即在汇率高时按市价购进茶叶，但不付款，到发货量下降以致汇价出现下跌时再付款，从而能够获得一笔额外的财富。在这种情况下，受害的是那些购货付现的买主，只有他们不得不按货商规定的价格标准进行购买。1878年茶季，汉口和上海红茶的出口总额比前一年已见下降的产量还少300多万磅，但福州的出口总额却多了1 200多万磅，福州商人的幸运便来自"往来赊欠账户"制度。英国领事最后以抑郁的口吻评论道："福州茶叶的产量几乎是无限的，只要这个制度存在，中国的茶叶贸易就很少有复兴的希望。"①此语颇为中肯和精到，将福州茶叶贸易兴盛的制度激励及重要性说得一清二楚。可见，福州茶叶贸易的繁荣正是拜这些激励性制度安排所赐。

反之，后来福州茶叶贸易的衰退，也有一些消极的制度因素在起作用。前已述及，茶叶质量的下降是中国近代茶叶贸易衰落并被印度、锡兰等国家排挤的主要原因。据陈慈玉等人的研究，中国商人为求急利而粗制滥造，使得中国茶叶质量大大下降，因此外国（尤其是英、美）商人不再看好中国茶，进而去寻求其他廉价好茶，并在亚洲其他国家如印度、锡兰等地扶植新的茶区。19世纪60年代中期后，虽然英国商人已对中国茶叶的质量颇有微词，但由于当时中国茶叶独步于世界，还是别

---

① 李必樟译编：《上海近代贸易经济发展概况　1854—1898年　英国驻上海领事贸易报告汇编》，上海社会科学院出版社1993年版，第489页。

无他法。到19世纪70年代后，印度、锡兰、日本茶叶的产量和质量有了很大的提高，而中国茶叶质量依然低下。因此，华茶在外国市场上的售价日跌。①

学人在研究中多将质量下降与茶叶贸易衰退视为必然的对应关系，但罗威廉的研究证明茶叶质量问题"只能是一种很次要的因素"，而茶农生产体制的落后性引起质量下降之说也被其证伪。②

就福州茶叶市场来讲，平均价格与出口量并无绝对的同步运动关系，可参看下表：

表3.2　1870—1882年茶季中福州茶叶市场价格

茶季	总出口量（千磅）	平均价格		英镑（镑）	兑换率		价值（元）
		（先令）	（便士）		（先令）	（便士）	
1870—1871	72 740	1	1	3 940 000	4	5.75	17 593 000
1871—1872	79 140	1	2	4 616 500	4	5.125	20 855 000
1872—1873	81 265	1	3.125	5 118 000	4	6.5	22 533 000
1873—1874	77 445	1	2	4 517 000	4	4.325	20 698 000
1874—1875	87 780	1	2	5 120 000	4	3.25	23 979 000
1875—1876	91 670	1	2	5 347 500	4	1.675	25 862 000
1876—1877	87 610	1	2.25	5 201 500	4	1	25 476 000
1877—1878	82 100	1	1.25	4 417 000	4	0	22 235 000

① 陈慈玉：《近代中国茶叶的发展与世界市场》，"中研院"经济研究所1982年版，第106~108页。
② [美]罗威廉著，江溶、鲁西奇译：《汉口：一个中国城市的商业和社会（1796—1889）》，中国人民大学出版社2005年版，第191页。

续表

茶季	总出口量（千磅）	平均价格		英镑（镑）	兑换率		价值（元）
		（先令）	（便士）		（先令）	（便士）	
1878—1879	99 550	1	1	5 599 000	3	9.5	29 533 000
1879—1880	98 500	1	0.25	5 027 500	3	10.25	26 088 000
1880—1881	110 725	1	0.125	5 594 000	3	9.5	29 506 000
1881—1882	97 230	0	11	4 456 000	3	9	23 765 000

资料来源：The Parliament of the United Kingdom of Great Britain and Northern Ireland, *British Parliamentary Papers: China, Vol.14, Commercial Reports: Embassy and Consular Commercial Reports*, Shannon: Irish University Press, 1971, P.26.

同样，如下表所示，茶叶质量的高低，与出口量增减之间的对应关系也不显著。在有关同一年中茶叶质量和价格的相应关系的可资比较的21个年份中，除了1个年份无法比较，同步运动的有9个年份，反向运动的却有11个年份。因此，同一年份中茶叶质量的下降并不代表当年价格的必然下落，二者没有必然的一一对应关系。类似地，就出口数量与茶叶质量的对比来看，在有关同一年中茶叶质量和出口数量变化的相应关系的可资比较的20个年份中，同步运动的有12个，而反向运动的也有8个。这说明茶叶质量与出口数量之间也并非完全的一一对应关系，尽管其对应关系的吻合率高于质量变化与价格变动的对比。总之，那种认为质量下降，价格必然下降，出口贸易进而因之必然衰落的观点，大有可以商榷的余地，至少也是不严密的。

表3.3　1866—1898年福州市场茶叶质量、价格与出口量对比表

年份	质量变化	价格变化	价格与质量关系	出口量与质量关系
1866	较以前下降	比上年高5～6两	×	√
1867—1868	在以前的平均水平以下	比1866年低许多	√	
1868	下降	比上年高2～5两	×	×
1869	有史以来最差	比上年低3～9两	√	
1870	不好	比上年低15%～20%	√	
1871	总体上升			√
1872	比1871年差	较去年高3～4两	×	×
1873	整体上比1872年好	比去年低3两	×	×
1875	普遍不好			
1877	最近几年都不好	比上年少3两	√	
1878	绝大多数都令人失望			
1879	闽北地区比上年更差			√
1880	不错，大部分比上年好			√
1881	比1880年差			√
1882	比1881年差	比上年高2～3两	×	√
1883	整体上说质量不好	高于往年	×	
1884	好于去年	比上年低1～2两	×	√
1885	比1884年差	比上年底低5%～10%	√	×
1886	比往年平均水平略好	比以前高3～10两	√	×

续表

年份	质量变化	价格变化	价格与质量关系	出口量与质量关系
1887	与上一茶季同	比上年低	×	×
1888	制作较好，中等水平	比上年高	√	
1889	不如近几年平均水平	比上年低30%	√	√
1890	较上年质量上升			×
1891	各地质量水平不一	小种最高，数年未有		
1894	平均质量尚可	好茶上升普通茶下降	×	
1895	好于去年	与去年一样	×	×
1896	大多数种类的茶质下降	比去年低25%	√	√
1897	茶叶质量差于上年	比去年少约半两	×	√
1898	与上年相当或许还更好			√

资料来源：根据1865—1898年历年贸易报告和领事商务报告制作。

说明：茶叶价格栏中，以开市价格为主，个别无者以平均价格代替，均以两/担计。茶叶价格与质量关系栏中，√、×分别表示价格与质量同步或反向运动。茶叶出口量与质量关系栏中，出口量系红茶数字，√、×分别表示出口量与质量同步或反向运动。

不但如此，正如下表所示的那样，在一定时期，茶叶价格也大多在某一水准上下波动，并不能将历史时期的茶叶价格看作是直线下降的。

第三章 制度创新与近代闽江流域商业市场的嬗变

表3.4　1884—1891年福州出口茶叶价格比较

时间	相对价格（两/担）								
	板洋	白琳	邵武	沙县	北岭	东峰塘	水吉	yung how	茶末
1884—1885	15~33	20~55	14~35	10.5~19.5	15~30	10~17	10.75~27	10~23	4~7.5
1885—1886	12~32	17~49	12~34	9~16	11.5~26	14.5~16	10~20	12~20	4~9
1887	13.75~36	19~42	10.75~33	9.75~17.75	12.75~25	11.5~18			5~8.75
1888	18.5~37	30~48	18~40	21.5~27	20.5~30.25	18~21	14~23	16~23	8.25~10
1889	15~33	27~40.5	15~27	13~30	14~31	15~22	12~24.5	11~20.5	4.5~7.5
1890	14~30	24~38	14~27	11~27	18~30	13~23	12~19	9~17	3.5~7
1891	13~32	22~41	12~32	10~22	17~36	10~20	10~21	10~18.5	3.5~8

资料来源：The Parliament of the United Kingdom of Great Britain and Northern Ireland, *British Parliamentary Papers: China, Vol.15, Commercial Reports: Embassy and Consular Commercial Reports*, Shannon: Irish University Press, 1971, P.361. The Parliament of the United Kingdom of Great Britain and Northern Ireland, *British Parliamentary Papers: China, Vol.16, Commercial Reports: Embassy and Consular Commercial Reports*, Shannon: Irish University Press, 1972, P.359, P.667. The Parliament of the United Kingdom of Great Britain and Northern Ireland, *British Parliamentary Papers: China, Vol.17, Commercial Reports: Embassy and Consular Commercial Reports*, Shannon: Irish University Press, 1972, P.233, P.404.

当然，如果从一个较长时期的比较来看，质量的长期下降必然引起价格的下降。这又是我们不能不正视的历史事实。如1881年的贸易报告中即曾谈到，沙县茶过去每磅2先令6便士，现在为1先令多一点，新茶区北岭的茶几年前在伦敦每磅2先令至2先令6便士，现在仅值1先令到1先令6便士。① 下表所示不同时期福建工夫茶价格的比较，也说明了这

① 福州海关编：《近代福州及闽东地区社会经济概况》，华艺出版社1992年版，第137页。

一问题。

表3.5 1864—1866年和1887年福建工夫茶价格的比较（每百斤值银两）

产地	茶叶种类	1864—1866年平均价格（A）	1887年价格（B）	B/A降低的百分比
邵武	头春	30～43	13～32	43%～74%
	二春	20～27	10～15	50%～56%
水吉	头春	27～32	10～18	37%～56%
	二春	19～23	8～12	42%～52%
沙县	头春	33～42	12～17	36%～40%
	二春	22～25	8～12	36%～48%
政和坦洋	头春	31～42	17～34	55%～81%
	二春	19～24	12～19	63%～79%

资料来源：彭泽益编：《中国近代手工业史资料（1840—1949）》第2卷，中华书局1962年版，第184页。

上表反映的就是19世纪60年代和80年代福州茶叶市场价格的变化情况，从中可以看到价格的明显下降。当然，需要指出的是，本表采用的1887年的茶叶价格是前后数年，尤其是其后数年中茶叶价格的最低者，而该年福州市场的茶叶主要是因为多雨而质量下降，从而也就会使人们高估19世纪60年代和80年代的茶叶价格差。

据英国税务司在1887年的调查，福州市场上茶叶质量中存在的最大问题是茶叶中掺和的茶末太多。[1]因此，追究这一问题可以使我们更加深

---

[1] The Parliament of the United Kingdom of Great Britain and Northern Ireland, *British Parliamentary Papers: China*, Vol.16, *Commercial Reports: Embassy and Consular Commercial Reports*, Shannon: Irish University Press, 1972, P.65.

入地了解福州茶叶贸易中深层次的制度运作。事实上,茶叶中有少量茶末的存在是不可避免的,而且还可以使茶叶在海上运输过程中保持一定的香味。①但问题是,福州茶叶中掺杂的茶末太多以至于严重影响到了外销茶叶的质量,并为印度、锡兰等国茶叶侵占福州茶叶的市场提供了口实和机会。而福州茶市上之所以掺杂那么多的茶末,则是当时的政府税收制度使然。因为根据规定,茶末的税率与茶叶相同,②而二者的价值则有天壤之别。

福州市场充斥低劣茶叶的原因,还与当时福州茶市的中间人制度有关。根据学人的研究,在外销茶叶的生产、收集、加工和销售过程中均有茶贩、茶行、茶栈等中间商人或组织参与。③福州茶市亦然。英国领事认为,他们的活动对中外茶叶贸易有百害而无一利。"如果他们让茶农自己将茶叶运下来,并让他们有足够时间仔细炒制后再正确包装,那么这些供出口的茶叶必将会保存得更好,更适应英国市场,也比通过买办从中国茶商手中购买而来的茶叶价格便宜。他们只要能将茶叶卖给外国人,根本不在乎自茶区运来的是何等垃圾。"④

综上,无论在福州茶叶贸易繁荣或是衰落的时期,福州本地茶商都有可能在对洋商的抵制中获胜,其屡次的成功足以说明华商力量的强大和组织制度的有效。但我们也同样看到,中国茶商应对茶叶贸易衰落的方式,不是积极地去改进深层次的制度问题,而是通过消极地控制货源

---

① The Parliament of the United Kingdom of Great Britain and Northern Ireland, *British Parliamentary Papers: China*, *Vol.11*, *Commercial Reports: Embassy and Consular Commercial Reports*, Shannon: Irish University Press, 1971, P.86.

② The Parliament of the United Kingdom of Great Britain and Northern Ireland, *British Parliamentary Papers: China*, *Vol.11*, *Commercial Reports: Embassy and Consular Commercial Reports*, Shannon: Irish University Press, 1971, P.86.

③ 许涤新、吴承明主编:《中国资本主义发展史 第二卷 旧民主主义时期的中国资本主义》,人民出版社2003年版,第234页。

④ The Parliament of the United Kingdom of Great Britain and Northern Ireland, *British Parliamentary Papers: China*, *Vol.9*, *Commercial Reports: Embassy and Consular Commercial Reports*, Shannon: Irish University Press, 1971, P.77.

的方式维持一定的价格。虽然在没有其他茶叶生产者存在的时候,这种方法屡试不爽。但是,当印度锡兰茶叶生产的发展导致国际市场供求关系发生变化,从而对福州茶叶销售市场产生排挤时,福州的华商却没有建立起另一种积极的应对机制和制度。旧的制度平衡被破坏,新的制度却没有建立,茶叶贸易的衰落终于不可避免。诚如罗威廉在其研究中所揭示的那样,虽然中国商人的"能力足以保证他们接受中外贸易,但却并不必然意味着他们能够有效地、自如地应付外国竞争者。当面临竞争时,中国国内商业的散漫式结构特征,就被证明是不利的因素,而不是一种有利的因素"①。换言之,茶叶生产和贸易中的制度失衡,才是华茶贸易衰落的内因,其他方面只是作为外部因素在起作用。

四、英国市场的福州茶

一般认为,印度、锡兰茶叶在英国市场上取得对华优势,始于19世纪80年代后期。②下面两个表格就显示了印度、锡兰和日本茶叶对中国茶叶在英国市场的排挤情况。

表3.6　1866—1889年伦敦市场茶叶量统计(单位:磅)

种类	1866	1871	1876	1881	1886	1887	1888	1889
华茶	126 872 000	150 295 000	152 168 977	152 559 000	98 116 464	79 273 588	75 632 033	58 161 531
印茶	4 371 000	13 700 000	26 733 220	48 862 000	54 666 864	67 204 236	71 584 113	80 509 995
其他	1 257 000	535 000	426 880	1 315 000	5 207 290	8 409 700	15 454 946	26 099 840

---

① [美]罗威廉著,江溶、鲁西奇译:《汉口:一个中国城市的商业和社会(1796—1889)》,中国人民大学出版社2005年版,第193页。
② 林齐模:《近代中国茶叶国际贸易的衰减——以对英国出口为中心》,载《历史研究》2003年第6期。

资料来源：1866—1881年的数字来自福州海关所编《近代福州及闽东地区社会经济概况》，华艺出版社1992年版，第136页；1886—1889年的数字来自The Parliament of the United Kingdom of Great Britain and Northern Ireland, *British Parliamentary Papers: China, Vol.16, Commercial Reports: Embassy and Consular Commercial Reports*, Shannon: Irish University Press, 1972, P.672.

说明：1866—1881年统计的是当年全年数据，1886—1889年统计的是当年1—10月伦敦市场茶叶量。华茶一栏中，1866—1881年统计的是全部茶叶产量，1886—1889年统计的是红茶产量。"其他"一栏中，1866—1881年统计的是日本茶叶数量，1886—1889年统计的是锡兰茶叶数量。

表3.7 1865—1886年英国茶叶消费量中印茶和华茶所占比例（%）

年份	印茶	华茶	年份	印茶	华茶	年份	印茶	华茶	年份	印茶	华茶
1865	3	97	1871	11	89	1877	19	81	1883	34	66
1866	4	96	1872	13	87	1878	23	77	1884	37	63
1867	6	94	1873	15	85	1879	22	78	1885	39	61
1868	7	93	1874	13	87	1880	28	72	1886	41	59
1869	10	90	1875	16	84	1881	30	70			
1870	11	89	1876	17	83	1882	31	69			

资料来源：姚贤镐编：《中国近代对外贸易史资料（1840—1895）》第2册，中华书局1962年版，第1194页。

就福州茶的国外市场来讲，有学者认为早在19世纪60年代即出现印度、锡兰茶叶排挤福州茶叶的现象，其立论根据是1866年的《申报》曾谈及福州附近的农户因种茶无利而焚毁茶园改植山芋。[①]但事实上，作者立论的该则史料系年当为1886年，而19世纪60年代正处于福州茶叶出口贸易的繁盛期。

---

① 陶德臣：《清代福建茶叶生产述论》，载《古今农业》2003年第4期。

就笔者接触的史料来讲,虽然早在1865年时《北华捷报》即有"因华茶质量低落,印度茶销路遂大为畅旺"之类的记载,①但至少在19世纪70年代前,"就印度来讲,出口量不是很大,加尔各答和马德拉斯的代理人也得不到太多的货源。孟买主要从帕西那里获得茶叶,数量也很少"②,因此还谈不上对福州红茶造成排挤。1870年后,印度茶开始侵占福州中、上等茶叶在英国的市场。1869年的一则领事商务报告谈及,"印茶与福州茶在茶叶质量和味道上的对比吸引了普遍的关注,结果是印度主要茶叶生产地阿萨姆邦茶叶的快速增长,必定会在相当程度上影响福州中等茶和高等茶的销售。我们对中等茶或好茶的标准不同以前了,因此来自福州的茶叶价格自然就降低了,而印茶则能够继续卖到令人满意的足价"③。类似这样的零星记载,在19世纪80年代就变得十分常见了。可见,这时印度茶排挤的只是福州上等茶的市场份额。

至于普通茶,不但不会受到排挤,反而还是英国、澳大利亚等国茶叶市场必须依赖之所在。因为英国的商人多将印度茶与福州的普通茶掺和出售,以在中和味道的同时,降低茶叶价格。"大部分福州茶叶仍不符合伦敦市场的消费标准……伦敦市场需要这些价廉质劣的茶叶,只是为了与印度茶叶掺杂出售以降低价格。福州茶柔淡的口味能稀释印度茶的浓郁。这种混合茶是时下的饮料,在英国均冠以印度茶之名称。"澳大利亚的市场也"需要福州那样的略甜的、普通的和低级的茶叶以与锡

---

① 姚贤镐编:《中国近代对外贸易史资料(1840—1895)》第2册,中华书局1962年版,第1190页。

② The Parliament of the United Kingdom of Great Britain and Northern Ireland, *British Parliamentary Papers: China*, *Vol.9*, *Commercial Reports: Embassy and Consular Commercial Reports*, Shannon: Irish University Press, 1971, P.83.

③ The Parliament of the United Kingdom of Great Britain and Northern Ireland, *British Parliamentary Papers: China*, *Vol.9*, *Commercial Reports: Embassy and Consular Commercial Reports*, Shannon: Irish University Press, 1971, P.84.

兰茶相掺和从而降低价格"①。

19世纪八九十年代，印度和锡兰茶叶取代福州红茶的步伐大大加快，甚至连福州普通茶的销售也受到影响。尽管洋商在福州市场上的收购价格是低之又低，但在大多数年份，洋商运到英国和澳大利亚的福州普通茶，都是一笔亏本的生意。②这样，最晚到19世纪90年代后期，福州茶"在伦敦和澳大利亚市场均感受到了印度和锡兰茶叶的激烈竞争，并且美国和加拿大市场也更萧条了"，并随即为后者所取代。③到20世纪时，华茶在英国市场上的销售额仅剩下微乎其微的比例了。例如，"在1905年至1906年茶季各茶叶生产国输往英国的茶叶比例为：印度58.14%，锡兰34.45%，中国仅2.4%，其他国家5.01%。换句话说，英国消费茶叶的92.5%是由本国生产的"④。

与进口洋货对中国内地土货的排挤一样，还有一些品种的福州茶在国际市场上也是印度、锡兰茶叶所无法取代的。"必须指出，尽管印度和锡兰茶因其浓度更高，价格更便宜而正迅速取代中国茶，然而福州的小种茶和珠兰却优于上述两地的茶叶，并且总有一定的需求量；用于制造砖茶的茶末也总有需求。因此，就像一些乐观的人士所期望的那样，即使我们看不到华茶贸易的复兴，离福州茶叶的完全消亡还有很长时

---

① 福州海关编：《近代福州及闽东地区社会经济概况》，华艺出版社1992年版，第177页；The Parliament of the United Kingdom of Great Britain and Northern Ireland, *British Parliamentary Papers: China*, Vol.21, *Commercial Reports: Embassy and Consular Commercial Reports*, Shannon: Irish University Press, 1971, P.507.

② The Parliament of the United Kingdom of Great Britain and Northern Ireland, *British Parliamentary Papers: China*, Vol.16, *Commercial Reports: Embassy and Consular Commercial Reports*, Shannon: Irish University Press, 1972, P.359.

③ The Parliament of the United Kingdom of Great Britain and Northern Ireland, *British Parliamentary Papers: China*, Vol.19, *Commercial Reports: Embassy and Consular Commercial Reports*, Shannon: Irish University Press, 1972, P.402.

④ 福州海关编：《近代福州及闽东地区社会经济概况》，华艺出版社1992年版，第259页。

间。"① 这种情形,一直维持到20世纪前期。例如,尽管当时福州茶圃变为谷田或罂粟园的情况并不乏见,"唯白毫、小种二品,为福州所特产,印度人未仿造此茶,故得以保持福州茶业命脉也"②。因此,我们在肯定外茶排挤华茶这一历史大势时,还应该看到这种异质性的存在。

总之,除了有些茶叶自始至终都难以排挤,印度、锡兰茶叶排挤福州茶叶的实际过程是先排挤优等茶和中等茶,然后又排挤了普通茶。前者发生的时间在19世纪70年代,后者发生的时间较晚但持续过程较长,直到进入20世纪时,福州茶在英国市场上才几乎消失殆尽。

第二节 中外商人在洋货市场的角逐

一、洋商对鸦片市场的控制

与其他进口商品不同,鸦片(洋药)的进口在绝大多数时期都是掌握在外国人手中,其中怡和洋行和沙逊洋行是最大的两个鸦片进口商。③到了19世纪80年代后期,华商开始染指洋商所垄断的鸦片进口生意。1887年的英国领事报告首次提及此事,指出华商成立了一个经营鸦片贸

---

① The Parliament of the United Kingdom of Great Britain and Northern Ireland, *British Parliamentary Papers: China*, Vol.19, *Commercial Reports: Embassy and Consular Commercial Reports*, Shannon: Irish University Press, 1972, P.403.

② 彭泽益编:《中国近代手工业史资料(1840—1949)》第2卷,中华书局1962年版,第473页。

③ The Parliament of the United Kingdom of Great Britain and Northern Ireland, *British Parliamentary Papers: China*, Vol.14, *Commercial Reports: Embassy and Consular Commercial Reports*, Shannon: Irish University Press, 1971, P.20.有研究指出,怡和洋行在1871年时就决定停止鸦片贸易(聂宝璋:《聂宝璋集》,中国社会科学出版社2002年版,第86页),但是,至少在1889年时,怡和洋行还在向英国领事提供有关鸦片的信息。参见The Parliament of the United Kingdom of Great Britain and Northern Ireland, *British Parliamentary Papers: China*, Vol.16, *Commercial Reports: Embassy and Consular Commercial Reports*, Shannon: Irish University Press, 1972, P.665.

易的联合组织以分洋商之利,因而"由英商控制的鸦片进口生意必将逐渐落入华商手中"。下面的一些数据,可以充分地说明这一问题。

表3.8 华、洋鸦片进口商进口鸦片数量比较(单位:箱)

时间	洋商进口鸦片数	华商进口鸦片数	华商进口鸦片数占比
1887	4 165	831.5	17%
1888	2 946	2 721	48%
1889	3 536.5	1 633.5	32%
1890	4 559	150	0.03%
1891	3 665	1 010.5	21%

资料来源:The Parliament of the United Kingdom of Great Britain and Northern Ireland, *British Parliamentary Papers: China, Vol.16, Commercial Reports: Embassy and Consular Commercial Reports*, Shannon: Irish University Press, 1972, P.64, P.357, P.665. The Parliament of the United Kingdom of Great Britain and Northern Ireland, *British Parliamentary Papers: China, Vol.17, Commercial Reports: Embassy and Consular Commercial Reports*, Shannon: Irish University Press, 1972, P.231, P.402.

由上可见,1887年时由华商进口的鸦片已近总进口量的17%,1888年时已与洋商平分秋色,并且使当时最大的鸦片贸易洋行沙逊洋行倒闭,其后该行虽然仍经营鸦片贸易,但已不是自己从事鸦片的进口,而是经由其他洋行进口了。[1]1890年,经营鸦片进口的洋商势力大张,但次年华商进口量亦复上升。总之,鸦片贸易已初步改变了以前由洋商一统天下的局面,华商乘1887年的洋药税厘并征之便,开始与洋商展开竞

---

[1] The Parliament of the United Kingdom of Great Britain and Northern Ireland, *British Parliamentary Papers: China, Vol.16, Commercial Reports: Embassy and Consular Commercial Reports*, Shannon: Irish University Press, 1972, P.357.

争,并从后者的收益中分取了一杯羹。

中外鸦片进口商主动权陵替的这一重大变化,其产生的主要原因即在于海关仓栈制度的建立。①根据《烟台条约》附加条款的规定,1887年福州海关建立了专门储存鸦片的仓库,并规定自当年5月1日起,所有的华、洋鸦片进口商都要将鸦片全部储存在海关建立的仓栈里,从中销卖他们的鸦片。而此前经营鸦片的商人,是将鸦片存在自己的专用仓库中的。对此,当年的贸易报告评论道,"由于建立了政府保税关栈,因此只需较少的费用,便可以获得一个既安全保险,又方便的存货仓库。既可以存入鸦片,又可以不提出货物就进行贸易。先前由于鸦片价值较高,要考虑防火、防盗问题,只有那些资本雄厚,又有地方储存的商人才有条件存货。而现在,由于海关关栈制度所提供的便利和安全保证,任何人都可以储存大小数量的货物"②。可见,之前由于华商没有仓库可资存储鸦片,所以不便从事鸦片贸易,而海关仓栈制度的建立,使得中外商人处于同一起跑线上,华商得以与洋商展开角逐。果不其然,次年鸦片贸易的繁荣"并未使经营这种贸易的外国大公司获利。因为,据称海关的保税关栈制度令它们无法与本地商人竞争"③。对此,英国人惊呼道,"现在的竞争是如此激烈,以至于以前的大洋商失去了半数的生意,

---

① 薛鹏志认为,在1876年前,由于中外双方的斗争,海关关栈制度的推行举步维艰。1876年,为实施鸦片税厘并征,中英《烟台条约》议定了一项鸦片存栈保税办法:"令英商于贩运洋药入口时,由新关派人稽查,封存栈房或趸船,俟售卖时洋商照则完税。"(王铁崖编:《中外旧约章汇编》第1册,生活・读书・新知三联书店1957年版,第349页。)此后,关栈保税制度才因不平等条约而被承认。作者还认为,当时关栈皆在上海实行,尚无扩展于他口,只是在20世纪30年代后才在全国普遍设立。参见薛鹏志:《中国近代保税关栈的起源和设立》,载《近代史研究》1991年第3期;薛鹏志:《再论中国近代海关关栈保税制度的推行》,载厦门大学中国海关史研究中心编:《中国海关与中国近代社会:陈诗启教授九秩华诞祝寿文集》,厦门大学出版社2005年版,第177页。然而,据本文所引资料可知,至少在1887年,福州即已经建立了关栈保税制度。而且,福州鸦片进口在1876以后的突然增加,也应与关栈制度的建立有关,尽管目前还未发现可以直接证明1876年后福州已经建立关栈的史料。
② 福州海关编:《近代福州及闽东地区社会经济概况》,华艺出版社1992年版,第162页。
③ 福州海关编:《近代福州及闽东地区社会经济概况》,华艺出版社1992年版,第167页。

而且还不知道这样的情况何时才会结束"①。此语虽略有夸张，但毕竟也反映出了华商开始与洋商分庭抗礼的事实。因此，制度因素在中、外商人商权分配及利益分割中又显示出重大的作用。

当然，我们又不能片面夸大制度的作用，也不能夸大华商对洋商经营权侵蚀的严重程度。鸦片是为数不多的由外国商人控制进口、销售和运输主动权的商品之一，他们面对华商的争夺当然要誓死捍卫自己的利益。如上表所示，在与洋商的角逐中，华商总体上还是处于下风。个中原因，当与鸦片这种商品的特殊性质有关。一方面，在福州经营鸦片贸易的洋行几乎都是香港总行的分行，而总行能定期地从印度进口大量鸦片，印度也乐于供给香港市场，同时印度方面为尽量减少其存货量而不得不低价出售，甚至在市场疲软时还不得不折本卖出。这样福州的华商就难以在香港市场上得到比洋商更有利的鸦片。另一方面，在福州进行鸦片贸易的主要是沙逊洋行，而沙逊洋行在孟买设有专门的鸦片收购机构，并且发放高利贷向印度烟农买青苗，从而控制了货源。②此外，经营鸦片需要巨大的资本。洋商在获得低息贷款方面也较华商有优势，③而华商资本弱小，难以在这种商品竞争中稳操胜券，其对洋商利润的分割也必然是有限的。

二、华商对洋布市场的侵蚀

洋布运销是福建商人与外国商人博弈的另一个战场。至少在19世纪60年代中期以后，福州布匹的进口和销售权便基本上掌握在中国商人手

---

① The Parliament of the United Kingdom of Great Britain and Northern Ireland，*British Parliamentary Papers: China*，*Vol.16*，*Commercial Reports: Embassy and Consular Commercial Reports*，Shannon: Irish University Press，1972，P.63.

② 张仲礼：《张仲礼文集》，上海人民出版社2001年版，第331~332页。

③ The Parliament of the United Kingdom of Great Britain and Northern Ireland，*British Parliamentary Papers: China*，*Vol.9*，*Commercial Reports: Embassy and Consular Commercial Reports*，Shannon: Irish University Press，1971，P.73.

中。①这样,在福州口岸的洋布交易中就形成了如下的中外贸易格局:外国人从本国及殖民地将各种布匹运至香港或上海,福州的华商委托其在香港或上海的代理人在当地购买适合福州市场的布匹,然后再雇佣外国人的船只将洋布运载回榕,最后再将这些进口的洋布分销至福州及腹地各县。这种状况直到19世纪90年代都没有实质上的变化。

这一现象的产生,首先与香港和上海之间的定期轮船航线和频繁的民船贸易有莫大的关系。往来福州和香港、福州和上海之间的常川轮船和民船,使得福州商人从香港或上海的代理人那里进口布匹成为可能。"中国人在本口和其他港口雇佣他们自己的代理人,他们与外国人唯一的交易就是向后者支付从一个港口到另一个港口的运输费用。"②

其次,这也与福州市场上的商品交易方式有一定的关系。由于福州本地商人财力所限,以及腹地的消费力太低,本地商人无法大量地成批购买布匹,而福州的洋商又不愿意零售洋布。③因此,福州的本地商人就抛开无法依靠的洋商,而利用其他方式直接小批量地从香港、上海等其他口岸进口适合福州市场的洋布,从而获得了洋布进口和销售的主动权。

事实上,英国领事的商务报告早就注意到了这一现象,并称福州口岸洋货进口贸易中的一个奇怪现象是,"除了进口鸦片和铅以及出口茶叶到欧美和殖民地地区,与中国港口之间的布匹贸易几乎完全为本地商人所控制。他们雇佣代理人从香港和上海选购他们所需要的商品,并运到福州。当任何种类棉绒商品的需求增加时,他们就不时地从香港的华人商店中获得少量的进货。本口与香港间的常川轮船使他们能够前往香港,并从丰富的市场中取其所需,并且通过其地业已建成的本地商行,

---

① 福州海关编:《近代福州及闽东地区社会经济概况》,华艺出版社1992年版,第20页。
② The Parliament of the United Kingdom of Great Britain and Northern Ireland, *British Parliamentary Papers: China*, Vol.9, Commercial Reports: Embassy and Consular Commercial Reports, Shannon: Irish University Press, 1971, P.76.
③ The Parliament of the United Kingdom of Great Britain and Northern Ireland, *British Parliamentary Papers: China*, Vol.8, Commercial Reports: Embassy and Consular Commercial Reports, Shannon: Irish University Press, 1971, P.243.

以十分有利的条件购得货物"①。

按照英国领事的说法，还有一些因素使得福州商人能够以极低的价格进口各种洋布，以致外国商人无法竞争。这包括与外国人相比，本地商人雇佣苦力和船只的费用较省；本地人所建立的贸易机构花费更少；华商行会对任何企图进入本地市场的外国人的猜忌，并对后者施加压力；外国人因不会中文不得不通过买办或其他中介人签订买卖合约，而后者则要从交易中取得佣金或折扣；等等。"因此，在这种情况下，当外国企业在一个新开港口处于领先地位时，只要本地商人开始与之竞争，则生意就会转入后者手中。"②

但是，最根本的原因还是福州市场上盛行的"先售货再付款"的商业习惯，也即货物经销中的赊欠制度。根据这一制度，外国商人要向福州本地的商人推销货物，必须给予后者一定时间的赊欠——这一赊欠期限根据所经销商品的不同而各异——在后者将货物售出后，再将原欠中、外商人的货款付还。在中外商人的竞争中，中国商人占据着天时地利人和的优势，而洋商对中国的商业习惯和人际关系，尤其是其生意伙伴的负债情况及偿还能力都没有正确的估计和把握，当面对这一制度时，便难以与本地的商人竞争。1873年的一份领事商务报告谈道："布匹贸易仍完全为华商所控制。外国商人之所以不愿从事此项贸易的主要原因之一在于售后付款的赊欠贸易制度。购买者被允许在提货后70天内支付货款，可以没有抵押的定金，只有一个令人怀疑的保证最后付款的口头承诺。这样购买者就可以卖出这些商品，并继续投机于从香港得到的其他货物，而当它们售出后，英商在70天后才能得到货款。但有时

---

① The Parliament of the United Kingdom of Great Britain and Northern Ireland, *British Parliamentary Papers: China*, Vol. 9, *Commercial Reports: Embassy and Consular Commercial Reports*, Shannon: Irish University Press, 1972, P.307.

② The Parliament of the United Kingdom of Great Britain and Northern Ireland, *British Parliamentary Papers: China*, Vol. 9, *Commercial Reports: Embassy and Consular Commercial Reports*, Shannon: Irish University Press, 1971, P.73.

也会发生这种事情：当华商的投机生意失败时，他就不可能履行付款予洋商的约定，洋商的损失因之产生，并有时可使洋商的一年所得化为乌有。"①

在19世纪60年代至90年代，这种贸易制度一直被英国领事认为是外商参与洋布贸易的一个重大不利因素。②并且，这种长期信用贷款制度涵盖了许多商品，赊欠时间也长短不一，鸦片和铅1~2个月，布匹贸易长达3个月。洋商之间缺乏联合，不能抑制这一制度，"使得英国商人在本口建立进口贸易的努力化为乌有"③。甚至到20世纪早期，布匹贸易中的这种赊欠制度依然存在。例如，1909年前后日本外务省的调查表明，当时福州市场上的买卖习惯是"在当地之输入品，普通为马尾船之测渡（原文如此——笔者注）货物到着后，一个月此后内（原文如此——笔者注）交还物价"④。

只要存在赊欠制度，就难免会发生倒账的事情，所以外国商人一般不敢涉足布匹的进口贸易。对此，英国领事深有体会，他曾谈道："在福州的小经销商们需要大约3到5个月的长期信用贷款。因为没有任何

---

① The Parliament of the United Kingdom of Great Britain and Northern Ireland, *British Parliamentary Papers: China*, Vol. 11, *Commercial Reports: Embassy and Consular Commercial Reports*, Shannon: Irish University Press, 1971, P.83.

② The Parliament of the United Kingdom of Great Britain and Northern Ireland, *British Parliamentary Papers: China*, Vol. 7, *Commercial Reports: Embassy and Consular Commercial Reports*, Shannon: Irish University Press, 1972, P.307. The Parliament of the United Kingdom of Great Britain and Northern Ireland, *British Parliamentary Papers: China*, Vol.8, *Commercial Reports: Embassy and Consular Commercial Reports*, Shannon: Irish University Press, 1971, P.243. The Parliament of the United Kingdom of Great Britain and Northern Ireland, *British Parliamentary Papers: China*, Vol. 12, *Commercial Reports: Embassy and Consular Commercial Reports*, Shannon: Irish University Press, 1971, P.276. The Parliament of the United Kingdom of Great Britain and Northern Ireland, *British Parliamentary Papers: China*, Vol.13, *Commercial Reports: Embassy and Consular Commercial Reports*, Shannon: Irish University Press, 1971, P.164.

③ The Parliament of the United Kingdom of Great Britain and Northern Ireland, *British Parliamentary Papers: China*, Vol. 12, *Commercial Reports: Embassy and Consular Commercial Reports*, Shannon: Irish University Press, 1971, P.276.

④《福建商业公报》1910年第3期。

抵押品可以支付贷款，这样就使得英国商人因为没有华商所拥有的能够确认购买者信誉和身份的便利条件而不敢从事这项生意。"①在福州，"现金交易是行不通的……经常发生这种事情，也即当本地零售商应该支付货款的日子到来的时候，要么他没有钱，要么他不能也不愿退回外商出售给他们的剩余货物，而前者则早已凭此大赚了一笔，这样麻烦就来了。尽管中国官员被要求在冲突中维护英国销售商的利益，但解决这些纠纷往往需要成年累月的时间，并且有时外国商人因无法与中国人结账而不得不空手而归。我本人还记得，在1861年当我首次来此做领事的时候，我们英国商人做了一宗棉布进口生意——同时也有少量毛织品在内，如果我没有记错的话，大多数的索赔都以上述我所提到的难以令人满意的结果结束"②。正因为这样，在福州的棉纱进口贸易刚刚开始繁荣时，英国领事还在因为这一制度的存在，而对英国商人能否在与福州本地商人争夺贸易主动权上占优势而心存余悸。"目前洋商有可能成功地控制这一贸易，但是最大的困难在于，如果他不能提供长期赊欠贷款，那么就没有人和他做生意。"③因此，在19世纪90年代后期，这一制度仍然制约着外国商人的经销活动，并使布匹贸易的主动权依然牢牢掌握在华商手中。④

　　此处的一个疑问是，既然存在赊欠制度和倒账的危险，何以华商可

---

① The Parliament of the United Kingdom of Great Britain and Northern Ireland, *British Parliamentary Papers: China*, Vol. 7, *Commercial Reports: Embassy and Consular Commercial Reports*, Shannon: Irish University Press, 1972, P.307.

② The Parliament of the United Kingdom of Great Britain and Northern Ireland, *British Parliamentary Papers: China*, Vol. 9, *Commercial Reports: Embassy and Consular Commercial Reports*, Shannon: Irish University Press, 1971, P.71.

③ The Parliament of the United Kingdom of Great Britain and Northern Ireland, *British Parliamentary Papers: China*, Vol. 17, *Commercial Reports: Embassy and Consular Commercial Reports*, Shannon: Irish University Press, 1972, P.407.

④ The Parliament of the United Kingdom of Great Britain and Northern Ireland, *British Parliamentary Papers: China*, Vol. 20, *Commercial Reports: Embassy and Consular Commercial Reports*, Shannon: Irish University Press, 1972, P.173.

以应付自如而洋商则处处因之掣肘呢？笔者认为，除了华商在了解生意伙伴的信用及偿债能力方面比洋商更显优势，根本的原因恐怕还是在于华商的经营组织中有一定的保障制度，可以防止倒账行为的发生。以上海为例，上海的棉布贸易虽然也存在赊欠制度，但由于有相关制度的保障，倒账的事情轻易不会发生。根据1931年上海华洋杂货业同业公会所订业规，"客号货款至期不付，或付而不清，而不径向前欠之同业甲号交易，另向同业乙号交易者，前被欠之甲号得向现交易之乙号，请其协助追回欠款，而乙号不得拒绝，甚至有屡索不理者，得报告本会，通知同业各号，在该号未将货款清偿以前，一律暂停该号交易"①。这些规定使得批发商号互相通气，相互配合，因而保证了赊销业务的正常开展。那么福州是不是也存在这样的制度？笔者暂未发现相关史料，但是似乎可以判断，在福州华商的布匹销售业中，很可能也会有行会及其他类似的组织或制度规定，来保证华商之间赊销业务的开展。

最后还要提及的一点是，由于在外国人眼中，福州港主要是一个茶叶输出港，洋商主要经营茶叶贸易而对其他的贸易一时难以顾及，在茶叶贸易极度繁荣的19世纪60年代至80年代期间尤其如此。例如，在19世纪70年代时，英国商人就因为茶叶贸易太旺盛而无暇顾及洋布的进口贸易。"对于在福州的英国商人来说，主要的目标看来在于要尽可能迅速地购买并运送茶叶到英国，因此就很少会关心中国商人对我国产品的需求。"② 即使在19世纪90年代初，福州茶叶贸易衰落时，洋商也不愿意从事布匹贸易。③ 只是在19世纪90年代后期，随着进口棉纱贸易的繁

---

① 严谔声：《上海商事惯例》，1936年版，第565页，转引自沈祖炜：《旧上海与内地的商品流通渠道》，载《上海经济研究》1985年第4期。

② The Parliament of the United Kingdom of Great Britain and Northern Ireland, *British Parliamentary Papers: China*, Vol. 10, Commercial Reports: Embassy and Consular Commercial Reports, Shannon: Irish University Press, 1971, P.125.

③ The Parliament of the United Kingdom of Great Britain and Northern Ireland, *British Parliamentary Papers: China*, Vol. 17, Commercial Reports: Embassy and Consular Commercial Reports, Shannon: Irish University Press, 1972, P.236.

荣，加之茶叶贸易已经衰退到极点，洋商才开始转向棉纱的进口贸易。对此，英国领事报告写道，"棉纱贸易的大部分仍为本地商人所控制。但是茶叶贸易的衰退，促使原来从事于此的洋商也开始与本地商人展开竞争。为此，他们不得不转而接受不太多的代理费用和利润并且尽其所能以促使商人购买其产品或与之订立合约。因此，本贸易很有可能会随着茶叶贸易的衰退而快速增长，并扩展到布匹生意中去"①。

当然，承认华商在洋布进口和销售中的竞争优势，也不能否认洋商亦是福州口岸洋布输入的另一主体。洋商之所以要从事洋布贸易，是因为"购买茶叶运往英国的洋商没有什么东西可以与他购自中国人手中的商品（即茶叶）相交换，所以他不得不为此而进口布匹"②。

综上，福州洋布贸易中的售后付款制度（或商业习惯），在中外商人争夺布匹贸易控制权方面起着决定性的作用。华商能够凭借其熟悉本地商业状况的优势而避免在倒账中受损，相反，洋商却无法适应而又不能突破这种制度，从而导致华洋商人势力的消长。这就说明，谁能适应或创造激励性制度，谁就能够获取贸易的主动权。因此，本研究部分支持郝延平的论断，即中国商人在19世纪60年代已"迅速成为一支不可忽视的力量。中国人利用代理行所提供的各种辅助性服务，诸如银行、航运和保险，实际上加入了对外贸易的各个领域。他们共同集资，熟悉市场情况，并以最少的管理费用从事经营"③。不过要指出的是，中国商界的崛起，所依靠的主要不是郝氏所提及的那些由洋商提供的辅助性服务，而是对中国传统商业习惯的适应和利用，尽管前者的作用也不可低估。

---

① The Parliament of the United Kingdom of Great Britain and Northern Ireland, *British Parliamentary Papers: China*, Vol. 21, *Commercial Reports: Embassy and Consular Commercial Reports*, Shannon: Irish University Press, 1971, P.501.

② The Parliament of the United Kingdom of Great Britain and Northern Ireland, *British Parliamentary Papers: China*, Vol. 9, *Commercial Reports: Embassy and Consular Commercial Reports*, Shannon: Irish University Press, 1971, P.72.

③ [美]郝延平著，陈潮、陈任译：《中国近代商业革命》，上海人民出版社1991年版，第184页。

第四章

产权变革与近代闽江内河轮船运输业的演化

一般认为，中国近代经济史的主线之一是资本主义的发展与不发展，①而诺思有关制度是经济发展过程中的重要决定因素的理论框架，也获得了越来越多的经济学和政治学者的一致赞同。②那么，制度及其变迁是如何影响中国近代经济发展和经济地理布局的，便成为备受社会科学关切的一大问题。具体来讲，在近代中国资本主义的发展过程中，促进或阻碍经济发展的制度安排在具体产业部门是何时、如何产生，以及变迁的？对此，虽然已有学者从宏观层面予以关注，但微观研究尚属鲜见。③

众所周知，在诸多制度安排中，产权制度作为一种基础性的经济制度，不仅独自对经济效率和经济增长具有关键的作用，而且还是市场制度及其他许多安排的构成基础。④那么，作为正式产权制度提供者的国家为何、何时以及怎样界定产权？不同权利主张主体之间博弈的集体行动

---

① 汪敬虞：《中国资本主义的发展和不发展——中国近代经济史中心线索问题研究》，经济管理出版社2007年版。

② Acemoglu Daron and Simon Johnson, "Unbundling Institutions", *Journal of Political Economy*, Vol. 113, No. 5, 2005.

③ 王玉茹、刘佛丁、张东刚：《制度变迁与中国近代工业化——以政府的行为分析为中心》，陕西人民出版社2000年版；杜恂诚：《金融制度变迁史的中外比较》，上海社会科学院出版社2004年版。

④ 盛洪主编：《现代制度经济学》上卷，北京大学出版社2003年版，第9页。

又是如何开展的？下文即根据笔者掌握的现存档案和经济调查资料，在梳理近代闽江内河轮船航运业发展过程的基础上，[①]以学界较少关注的近代闽江内河轮船业和帆船业之间围绕载货权、航线权和码头使用权引起的产权纠纷为研究个案，从历史学和制度经济学的双重视角进行系统性考察。

第一节　近代闽江内河轮船运输业的产生与发展

近代闽江内河轮船运输业的兴起和发展过程有着明显的区域性和阶段性。从区域上说，闽江航道的自然条件决定了闽江轮船运输业最早从下游开始，然后依次向中游和上游发展。同时，由于鸦片战争后中国社会性质的变化，闽江内河航线也是在首先经历了外国资本主义势力的入侵后，才逐渐出现了中国官办和民族资本家经营的轮船航运业。

一、近代内河轮船运输业发展概览

一般认为，闽江下游航道通行轮船始于1844年6月英国领事李太郭

[①] 目前有关闽江流域传统和近代航运业的研究成果主要有吴高荣：《闽江私营轮船业小史》，见中国人民政治协商会议福建省委员会文史资料编辑室编：《福建文史资料（选辑）》第1辑，福建人民出版社1962年版；林开明主编：《福建航运史（古、近代部分）》，人民交通出版社1994年版；福建省轮船总公司史志办编：《福建水运志》，人民交通出版社1997年版；林开明编：《近代闽江轮船业始末》，福建省轮船总公司史志办1998年版；戴一峰编：《近代闽江航运业初探》，载《中国社会经济史研究》1986年第3期；陈汉生：《话说近代闽江航运》，载《炎黄纵横》2008年第1期；姜修宪：《环境·制度·政府·经济绩效——以闽江航运为个案的探讨》，载《中国社会经济史研究》2007年第2期；苏生文：《晚清福建的轮船业和轮船商》，载《福建商业高等专科学校学报》2010年第6期；Grant A. Alger, *The Floating Community of the Min: River Transport, Society and the State in China, 1758-1889*, Ph.D dissertation, Baltimore: Johns Hopkins University, 2002.

第四章 产权变革与近代闽江内河轮船运输业的演化

乘坐"恶意"号轮船入闽,①但实际上李太郭乘坐轮船仅到达闽江口即止,并转乘小帆船经闽江内河航道抵达福州城。②由于其时轮船较为鲜见,而且受闽江下游航道条件和开埠初期福州贸易停滞的影响,进入闽江下游航道行驶的轮船极为罕见。

就目前史料所见,福州开埠初期,外海轮船一般只从闽江口航行至马尾港而止,而最早从马尾港溯行至福州的轮船是吃水仅4.5英尺的"美杜莎(Medusa)"号,其时在1845年5月28日。③1866年开工建设的福州船政局,于1869年制造出第一艘轮船"万年清"号,并首航成功。从此,在船政局所在地的马尾至闽江口,以及马尾至福州间的闽江下游航线上,就经常有官方轮船或以机器为动力的海军差船往来其间。④

至于民营轮船的出现,则以1875年行驶于福州至连江县琯头间的"宝远"号轮船为最早,但当时只载客不载货。⑤1900年时,在下游航行的汽船约有15艘,到1903年时已多达21艘,航线所及也已经先后扩展至闽侯、连江、长乐、福清、永泰(福)5县。⑥到全面抗战爆发前,行驶于闽江下游各航线的轮、汽船已多达63艘。这些轮、汽船多为载客所用,其额定载客量不过数10人,最多65人;总吨数多为10数吨以下,最多31.40吨;净吨数多在10吨以下,最多17.33吨;机器马力多在20

---

① 《福建航道志》编纂委员会编:《福建航道志》,人民交通出版社1997年版,第11页。
② [英]卫生生著,刘玉苍译:《福州开辟为通商口岸早期的情况》,见中国人民政治协商会议福建省委员会文史资料编辑室编:《福建文史资料(选辑)》第1辑,福建人民出版社1962年版,第139页。
③ R.Montgomery Martin, *China*:*Political*,*Commercial*,*and Social*, *in an Official Report to Her Majestys' Government*, Vol.Ⅱ, London:James Madden, 1847, PP.294~295.
④ 吴高榮:《闽江私营轮船业小史》,见中国人民政治协商会议福建省委员会文史资料编辑室编:《福建文史资料(选辑)》第1辑,福建人民出版社1962年版,第118页。
⑤ 福建省轮船总公司史志办公室编:《〈福建航运史〉资料汇编》第1辑,内部资料,1994年版,第276页。
⑥ 福州海关编:《近代福州及闽东地区社会经济概况》,华艺出版社1992年版,第243、401页。

匹以下，最大60匹。①

相对于下游来讲，闽江中游即所谓平水航线上的内河轮船运输业产生时间较晚。虽然早在1876年就有居住在福州的英国商人私造两只小轮船在福州洪山桥—水口段从事客货运输，但直到近20年后的1895年，民营轮船才开始出现在本段航线上。②此后，平水航线上的轮、汽船便纷纷出现，到1910年增加到10艘之多。③到抗战爆发前，在福州经水口至尤溪口的闽江中游平水航线上行驶的轮、汽船已多达近30艘。这些轮、汽船绝大多数是既载客又运货，乘客定额多在百人以下，载货吨数多在30吨以下。④

与中、下游一样，上游轮船航运业的产生也是西方资本主义势力入侵所致。由于水口以上的闽江河段滩濑众多，轮船一直不敢涉足其间。直到1922年才有福州英商祥泰木行在木帆船上安装蒸汽机制成"祥泰"轮船，从福州直驶南平。⑤1924年，原本在闽江上经营木帆船运输的商人

---

① 福建省轮船总公司史志办公室编：《〈福建航运史〉资料汇编》第1辑，内部资料，1994年版，第355~358页。

② 樊百川：《中国轮船航运业的兴起》，四川人民出版社1985年版，第327页。关于中游平水航线民营轮船运输业的产生，学界尚有其他观点，但均不妥。如林开明的《近代闽江轮船业始末》（福建省轮船总公司史志办1998年版，第7页）认为，在1907年，闽侯县张元奇族人张大七与人合资购置两艘蒸汽外燃机轮船"江申""江庚"号，只搭客不载货，后转让他人仍在原航线上经营。林存和的《闽江上游轮船业的过去和现在》（载《闽政月刊》1941年第8卷第4期）认为，1903年张元奇和刘步溪等利用蒸汽发动机创制4艘轮船行驶福州—水口间。吴高荣的《闽江私营轮船业小史》（见中国人民政治协商会议福建省委员会文史资料编辑室编：《福建文史资料（选辑）》第1辑，福建人民出版社1962年版，第118页）认为，1903年张元奇和刘鸿寿先合资建造轮船行驶下游福州至闽江口各地，到1907年时张、刘二人才又建造轮船航行福州—水口间。

③ 聂宝璋、朱荫贵编：《中国近代航运史资料》第2辑，中国社会科学出版社2002年版，第1018页。

④ 福建省轮船总公司史志办公室编：《〈福建航运史〉资料汇编》第1辑，内部资料，1994年版，第355~358页。

⑤ 吴高荣：《闽江私营轮船业小史》，载中国人民政治协商会议福建省委员会文史资料编辑室编《福建文史资料（选辑）》第1辑，第118页。一说时间为1918年，见林开明主编：《福建航运史（古、近代部分）》，人民交通出版社1994年版，第331页。

第四章 产权变革与近代闽江内河轮船运输业的演化

江依书和江书发兄弟因备受当时沿江土匪的骚扰、勒索,以及下游和平水轮运业务繁荣的刺激,开始试制"安宁"汽船,并成功试航福州—南平段,从而奠定了近代民营内河轮船航运业的基础。①只是因为水口以上流急滩多,故后来多以汽船取代小火轮。到1929年时,行驶上游的轮、汽船由最初的六七艘,②增加到30艘,至1934年更发展至85艘。

综上,闽江全线轮运业发展的不平衡性特点尤其突出,即下游起源虽早但发展慢,中游兴起稍晚但发展平稳,上游产生最晚却发展迅速。这一特点的形成,固然受自然地理条件的制约,但正如下文即将论述的那样,诸如技术进步、产权制度及其变革等因素却起着更为重要的作用。

二、政治寻租与内河航行权的赎买

随着外国轮船先后驶入中国沿海和长江内河,轮船的优越性也渐为国人所觉察。在官督商办的轮船招商局于1872年成立之前,虽然国人早在19世纪60年代后期即曾屡次提出兴办新式轮船航运业的要求,但均被清政府断然拒绝。③其时,只有官方轮船在内河从事官物的运输及官方人员往来,民营轮船运输业多只能采取悬挂洋旗"诡寄经营"或附股于外商公司等方法,获得在通商口岸内港行驶轮船的权力。

就福建地区来讲,曾有华商多次提出在闽江中、下游行驶轮船的请

---

① 林开明主编:《福建航运史(古、近代部分)》,人民交通出版社1994年版,第332页;林开明:《近代闽江轮船业始末》,福建省轮船总公司史志办1998年版,第8页。林存和(《闽江上游轮船业的过去和现在》,《闽政月刊》1941年第8卷第4期)认为,1919年时,江书发、江书玉和英商同昌洋行合造汽船开始作福州—南平段的处女航,他们虽在驶回淮安附近时失事,但毕竟试航成功。林存和之文虽较林开明之文为早,但据1927年时的档案资料显示(福建省轮船总公司史志办公室编:《〈福建航运史〉资料汇编》第1辑,内部资料,1994年版,第369页),上游民营轮运业确实始于1924年。

② 福建省轮船总公司史志办公室编:《〈福建航运史〉资料汇编》第1辑,内部资料,1994年版,第369页。

③ 张国辉:《关于轮船招商局产生与初期发展的几个问题》,载《经济研究》1965年第10期。

求,但均被地方政府严词拒绝。1887年的一则史料谈道:"(福州)南台大桥下抵长门一带大江,时有火船行驶,行人因其快捷争先附之。闽县人林济川见其有利可图,请于洪山桥一带仿照行事,新设火船。杨石泉制军批其禀帖云:水口以下洪山桥以上请设渡轮,垄断图利,不顾多少大小船户生计顿蹙,此事断不准行。前经呈禀,历任均经批驳有案。该民人等毋得妄生希冀,仰福建藩、臬司移行各衙门查照立案,甘结掷还。"①

可见,虽有利益集团不断游说以进行寻租活动,但地方政府始终没有开放闽江内河的轮船航行权。主要原因有二:其一,清政府的最高统治者此时仍没有出让内河轮船航行权的激励。因为地方政府知道,如果将内河航行权界定给轮船业,肯定会因损害帆船业的利益而引发更多的社会动乱。两江总督刘坤一在1891年的"严禁内河行驶小轮折"中指出,内河行驶轮船于民生、国课和地方均有窒碍,并将民生之碍列为首位。"江海通商口岸有限,洋船分民船之利,已如此其甚。内河民船更多,又皆系贫苦小民,家无恒产,专以撑驾为生。当此民困未苏,自应留此不尽利源,以为小民谋食之路。若小轮一入内河,到处通行,装运货客,随地可以起卸,是洋船行驶江海,尚系夺华船商富之利,小轮行驶内河,更占小民生计,夺利愈甚,为害益深。"②其二,由于"分配方面的冲突使政治家们面临政治风险"③,福建地方政府也不愿意冒改革的政治风险,也就缺乏修改产权的激励。

不过,事情在1895年有了转机。当年,福州一陈姓绅商出资购办一只小轮船在平水航线从事客运,并在次年又投入一艘客运小轮加入营运。④那么,制度变革的契机何在?综合分析,影响福建地方政府修改产

---

① 《申报》光绪十三年闰四月十九日。
② 〔清〕刘坤一著,陈代湘校点:《刘坤一集》第2册,岳麓书社2018年版,第174页。
③ 〔美〕加里·D.利贝卡普,陈宇东、耿勤、秦军、王志伟译:《产权的缔约分析》,中国社会科学出版社2001年版,第141页。
④ 罗肇前:《福建近代产业史》,厦门大学出版社2002年版,第88页。

权的因素主要有如下几点。首先，这是在清政府正式允许民间开办内河轮船航运业的前提下，福建地方制度变革主体和利益集团进行游说的结果。1895年签订的中日《马关条约》，使列强获得了在中国长江以外的内河"附搭行客，装运货物"的权利，[①]在此情况下，清廷乃电令各省督抚，准许"内河行小轮以杜洋轮攘利"。[②]当年，福州在职官员林庆澜以江、浙等省均已开始筹办轮船事业为由，向闽浙总督禀请包办内港小轮船公司。他在禀帖中写道，"伏思轮船之利，客商不可枚举。方今恤商、惠工诸政先后举行，内港轮船之利尤不宜因噎废食"，故准备参照已有成案，自行集资购买轮船，请政府准予开禁。[③]

其次，次级行动集团主体对制度变迁的支持。福建各级地方政府也认识到，小轮船行驶内河，极为地方利便，且系我自主之权，并且今昔情形不同，正当风气日开、讲求商务之际，应该因时制宜变通办理，予以弛禁。

再次，作为企业家创新主体而形成的初级行动团体提供的制度变迁方案，使次级行动团体即福建各级地方政府进行制度变革的政治风险大大降低。虽然地方政府也意识到轮船弛禁的必要性，但闽浙总督作为福建地方的最高统治者，还是对诸如华人在内河行驶轮船会引起洋商借口置轮争揽货物、民渡因废闲失业有妨生计以及轮船偷漏税厘影响政府税收等问题有所顾虑。对此，初级行动集团适时提出了创办章程，主要包括以下内容：1.每年认缴库平银番银一万两，按月呈缴善后局；2.暂时只载客不载货；3.轮船航行拟上游往来水口等处，下游往来坑田、龙门、崖石、琯头，长乐的犬义、乌猪等处；4.轮船经过厘卡税关，照例停轮听验，如有偷漏等弊，听官查办；5.轮船由洋关给牌列号纳钞，如有偷漏洋税，听其查办；6.因轮船行驶会使原有渡船收益减少，故轮船行

[①] 王铁崖编：《中外旧约章汇编》第1册，生活·读书·新知三联书店1957年版，第616页。
[②] [清]张之洞：《张文襄公全集·电牍》，中国书店1990年版。
[③] 《福州内港包办小轮船公司案》，载《求是报》1897年第2册，第407~410页。

驶何处即在何处船费内抽出若干，以为道主津贴，民船亦无失业之患；7.公司照价承租洋商现有的两艘轮船，以免洋人借口，此后洋商如有新购轮船入港，公司不再认租。①可见，在林庆澜所拟上述章程中的第2、4、5、6、7各条解除了地方最高统治者的后顾之忧。再加上林庆澜本人自出甘结，又有当地钱庄富商所呈保状，也使地方政府进行经济改革的政治风险降至最低。

最后，公司每年向政府交纳的巨额资金，使得处于财政困境中的地方政府直接经济收益增加。英国领事在提及这一事件时也说道，"轮船现在常川于福州与其上游60英里处的水口间。船主们为获得此项权利交付给地方官1万元。一个地方官说，这笔钱将用作对那些因之受损的木帆船船民的补偿。不过，我猜想这笔钱肯定是落入省库中了"②。因此，这笔费用固然可视作商人对政府的"报效"，③更确切地说应是商人们进行政治寻租的成本。

总之，轮船内河航行权作为一种产权无疑属于国家及地方政府，但在1895年前的产权安排下，却未能实现经济效益的增加。面对轮船业巨大潜在利益的诱惑，一些有前瞻性眼光的商人看到了改变产权安排的经济激励，并通过针对政府的游说和寻租活动而最终获得了内河轮船行驶权。1895年的这次产权变革，不但使得国家、地方政府以及轮船商人的收益均有了不同程度的增加，而且帆船业的经济损失又可以从轮船业的收益中得到补偿和增加，从而使各方均实现了帕累托最优。当然，这一制度变革，实际上使得轮船业也获得了闽江内河的航行权，并引发了与帆船业之间的一系列纠纷。

---

① 《福州内港包办小轮船公司案》，载《求是报》1897年第2册，第407~410页。

② The Parliament of the United Kingdom of Great Britain and Northern Ireland, *British Parliamentary Papers: China*, Vol.20, *Commercial Reports: Embassy and Consular Commercial Reports*, Shannon: Irish University Press, 1972, P.183.

③ 朱荫贵：《中国近代股份制企业的特点——以资金运行为中心的考察》，载《中国社会科学》2006年第5期。

三、技术进步与民营轮船运输业的发展

产权的赎买固然是闽江轮船运输业兴起的前提,但其后的飞速发展则有赖于技术进步的推动作用。闽江中游、上游轮船运输业虽已分别在1895年和1924年起步,但其获得飞速发展却是1928年以后的事情,而这主要归因于造船技术的进步和先进轮机的大量进口。

因沿江土匪肆虐,商家多不敢将货物托付帆船载运。闽江上游第一艘民营轮船是江依书和江书发兄弟二人合伙置办的。他们看到闽江中下游均有小火轮行驶,故也尝试建造小轮船。他们亲自前往香港购买机器,并在福州当地木船制造厂把船身加装铁板以遮挡土匪枪弹,把船底建成平底式,以适应上游水浅滩多的航道特点。该"安宁"号汽船经过历时数月的反复试车修理,终于在1924年秋第一次成功从福州航行至南平。上游轮船试航成功后,原本经营木帆船业务的少数有前瞻性眼光的商人也开始置办轮船航行。如航商卞日禄等人见江书发经营"安宁"汽船获利后,也将改造后的机器安装在木船上,"不及一年,获利逾倍",还发展了3艘轮船。

上游轮船改制虽获成功,但由于当时机器难购,价格也很高,轮运业的发展受到一定限制。后来,商人杨世忠于1928年在福州开办华捷进口机器代理行,大量进口轮用机件,[①]最晚到1931年时,福州本地也可自行制造汽船所用马达引擎了。[②]这样,此后闽江中上游的轮船即不但由单机艇向双机艇、三机艇发展,而且轮机也逐渐以转速快、耗油省、体积轻、成本低、功率大的柴油内燃机,取代原有以木炭、松柴为燃料的蒸汽外燃机和以煤、汽油为燃料的内燃机。发动机马力由轮船初创时的36匹,增加至后来的100匹,航行速度由初创时每小时15里,提高到以

---

① 福建省轮船总公司史志办公室编:《〈福建航运史〉资料汇编》第1辑,内部资料,1994年版,第361~362页。
② 福州海关编:《近代福州及闽东地区社会经济概况》,华艺出版社1992年版,第435页。

后的每小时30里，载客人数和吨位也分别由最初的20人、18吨，增加至后来的150人、80吨。①

全面抗战爆发后，轮船燃料来源困难，轮运业的发展逐渐陷入困境。此时，成功试制出上游第一艘轮船的江书发受汽车用木炭代替汽油作燃料的启发，改造被淘汰煤汽油内燃机的电机和输油系统，将木炭炉安装在轮船上，用木炭和茶油代替柴油和机油，成功创造出木炭瓦斯机轮船。在他的带动下，轮机仿制者相继增多。到1940年时，闽江轮船内燃机改装为木炭机的已占内燃机总数的80%。②轮机改造的成功，使闽江各线轮船即使在艰难的全面抗战时期，仍然能够维持水路交通运输不致间断。

可见，如果没有江书发等人试制平底机动船，上游轮船运输业的起步肯定要滞后；没有江书发创制木炭瓦斯机，全面抗战时期的水路运输业必然会受到重创。因此，在近代闽江轮船运输业的发展过程中，民营企业家不但不缺乏熊彼特所谓的"企业家创新精神"③，而且还将企业家精神配置到创新等生产性活动上，从而促进了经济增长。④

当然，从经济学理论来讲，由于"搭便车"行为的存在，江书发肯定会知道，如果他成功制造出轮船，别人也会跟随仿制，从而使发明创造的成本由他独自负担，但经济收益却为众人共享。而后来的事实也证明，闽江上游轮船的增多也确实导致轮船商平均收益的减少。如1924年时，自福州至南平的船费为10元/人，到1925年则降为6元~8元/人。⑤一个可能的解释是，江书发因最早创制轮船和改装轮机而获得的纯收益，要大大多于后来模仿者获得的收益。

以上游汽船初兴时的1924年为例，当时汽船小者载10余人，大者

---

① 林存和：《闽江上游轮船业的过去和现在》，《闽政月刊》1941年第8卷第4期。
② 福建省轮船总公司史志办编：《福建水运志》，人民交通出版社1997年版，第142页。
③ [美]约瑟夫·熊彼特著，何畏、易家详等译：《经济发展理论——对于利润、资本、信贷、利息和经济周期的考察》，商务印书馆1990年版，第73~74页。
④ Baumol W.J., "Entrepreneurship: Productive, Unproductive, and Destructive", *Journal of Political Economy*, Vol.98, No.5, 1990.
⑤ 《闽江上游汽船业之近况》，载《经济半月刊》1928年第2卷第5期。

载60人左右,价值最高3000元以上,最低2000元以下,其中江书发的"安宁"号汽船时价为3500余元。以福州—南平间的客运为例,轮船上下行需时分别为2日和1日,每人所需船费分别为10元和5元。① 如以每船载客20人计,3日往返一次,一次船费收入300元,数月之间即可获得丰厚回报;即使去除每次向当地沿途土匪交饷的30元,② 利润仍然相当可观。这还没有考虑轮船拖带帆船的收入(每艘十余元,最多可拖带36艘),以及当时轮船稀少、经常超载的情况。前述卞日禄能够在不到一年的时间里增加3艘轮船,足以说明上游轮船初兴时的收益是何其丰厚。即使在轮船数量急剧增加的时期,轮船运输获利也相当大,详情请参见下表:

表4.1 1930年闽江平水和上游部分航线汽船概况表

船名	航行日程(日)		航行地点	速率(里/小时)		舱位(个)	上水客运价(元)	
	上水	下水		上水	下水		房舱	统舱
飞鸾	1	0.5	水口	20	30	80	3	2
海康	1	0.5	水口	20	30	50	3	2
建川	1	0.5	水口	20	40	100	3	2
宝龙	1	0.5	水口	20	40	100	3	2
协兴	2	1	谷口	20	30	50	4	3
建承	2	1	谷口	30	40	50	4	3
建泰	2	1	谷口	30	40	50	4	3

---

① 《福州航业之调查》,载《中外经济周刊》1925年第143期。
② 福建省轮船总公司史志办公室编:《〈福建航运史〉资料汇编》第1辑,内部资料,1994年版,第367页。

续表

船名	航行日程（日）		航行地点	速率（里/小时）		舱位（个）	上水客运价（元）	
	上水	下水		上水	下水		房舱	统舱
捷胜	2	1	谷口	30	40	40	4	3
建平	2	1	谷口	30	40	50	4	3
建华	2	1	谷口	30	40	50	4	3
连兴	3	2	南平	20	40	100	6.5	5.5
联安	3	2	南平	20	40	100	6.5	5.5
捷龙	3	2	南平	20	30	70	6.5	5.5
万安	3	2	南平	20	30	60	6.5	5.5
万顺	3	2	南平	20	30	70	6.5	5.5
华通	5	3	建瓯	30	40	100	10	9
建兴	5	3	建瓯	30	40	50	10	9
长安	5	3	建瓯	30	40	50	10	9
福星	5	3	建瓯	20	40	70	10	9
福康	5	3	建瓯	20	40	100	10	9
常安	5	3	建瓯	20	30	50	10	9
太平	5	3	建瓯	20	30	100	10	9
建安	5	3	建瓯	20	40	100	10	9
捷铭	5	3	建瓯	20	40	50	10	9
福兴	5	3	建瓯	20	40	45	10	9
义诚	5	3	建瓯	30	40	70	10	9

续表

船名	航行日程（日）		航行地点	速率（里/小时）		舱位（个）	上水客运价（元）	
	上水	下水		上水	下水		房舱	统舱
康安	5	3	建瓯	20	30	60	10	9
惠安	5	3	建瓯	20	30	70	10	9
捷凤	3	4	沙县	20	30	60	10	9
捷裕	3	4	沙县	20	30	60	10	9
振兴	3	4	沙县	30	40	70	10	9
捷永	3	4	沙县	30	40	60	10	9
沙安	3	4	沙县	20	30	50	10	9
新康	3	4	沙县	20	30	80	10	9

资料来源： 铁道部财务司调查科编：《京粤线福建段福州市县经济调查报告书》，1933年版，第50～53页。

说明： 下水客运价格一般较上水价格减半。

第二节 轮船运输权和码头使用权的争夺

中国近代内河轮船运输业的发展，实际上是内河航运业产权的重新界定和明晰化过程。这种"体制内的革命"是一个伴随着利益再分配而发生的从模糊状态渐趋明晰化的过程，因而容易引起有争议、激烈的，甚至是暴力性的控制竞争。① 尽管其间充满了激烈的斗争和利益的博弈，

---

① ［南］斯韦托扎尔·平乔维奇著，蒋琳琦译：《产权经济学——一种关于比较体制的理论》，经济科学出版社1999年版，第177页。

但毕竟它代表着一种进步的趋势，而且这种进步性不仅仅表现在先进生产力代替落后生产力方面，更表现在中国近代化在制度变革中的方向性上。闽江轮船运输业的产生与发展，便经历了这样一个曲折的过程。

一、集体行动与轮船载货权的获取

在轮船驶入闽江内河之前，闽江的水上客、货运输完全依赖木帆船。根据产权先占先得原则，闽江航运的运输产权也事实上为木帆船业主所占有，而且这种占有也是以木帆船业主向地方政府交纳船照费、船捐等形式赎买而来的。清末以来，当轮船业主也获得了作为国家公共资源的闽江内河航运权后，便面临着与木帆船业主利益集团的直接冲突。只是由于最初闽江中上游航线上的小火轮和汽船，只载客不载货，[①]故不存在与木帆船争夺货源的情况。在帆船与轮船客运价格相差较大的情况下，人们一般多倾向于乘坐帆船。以1924年为例，轮船由福州上水至南平每人船费大洋10元，而民船上行仅需4元，下行甚至免费。[②]有时轮、汽船也会拖带由马尾赴福州省城的鲜鱼船、由福州运木出口的宁波船，以及由福州至水口上行的载货帆船，但这对双方来讲都属于帕累托最优的制度安排：轮船因拖带获得收益，而帆船也减轻了航行时的困难。

随着轮船数量的增加，以及轮船供过于求局面的形成，轮船业主之间不但为争夺客源而相互摔价，以致客运价格逐年低落，而且还开始介入货运业务，导致轮、帆船货运价格比出现逆转。例如，1928年时，由福州运货至南平的帆船运价为平均每百斤1元左右，而轮船运价为贵重货物每百斤400文，粗笨货物每百斤200文。而且轮船运输更为迅速，

---

① 据笔者目前经见史料，至少到1925年时，闽江上游的轮、汽船仍然只载客不运货。
② 《福州航业之调查》，载《中外经济周刊》1925年第143期。

普通轮船由福州经南平至建瓯仅需3日,帆船则需20日左右。①这样,帆船货运业务不断为轮船所夺,双方的冲突不可避免。只是一开始这种冲突是潜在、断续和局部的,而随着内河轮船运输航线的不断开辟,二者的冲突也愈演愈烈,并持续了十年之久。

就目前史料所及,②闽江上游轮船运输业和帆船运输业之间的正式冲突爆发于1927年。③首先发难的是帆船业主,他们认为:1.汽船行驶横冲直撞阻塞航道,波及溪船以致倾覆;2.闽江航道濑险滩多,汽船船身广大,屡次失险;3.汽船运货使溪船生计受困,以致数十万船民无以为生。④1927年12月7日,在国民党福建省党部筹备委员会批准和支持下,"上游各属溪船业务整理委员会"在福州苍霞洲美打道的一艘帆船上设立办事处,并禁止一切帆船为轮、汽船盘驳货物。轮、汽船无论是上水载货,还是下水起卸,均被"溪河江船员总公会"工人纠察队出面阻止,并于14日将违例为轮船盘载货物的驳船拖去斩锯示众。轮船生意因此顿时陷入萧条。20日,福州商民协会汽船公会、溪商长远堂81家行商代表林本明等,转而向福建省政府和建设厅呈控建溪河江船员总公会和建瓯船民分会阻止轮船航行的行为,并恳请制止。28日,建设厅即令水上公安局转饬上游各水警分驻所和建瓯、南平二县县长查办,并派警严行禁止溪船船工再生事端。由于建瓯、南平所在的闽北大部分均系当时国民革命军新编第一独立师卢兴邦部的势力范围,故汽船商除了向

---

①《福州航业之调查》,《中外经济周刊》1925年第143期。算上沿途多次停泊时间,轮船由福州经南平至建瓯需3日,帆船则需20日左右;由福州运货至南平,1925年时帆船运价为平均每百斤1元左右,而1928年时轮船运价为贵重货物每百斤400文,粗笨货物每百斤200文。

②如无特别注明,下述史料均出自福建省轮船总公司史志办公室编:《〈福建航运史〉资料汇编》第1辑,内部资料,1994年版,第368~372页。

③吴高荣(《闽江私营轮船业小史》,见中国人民政治协商会议福建省委员会文史资料编辑室编:《福建文史资料(选辑)》第1辑,福建人民出版社1962年版,第121~122页)认为双方斗争始于1928年;省党政联席审查会议指定,下水的茶、笋、纸和上行的煤油、面粉及食盐由木帆业专运。又林开明(《近代闽江轮船业始末》,福建省轮船总公司史志办1998年版,第22页)认为,帆船专运货物为米、盐、茶、糖、面粉和煤油。以上说法均不当。

④福建省档案馆藏,全宗号36-1-39。

各机关请愿,更是请求卢部出面干涉,令当地驻防军队严拿究办阻止汽船航行的行为。对此,溪船公会仍旧请求国民党福建省党部筹备委员会主持公道。在1928年1月17日给省党部的呈文中,他们认为自己的行为本于汽船毫无妨碍,纯系以"本帮之公规,处本帮之船",并呈诉汽船商以及福建省建设厅和第一师压迫工人的行为。省党部将此函转交建设厅,并要求予以答复。30日,福建省建设厅批复认为,"上游各属溪船业务整理委员会"的行为显然越轨,以后不能再滋事端。其后,汽船商分会又向福建省防司令呈诉,要求解散溪河江工会纠察队,并转呈至福建农工厅。农工厅提出,"为补救溪河工人失业计,可否缩小汽船舱位及平分货品载运"?后来,4月11日召开的省政府委员会临时会议讨论后否定了此议,只要求农工厅"将溪运粗细货品详查列表,分别应归汽船或溪船运载,以示限制而资维持"①。在党、政、军各方的斡旋下,福建航商商民协会汽船商分会和溪河江船员总工会双方代表和解,并初步达成了如下2项主要协议:1.盐、米归帆船专运,汽船永不得载运;2.汽船照旧之重量载运以七成为限,并将汽船限制为现有的32艘,以后不得增加,如有新造,上游各属溪河江总会暨汽船商务分会等合同严行制止,船牌号另列。②该和解条约后经5月11日的省政府委员会临时会议批准实施。③

不过,汽船商并未切实遵行该协议,不但一年后汽船的数量增加至七八十艘,而且还突破了一万斤的限载,以致溢载至数万斤,甚至还偷运盐、米。这引起了木帆船业主的强烈反对。1929年1月13日,建瓯、洋口、沙县、永泰、江西、闽清等地船员代表以汽船屡有失事为由,向福建省建设厅呈控。在这份"上游数万船民泣告书"中,帆船商强烈谴责"各汽船主均无人道主义,不具天良,兜揽粗细货品,以致时常失

---

① 《福建省政府公报》1928年第28期。
② 《福建建设厅月刊》1928年第2卷第5期。
③ 《福建省政府公报》1928年第42期。

第四章
产权变革与近代闽江内河轮船运输业的演化

慎",而主张"绝对的汽船应当载客,不得装货"。①换言之,帆船商对汽船商的载客权并无异议,唯独强烈反对汽船的载货权。4月9日,福建上游各属船员工友又向更高一级的国民政府行政院工商部控告汽船商违约,以及福建水上公安局偏袒汽船商的行为。在这种情况下,福建省建设厅约谈了双方代表,并提出了裁定意见,其核心内容是:1.除了原约盐、米,下水货如纸,上水货如洋油、洋粉、洋糖冰等货,专归帆船运载,其余百货及旅客行李听凭汽船自便,帆船亦不限汽船之艘数及其运载之重量;2.仲裁规章有效期暂以两年为限,但如经双方同意,可酌情予以延长。②

然而,双方仍对这一裁定不满。一方面,溪船代表认为建设厅关于帆船汽船纠纷的解决不合理。一是,帆船专运货物太少,要求增加下水货中的茶和笋;即使不能增加,也应以下水货之茶叶代替上水货之洋油。二是,两年期限不合理,应以十年为限。③另一方面,汽船公会也对限制货物运输的条款表示了不满,因为能够获利的大宗货物运输权都被帆船业所垄断了。尽管如此,福建省政府还是于当年11月16日正式公布了经党、政、军联合审查会议制定的仲裁规章,并要求各方切实遵行。不过,由于这一仲裁章程的核心内容与前述裁定结果并无根本区别,从而不但未能令纠纷双方满意,还引起了部分货物托运商的不满。例如,茶叶运输权就没有明确地界定给纠纷的任何一方。由于汽船在运输的安全性和迅速性方面具有帆船无可比拟的优势,茶商一般多会选择汽船承运茶叶。因此,溪船公会控告汽船商揽载茶叶,以致溪船生路断绝的事件时有发生,④而汽船公会控告县党部限制汽船运茶的投诉也屡见不鲜。⑤此外,由于帆船业主多方限制商人雇佣汽船运载茶叶,福州和闽

---

① 福建省档案馆藏,全宗号36-1-39。
② 福建省档案馆藏,全宗号36-1-39。
③ 福建省档案馆藏,全宗号36-1-39。
④ 福建省档案馆藏,全宗号36-1-39。
⑤ 福建省档案馆藏,全宗号36-1-39。

北各地的茶商公会也多次呈请建设厅制止此类事件,要求"嗣后装载茶叶,听凭茶商之便,随时自由雇船,不得挟制"①。

1932年,上述仲裁规章规定的两年有效期限已满,经省政府讨论并请示国民政府,决定展限一年,并于展延期内责成上游各属帆船团体设立职业指导所,指导帆船船员逐渐改营其他职业,或集聚薄小资本购置汽船,组织运输合作社,以使帆船船员逐渐改营汽船。②从1934年4月初旬起,行驶闽江的帆船和汽船再度发生争载风潮。当时的《申报》载:"帆船船员工会,凡遇汽船由上游运茶、纸、笋来省,及由省会运米、粉、盐前往上游者,均在洪山、水口两处将船只扣留,货物抢去,致汽船无货可运,陷于停业状态。虽经各商帮呈党政当局,以汽船运货,比较帆船实为费廉,而驶行迅速,且可减少匪劫及触礁危险,请准商家自由运载等情,卒以帆船工友态度强硬,迄今相持月余,未能解决。闽北至省会交通,为之停滞,商家损失更为不赀。最近由建设厅出面调停,以茶叶与笋干两项,有赶市与霉烂关系,应归汽船运载,余仍归帆船运载,以示调剂。讵帆船业仍不赞成。本月八日,有永和汽船,由建瓯运载头春茶二百余箱(每箱值二百余元),停泊三保道头,被帆船船员工会委员陈本清查悉,率同船员数十人赶至,将船上机器尽行拆除,货物倾入江中,船主被殴重伤,然后散去。沿途并声言,如其他汽船再敢偷运,即以此为榜样。受伤船主经船伙舁往日本博爱医院疗治,至晚身死。九日,汽船公会与茶叶商帮均行开会,讨论对付办法。汽船公会以帆船业如此蛮横,官厅迄无解决办法,决组织武装团体自卫,帆船船员如敢再来干涉,即以武力抵抗。"③5月,省建设厅又商定仲裁办法3条,并且规定仲裁规章截至本年10月底止,不再延长。11月,该仲裁办法到期,福建省党部又会同省政府商订暂行办法,并令永泰、建瓯、顺

---

① 福建省档案馆藏,全宗号36-1-39。
② 福建省档案馆藏,全宗号36-1-39。
③《申报》1934年5月15日。

昌、沙县、南平、闽清、尤溪、古田、将乐、建阳各县县长派警以布告的形式四处张贴。该裁定兼顾帆船、汽船双方营业利益,规定"上、下水划定米一项,上水划定盐一项,下水划定纸一项,归民船专载,其他货件,民船、汽船自由运载"①。1936年,鉴于最初的仲裁规章已经延长3次,实行达7年之久,闽江上游汽船股东叶纪让等呈请国民党中央执行委员会民众训练部,要求废止原仲裁章程。国民党中央民众训练部便函请福建省党部会同省政府另筹可以根本解决问题的妥善办法,但省党部表示实难另筹办法,仍照原定之暂行办法办理。②

全面抗战爆发后,福建省政府认为非常时期的盐、米等运输关系军食、民食至重,必须允许汽船运载,以免贻误军需。1937年9月14日,福建省政府函请省党部停止1934年11月间党政双方所订暂行办法,并请其转饬闽江上游帆船、汽船各团体切实遵行。16日,省党部回函同意省政府的建议。至此,闽江中、上游各线轮、汽船才最终完全获得了各项货物的运输权。

总之,通过上面的论述大致可以看出,尽管帆船运输业与轮船运输业之间的冲突经历了多次反复,但博弈双方的行为模式都是极其相似的。双方都成立了同业组织,并以之作为与对方进行斗争的载体。更重要的是,为了增强在竞争中的优势,双方都寻求第三方——尤其是国家力量的支持。北伐战争甫一结束,福建省国民党系统即急切寻求群众基础以增强其政治统治合法性。由于民众公会团体的成立需经国民党组织审批,故而不但帆船船员公会是在福建省党部筹备处的支持下成立的,而且后者也实际上成为帆船业的代言人。对此,轮船业则向福建省政府和建设厅寻求政治支持,而新式工、矿和交通运输业的飞速发展正是省建设厅孜孜以求的目标。同时,由于上游轮船的营业区域主要在闽北地区,轮船商还通过拉拢国民革命军新编第一独立师卢兴邦部而获得了当

---

① 《福建省政府公报》1934年第441期。
② 《中央民众训练部公报》1936年第3期。

地驻军的支持。因此,帆船和轮船运输业的纠纷在一定程度上也是国民政府前期福建省党、政、军势力冲突的缩影。

大致看来,轮船业在这场竞争中稍占上风,原因除了轮船行驶时所具有的安全、迅捷等优势,首先在于轮船同业组织的存在及较强的集体行动能力。一方面,从事轮船运输业务的人数远少于帆船运输业的人数,从而更易于形成规模适中的、强有力的集体行动团体,减少了产生"搭便车"行为的可能性。另一方面,由于预期到经营轮船所获得的丰厚回报,轮船商的集体行动有更强的经济激励。而且,轮船商的经济实力远强于帆船商,从而可以为实现经济寻租提供强有力的支持。当然,不可否认,不同地区的轮船业之间,甚至同一区域不同轮船业主之间也存在竞争,①但在一致对抗帆船业上,其态度则是明确和坚定的。

相对轮船业来讲,帆船业的劣势就十分明显了。虽然帆船业中也有"帮"的组织,②从而能够形成适宜规模的利益集团,并进行游说活动,但由于从事帆船运输的人数众多,难以形成小集团,而"集团越是大,分享收益的人越是多,为实现集体利益而进行活动的个人分享份额就越小。所以,在严格坚持经济学关于人及其行为的假定条件下,经济人或理性人都不会为集团的共同利益采取行动"③。当然,这种理论上的推理经不起现实的推敲,恰恰相反,正是人数庞大的帆船业群体首先采取了集体行动,并挑起了这场冲突。尽管如此,帆船业群体的集体行动却面临如下诸多困境:帆船业是否意识到自身的利益受到轮船业的侵害是其是否会采取集体行动的前提。正如学人所指出的那样,从日益受到

---

① 如1935年时,闽江上游汽船业公会即以"本会与(福州)轮船业公会区域不同,业务互异"为由,向福建省建设厅呈诉二者无合并可能,并最后获得交通部的认可而仅更名为"闽江上游轮船业同业公会"。见《交通公报》1936年第809期。

② 福建省政府:《福建省之交通》,1939年版,第21页。

③ [美]曼瑟尔·奥尔森著,陈郁、郭宇峰、李崇新译:《集体行动的逻辑》,生活·读书·新知三联书店上海分店、上海人民出版社1995年版,第5页。

重视的建构主义研究范式来讲，①诸如分配或交换不平等、公共物品问题等社会问题本身并不必然引起集体行动，只有当社会问题被人们感知并赋予意义时才会成为问题。②换言之，侵权事实本身不会成为集体行动得以发生的前提，除非它被人们所发现和理解。不过，即使帆船业意识到自己的权益受到了侵害，但因群体的经济实力弱，导致进行游说和政治寻租的力度弱。与沿海海口的置船之户"皆系富商巨贾"不同，内河帆船从业者"皆系贫苦小民，家无恒产，专以撑驾为生"③，纯属以谋生为目的的个体家庭经营。即使并非完全如此，但因区域性帆船团体对轮船业团体的不同态度，削弱了前者进行集体行动的能力。轮船对不同地区帆船的排挤程度不同，在轮船无法行驶的地方，该地帆船公会因考虑到集体行动的成本而一般不会参与抵制行动，或者即使参与也不积极。如以占闽江流域帆船数量几达十分之一的雀船为例，它们吃水仅1尺，主要航行于邵武、光泽、泰宁等汽船和大帆船所不能至的浅水区域。轮船只会侵蚀行驶在闽江干流上的大型帆船的货运业务，对这些小型帆船不仅不会排挤，反而会因轮船运输量的增加而为小型帆船提供更多的贸易机会。④因此，帆船同业公会内部的分化，无疑削弱了该团体集体行动的能力。即使整个区域帆船业的利益一致，但帆船业进行集体行动时的经济激励却相对较弱。即使帆船业的激励程度足够强，但面临制裁或强制等负面的"选择性激励"，反而会使帆船业出现阵前倒戈的可能。一个明显的事实是，自轮船出现以来，帆船业主改营轮船者层出不穷，而由轮船业改营帆船者几乎未见。如闽江上游的汽船职工多数是从帆船业改营汽船者，⑤而闽江中游沿江各地的工商业者也与本地木帆船船民合作经

---

① 曾鹏、罗观翠：《集体行动何以可能？——关于集体行动动力机制的文献综述》，载《开放时代》2006年第1期。
② Bert Klandermans, Dirk Oegema, "Potentials, Networks, Motivations, and Barriers: Steps Towards Participation in Social Movements", *American Sociological Review*, Vol. 52, No. 4, 1987.
③〔清〕刘坤一著，陈代湘校点：《刘坤一集》第2册，岳麓书社2018年版，第174页。
④ 铁道部财务司调查科编：《京粤线福建段福州市县经济调查报告书》，1933年版，第46页。
⑤ 福建省档案馆藏，全宗号36-6-500，第2宗。

营轮船业。①

其次,其他非利益团体——尤其是地方精英或政府官员——对轮船的投资,使轮船业主获得了政治上的支持,也增加了轮船业集体的社会资本存量。如不但实力雄厚的商人因经营轮船既能获利,又方便运输自己的货物而投资轮船业,②而且地方族长、县长、报社主笔及地方驻军军官均先后涉足轮船业,成为投资者。③当然,有些有势力的投资者并没有主动投资轮船业,但当轮船同业公会为拉拢他们而主动赠送股份或分红时,④他们的立场已经发生了事实上的转变。

再次,社会舆论也对轮船业更有利。达尔文进化论思想输入中国后,逐渐被越来越多的中国人所接受,到五四运动前后便已成为国人观察、认识和改造世界的理论工具,进而演变成一种内在、自觉和基本的观念。⑤因此,"进化"二字就成了轮船业申诉自己主张的思想武器和抵制不利舆论的挡箭牌。1927年12月,福州部分商家指控溪河江船工会工人阻止汽船行驶的申诉书指出:"天下岂有人能进化,而率众必阻退化乎?人能刷新,而强制必使守旧乎?"地方政府机关也认为,"内河行驶汽船,载运客货,为便利交通,振兴商业之举,虽与原有溪船船工生计,不无妨碍,然衡以进化原理,事属无可避免"⑥。

最后,战争的作用也不可忽视。自轮船与帆船载货权纠纷产生之初至全面抗战爆发前,轮船业主虽然经过十年不间断的游说和抗争,但始

---

①林开明:《近代闽江轮船业始末》,福建省轮船总公司史志办1998年版,第13页。

②林耀华著,庄孔韶、林余成译:《金翼:中国家族制度的社会学研究》,生活·读书·新知三联书店1989年版,第188~189页。

③林开明:《近代闽江轮船业始末》,福建省轮船总公司史志办1998年版,第12页。

④吴高荣:《闽江私营轮船业小史》,见中国人民政治协商会议福建省委员会文史资料编辑室编:《福建文史资料(选辑)》第1辑,福建人民出版社1962年版,第122页。

⑤赵璐:《论中国近代进化论发展的四个时期》,载《社会科学家》2009年第2期,第34页。

⑥福建省轮船总公司史志办公室编:《〈福建航运史〉资料汇编》第1辑,内部资料,1994年版,第369~370页。

终没有获得米和盐的运输权,反而是在战时体制下才获得成功。可见,恰恰是战争最终促使制度变迁的完成。这与诺思所揭示的制度变迁往往发生在"大危机"时期的观点不谋而合。①不过,本案例中全面抗战的发生时间并非是制度变革的关键时期,因此,在轮船业所争取完全的航运权过程中,"大危机"所带来的催化作用较小。同时,这也说明,制度变迁更可能是演化过程中的"渐进式变迁"与非连续性的"革命式变迁"的糅合。②

当然,上述关于载货权的纷争并不是孤立的个案。在上游轮、木船发生冲突后不久,连江县琯头帆船业也向轮运业发难。1928年春间,琯头的帆船帮向福建省政府呈请,要求禁止轮船在琯头装卸客货。由于在清代闽海关常关便已准许轮船商在该处装卸客货,故常安轮船公司便函请上海航业公会转呈交通部,要求福建省政府仍准许轮船在琯头埠装卸客货。③只是最后的结果如何,史无明文,不得而知。

二、地方习惯与码头停靠权的争夺

学界普遍认为,"习惯法乃是这样一套地方性规范,它是在乡民长期的生活与劳作过程中逐渐形成;它被用来分配乡民之间的权利、义务,调整和解决了他们之间的利益冲突,并且主要在一套关系网络中被予以实施"④。进而有学者认为,习惯法的广泛运用是晚期中华帝国经济大力扩张并维持庞大规模的人口的主要原因之一。⑤但下文对有关闽江下游航运习惯的初步研究表明,习惯法对经济发展的阻碍作用在20世纪

---

① 刘和旺:《诺思的制度与经济绩效理论研究——兼与马克思制度分析之比较》,中国经济出版社2010年版,第230页。
② 黄少安主编:《制度经济学》,高等教育出版社2008年版,第113~114页。
③ 《航业月刊》1928年第2卷第5期。
④ 梁治平:《清代习惯法:社会与国家》,中国政法大学出版社1996年版,第1页。
⑤ 拉蒙·迈耶斯:《晚期中华帝国的习惯法、市场和资源交易》,见盛洪主编:《现代制度经济学》上卷,北京大学出版社2003年版,第323页。

40年代依然顽强存在。

闽江在进入下游自淮安分流后,由于地质、地形、水流以及河口三角洲等因素,南港进水量和进沙量都较北港为多,泥沙沉积量也大,河漫滩、江心洲发育普遍。①这里沟河交错、水港相通、湖塘密布、河浦纵横,形成弯曲迂回、交错纵横的水文系统。为了方便人们的载客、运货、捕鱼及其他一系列日常生产生活事务,当地宗族建设了众多的渡口和码头,并作为宗族公产由宗族负责管理。②据郑振满等人的研究,福州盆地优越的自然条件和发达的商品经济,使得该地宗族大聚落十分发达。在清末福州东南部的闽县,聚居千户以上的族姓比比皆是,而聚居达数百户的族姓已被视为"杂居""散处"。明清以来,随着经济、社会资源与人口之间矛盾的加剧,宗族之间争夺田地、水利、码头、港湾、桥渡等族产的械斗一直占据了宗族械斗量的很大一部分,在平原地区更为突出。③这一历史现实的存在,使得下游的轮船运输业几乎为当地的强宗大族所垄断,形成了与中、上游相对自由竞争市场完全不同的垄断竞争市场。

在20世纪30年代福建省政府在福州港台江区大规模建设新式码头之前,船只卸载客货都是沿用前代遗留下来的斜坡驳岸和旧式道头。这些道头多属石砌或砖木结构,吃水浅、岸线短、设备简陋,最初纯粹是为靠泊渡船和帆船所用。④由于许多上、下水码头均有业契,或是由当地宗族集资兴建,或是递年向政府纳粮纳税。因此,当其他主体向该税渡或税道要求使用权时,道头主均有向在该码头停泊的客货船只征收道头

---

① 林观得:《福州盆地闽江河谷的发展和变化》,载《福建师范学院学报(自然科学版)》1956年第2期。

② 民国《长乐县志》卷五《水利》,见《中国地方志集成·福建府县志辑》第21册,上海书店出版社2000年版,第59~61页。

③ 郑振满:《明清福建家族组织与社会变迁》,湖南教育出版社1992年版,第156页;罗庆泗:《明清福建沿海的宗族械斗》,载《福建师范大学学报(哲学社会科学版)》2000年第1期。

④ 陈汉成:《福州港区古今谈》,载《炎黄纵横》2008年第7期。

楔和要求免费乘船的习惯。①

在中、下游轮船兴起后，由于地理位置和交通习惯的影响，以及轮船"必须在民船贸易常用之码头起货下货"的规定，②原有道头自然成为轮船停泊的必然选择，并由业主收取道头租。如光绪年间，林庆澜小轮公司在行驶福州—长乐航线时，即曾向当地埠头主承租龙门埠头以停泊轮船。③连江县小埕道头系由邱姓全族集资十余万元改砌成石道，往来该地的轮船均需向该宗族承租该道头，递年交纳租金。④闽侯县林浦乡林姓宗族本在连江县置有"税渡道头"，1918年时因有数只小轮船在该渡口停泊却不纳租而引起诉讼，后经各级法院判定所有权归林姓所有，"仍旧报粮纳税管业行驶，被告人不得侵害"⑤。

当然，轮船公司也可另行觅址新建道头，但只能选择远离旧有道头之处，否则也会遭到原业主的抵制。比如，1935年时"泰安"轮船船主在闽县赤砂乡土地尾新建道头以便停泊轮船，但此举遭到了"江丁"轮船船主朱聿基的反对，并以泰安轮新设道头距"江丁"轮旧有道头过近为由向福建省政府提起诉讼。⑥甚至在1944年闽江全线轮船业完全被官僚资本家所掌握和垄断后，这种地方习惯依然在与国家强权的抗衡中得以维持。虽然福建省政府屡次明令彻底革除把持道头的恶习，⑦但在地方宗族势力强大的闽县尚干乡和长乐县坑田、洋门等地都发生过因征收道

---

① 福建省轮船总公司史志办公室编：《〈福建航运史〉资料汇编》第1辑，内部资料，1994年版，第629页。
② 聂宝璋、朱荫贵编：《中国近代航运史资料》第2辑，中国社会科学出版社2002年版，第1398页。
③ 民国《长乐县志》卷五《水利》，见《中国地方志集成·福建府县志辑》第21册，上海书店出版社2000年版，第61页。
④ 福建省轮船总公司史志办公室编：《〈福建航运史〉资料汇编》第1辑，内部资料，1994年版，第628页。
⑤ 福建省轮船总公司史志办公室编：《〈福建航运史〉资料汇编》第1辑，内部资料，1994年版，第368页。
⑥《福建省政府公报》1935年第459期。
⑦ 福建省档案馆：全宗号36-13-2490，第1宗。

头穢和当地乡人免费乘船而引发的大规模冲突。1944年9月，下游轮船公司"福长"轮试行福州—尚干线时被当地乡民围攻，船员被殴，轮船被迫折断锚链驶返福州；行驶福州—（长乐县）洋门线的轮船，也因当地乡民要求免费乘船和勒收道头穢而被迫空船回航，一个月后复航时，也不得不请求政府派警随轮保护。①1945年9月，尚干乡浦里保乡民数十人前后两次强行登上闽江下游轮船公司的轮船，抢去船票款1万余元。公司被迫与当地人签订契约，约定公司有新建码头之权，但在未建筑码头之前，暂以每月法币500元的价格承租当地的码头，而当地乡人则不得无票免费乘轮或要求退票。②1947年11月，前述连江县小埕乡邱姓族长邱贞润以本族所建道头"递年完纳赋税，历有年所"为由，向福建省政府呈请，饬令闽江下游公司轮船停靠小埕道头时，也要按照尚干和坑田等处办法照常纳租，不能恃势压迫。③

除了福州地方习惯中有关码头产权的规定与国家正式法律相抵牾，闽江下游的航运权也是一种残缺的产权。本来河流作为一种公共资源，人们可以自由申请航线置船航行，但闽江下游轮船运输业却普遍存在着"船底权"与"船面权"相分离的陈年旧习，前者在事实上拥有轮船，后者则在事实上拥有航线。这样，由于轮船的支配所有权和自由航行权相分离，"有船者因无航线不得行驶，有航线者又无船可驶"，所以，"有船无线"者只好将船只出租于人，没有改良船只设备的激励，而"有线无船"者要么无力购置新船，要么因资本微薄，一旦亏蚀即变卖工具设备，根本不可能添造新船。即使少数拥有完整产权的轮船企业，当遇到营业亏损或天灾人祸时，也往往只将船只出卖，而航线权仍然保

---

① 福建省轮船总公司史志办公室编：《〈福建航运史〉资料汇编》第1辑，内部资料，1994年版，第367~368页。
② 福建省轮船总公司史志办公室编：《〈福建航运史〉资料汇编》第1辑，内部资料，1994年版，第629页。
③ 福建省轮船总公司史志办公室编：《〈福建航运史〉资料汇编》第1辑，内部资料，1994年版，第628页。

第四章 产权变革与近代闽江内河轮船运输业的演化

留，其他人不能染指，从而愈发演变成一种"有线无船，有船无线"的怪现象。①总之，地方习惯中航线权的排他性和不完整性，决定了虽然理论上人人均可购买轮船，但并非人人都可在某一航线行驶。

类似的纠纷也出现在中游平水河段，姑且以水口帮渡船代表与永泰县正兴轮公司代表争讼航权及道头案为例。"水口至南台沿江各处，旧有道头十余座，渡船二十二艘，按日往来，载送旅客收取载资。按年在县署完纳渡税银九两三钱五分，又完洪山桥小帮道头税银一两二钱四分，粮挂郭世煌等二十二户，由来已久。" 1895年，英商太兴、大兴、冰厂三公司先后各置小轮船数艘在该航线行驶载客。各渡船以生意被占群起反对，而轮船更因无码头可泊，盘驳又受种种刁难，不得已而向渡船代表约定年纳稞租千余元，方才取得行轮载客的权利。1922年，林晓航等人购置"信宝"等轮船，组织公司，并呈经水警厅核准立案给示，在该航线驶行载客。1923年3月，该公司又向财政厅承买洪山桥白面道和朝江厝地合关作为轮船道头上下客货。这同样引起原渡船人员的反对，双方的争讼一直持续到1928年。②

综上，国家对地方习惯中有关码头和航线的规定大致经历了晚清及以前的遵守，到民国前期的认可，最后到20纪40年代后期的否定的过程。演变的原因除了不同时期国家与社会的力量对比的不同，更重要的是地方习惯侵蚀了国家利益。如果说旧"社会"是地方习惯的代言人，那么新"国家"就是正式法律的生产者。当旨在协调社会内部民与民之间冲突的地方习惯与协调国家与社会之间冲突的正式法律相碰撞时，国家利益就成为前者不可逾越的"边界"。学人有关清代历史的研究已经证明，当习惯与各种法律实体的产权和国家法律没有冲突时，地方官员可以认可它。但是，习惯还是习惯，而非国家法律，二者分属两种不同

---

① 福建省轮船总公司史志办公室编：《〈福建航运史〉资料汇编》第1辑，内部资料，1994年版，第549页。
② 《福建建设厅月刊》1928年第2卷第10期。

的知识传统，分别受不同原则支配。当涉及财产权和经济理性（追求利益最大化）时，如果传统地方习惯可能有损国家利益，维护国家的权威和利益就成为地方官员考虑的重点和决断的依据。①那么，为何迟至此时国家才突然扮演了与社会相抗衡的角色？积极要求改变产权制度安排的主体又是谁？这就必然要追溯闽江轮船公司这一官僚资本主义企业的产生和发展过程。

第三节　官僚资本主义内河轮船运输业的形成

一、政府侵夺轮船运输业经营权的失败

闽江内河轮船运输业创始之初是以彼此分散、相互竞争的私营企业形式出现的，并在北洋政府时期和国民政府前期获得了飞速发展，随之而来的即供过于求局面的形成。虽然晚清、北洋和国民政府为避免轮船同业之间的竞争而颁布了一系列章程和法规，但由于"过去不但中央对于各省，政令不能统一，就是一省之内，省与县、县与县，政令也难免分歧；各自为谋，缺乏联络"②，这些章程和法规事实上没有起到应有的约束作用。为减少同业之间的摧残，闽江沿线各地航商在1927—1935年间也先后成立了福建汽船业公会、闽侯县北江汽船业同业公会、闽江轮船业同业公会等，并就各线轮船的航线、载重量及客货运费等初步达成了同业协定。③但实际上，由于该协定在某种程度上只是同业间的一种不

---

① 关文斌：《习惯、律例与法律实践——中华帝国晚期长芦盐商契约研究》，见［美］曾小萍、欧中坦、加德拉编，李超等译：《早期近代中国的契约与产权》，浙江大学出版社2011年版，第279页。
② 福建省政府秘书处公报室编：《陈主席言论集》，1938年版，第14页。
③ 林存和：《闽江上游轮船业的过去和现在》，载《闽政月刊》1941年第8卷第4期。

可信承诺，难免会受到机会主义行为的侵蚀，而同业之间又没有切实有效的办法予以制裁，该协定亦随之遭到破坏，进而崩溃。由于同业之间或生意清淡时相互摔价竞争，或营业旺盛时肆意越线滥载，船商难以获利，无力顾及轮船的修整与保养，以致轮船破败不堪者甚多，航运事故迭现。据不完全统计，仅1924年初至1929年底6年间，就有14艘汽船失事，有记录的死亡人数多达525人，行李损失30万元。[1]这也就为政府管制提供了口实，而政府管制无疑会侵犯私营轮船商的经营权，双方为此展开了长达近十年的政治博弈。

1934年9月19日召开的省府委员会决定成立"闽江保运委员会"，实行闽江保运制度，并委任9人负责其事。该制度以确保货物运输安全和运价低廉为由，要求商人将需要运输的货物交给官办运输机关实行包运，如有损失照价赔偿，所收费用只是包运之劳动的代价。同时，政府并不独占运输，商民仍旧可以运输，政府沿岸保护或派兵保送，并不另收费用。后因外界疑虑重重，被迫于当年10月取消。[2]实际上，早在1925年8月间，福建省也曾创立护运捐，作为保护货物运入内地之费，后因商界极力反对且以停止内地一切营业以示威胁，被迫即行取消。[3]

1934年10月，省政府又借口维持公共交通，平息风潮，决定将闽江轮船运输事业交由建设厅办理，以集中管理和经营福州以上各线轮、汽船。1935年2月，福建省建设厅验船处基本完成了对闽江上游所有119艘轮、汽船的登记检验工作，并将那些船身陈旧、机器损坏以致有碍航行安全，甚至不堪航行的破旧船只暂停运营，剩余机器健全、船身完整坚固的83只轮船，按期分配行驶。建设厅以航行安全为由裁汰轮船的行为，引起了各船商的不满和反对，因为不但各轮船商被裁轮船数量多达原有数量的三分之一，而且政府也不承担被裁船只船员失业后的救

---

[1] 福建省档案馆藏，全宗号36-1-39。
[2] 《福建省政府公报》1934年第435期。
[3] 福州海关编：《近代福州及闽东地区社会经济概况》，华艺出版社1992年版，第343页。

济责任。如洋口汽船商指出,该地原有汽船20只,"向在洋口支流行驶,信用颇著,商旅称便",且"历经检验合格,给证有案"。各汽船商在听到运输处要求缩减船只的决定后大为恐慌,转而请求将14只轮船加入运输处,另6只保留以备补充,因为"本属各汽船职工多数为民船而改业汽船者,又多数为含有股东而从事汽船者,平昔熟此支流,操此工作纯为弃业置业之思,借维一身一家之生活",如果裁减汽船则会使许多人失业。①在平水航线上,"上游汽船理事会"理事魏墀指出,"如谓船只过剩,废停三分之一,则本属九艘汽船,即停泊三分之一,尚余六艘,仍感过剩。该本属仰体政府统制美意,自行决定调剂办法,即将堪用各船分班行驶,每月以四艘为限按月轮流,至于失业工友,亦分班轮替,俾劳资两方均得相当调剂"②。但以上申诉均被搁置不理。

　　1935年4月,福建建设厅闽江运输处正式开始营业,并与各私营汽船商签订合约:政府暂不加入官股,给予各航商上游各航线15年的专营权,盈亏得失仍归各航商所有,而各航商则向建设厅缴纳专营费。③同时,建设厅又强迫闽江上游和平水各线轮船限期组织公司经营,否则即扣发轮船放行单。各汽船公会召集各线经理50余人开会讨论,并认为组织公司在事实上有各种困难。后各汽船商请求建设厅变更办法,但政府要求联合组织公司的立场不变,仅将期限延至1935年12月9日下午5时止。④由于建设厅规定限期已至而坚持扣发放行单,以至引发闽北各线汽船停航的风潮。南平、洋口、建瓯、沙县各线交通,均告停滞,只有运输处组织的3艘汽船维持福州—南平航路。⑤当年底,各航商为减少利益损失,被迫让步。除了原行驶于福州附近各乡的轮渡汽船仍旧自由经

---

①福建省档案馆藏,全宗号36-6-500,第2宗。
②福建省档案馆藏,全宗号36-6-500,第2宗。
③福建省轮船总公司史志办公室编:《〈福建航运史〉资料汇编》第1辑,内部资料,1994年版,第526、548页。
④福建省档案馆藏,全宗号36-6-500,第2宗。
⑤《航业月刊》1936年第3卷第9期。

营,闽江上游和平水各线轮船依法组织成立闽芝、闽沙、福沙、闽延、剑津、龙津、螯声、春风、尤樟福、福闳、四畴等11个汽船公司,分别行驶福州—南平、福州—建瓯、福州—沙县、福州—洋口、福州—水口—谷口—尤溪口航线。①下游原不在责令之列,也组织4艘轮船成立了福湾塘公司。②

虽然闽江各航线上已经成立了10余家公司,但"公司本身的实际经营与(建设)厅里的正式规定毫无关系,公司仅是个名义,它从来没有完全克服传统的分家分船的自治经营"③。后来,因商况萧条、货运减少,加上闽江运输处营私舞弊而致群情激愤,以至该处无利可图,并于1936年4月被裁撤。④这样,官方的第一次管制无疾而终,各公司、各轮船仍系各自经营、自负盈亏,重新回到原来各自自由经营的局面。

二、战时官僚资本主义企业的形成

官方第二次管制是在剥夺各私营轮船公司的经营权后,通过成立统一公司的形式完成的,并实现了对闽江全线内河轮船运输业的垄断和控制。

全面抗战爆发后的1937年8月,官方借口非常时期统制经济和军工运输所需,规定上游各民营轮船公司所属船只均交"军事委员会福建省船舶总队部"(附设营业部)接管经营,但营业所得仍归各自的轮船公司所有。这一行为遭到了各航商的群起反对,他们推举代表组织请愿团,前往南京国民政府中央控告。这次集体请愿和游说行动获得了成

---

① 福建省轮船总公司史志办公室编:《〈福建航运史〉资料汇编》第1辑,内部资料,1994年版,第355~360、365页。
② 福建省轮船总公司史志办编:《福建水运志》,人民交通出版社1997年版,第177页。
③ 林耀华著,庄孔韶、林余成译:《金翼:中国家族制度的社会学研究》,生活·读书·新知三联书店1989年版,第187页。
④ 福建省轮船总公司史志办公室编:《〈福建航运史〉资料汇编》第1辑,内部资料,1994年版,第548、553页。

功。国民政府行政院电令福建省政府,除了军运征用,所有民营轮船全部发还航商经营,并指明"军用征用轮船,亦须照章给费"[①]。次年2月,福建省政府暂准在不妨害军运的前提下,"将营业部分暂归还各汽船公司自行办理"[②],船只征发则仍由船舶总队部调度。各公司也纷纷申请参加原公司组织,并请领航行证以便营运,[③]又恢复到"分线公司"的组织状况。3月,为利于战时军事指挥,在省政府的督促下,上游四线七公司各航商主动依照交通部《促进航业合作办法》在福州正式成立了延、建、沙、洋四线营业联合办事处,集中56艘轮船统筹营业。1939年6月,因联营处组织不密、事权分散、营业亏蚀而难以为继,省建设厅又发起组织闽江轮船股份有限公司,不参加者取消其航行权。[④]1940年1月,闽江轮船公司正式成立,其时共有轮船57艘,3746吨位。为防止各航商以后将船只领回重新各自经营,经理林君扬等人则将各船机件错杂调换或拆卸改样更换船名,从而使得原船悉改旧观,原船主被迫俯首就范。[⑤]

此时,闽江中、下游民营轮船仍处于"分线公司"和行栈商号的分散经营状态。1943年,林君扬以私营公司经理人身份兼任省交通局局长,并于1944年利用职权游说省府下令成立"闽江轮汽船管制委员会"。该委员会以省建设厅厅长朱玖莹任主任委员,林君扬任常务委员,延揽当时的党、政、军首脑任委员,并在第一次委员会上决定组织平水和下游轮船公司筹备处。到1944年7月和8月,平水轮船股份有限公司和闽江下游轮船股份有限公司相继成立,经理人员全由与党、政集团有关系的人员充任。这样,在闽江航行的轮船几乎全部归入3家公司组织之内,

---

① 林开明:《近代闽江轮船业始末》,福建省轮船总公司史志办1998年版,第24页。
② 福建省轮船总公司史志办公室编:《〈福建航运史〉资料汇编》第1辑,内部资料,1994年版,第512页。
③ 福建省档案馆藏,全宗号36-1-1416。
④ 林存和:《闽江上游轮船业的过去和现在》,《闽政月刊》1941年第8卷第4期。
⑤ 吴高荣:《闽江私营轮船业小史》,见中国人民政治协商会议福建省委员会文史资料编辑室:《福建文史资料(选辑)》第1辑,福建人民出版社1962年版,第125页。

结束了各民营轮船分线独立经营的状态,而闽江内河轮运业也由最初的私人自由经营,转变为官僚资本家的垄断经营。①

当然,这一转变过程对政府来说是曲折的,对各个分散的私营企业来说更是痛苦的,其间也充满了参与双方的相互博弈。例如,1939年闽江轮船公司筹备时,永定、捷顺等12船坚持不参加,准备与省运输公司订立合约,但省运输公司因受当局阻止而未能正式签字,这些船只只好被迫加入闽江轮船公司。②1944年闽江轮汽船管制委员会督饬分别组织福州下游轮渡股份有限公司和福州平水轮渡股份有限公司时,多数航商也不愿意参加,并转而积极寻求代理人与政府谈判。先是5月4日下游福湾塘公司以本公司轮船航线并不经由台江或三保为由,表示不愿加入下游轮渡股份有限公司。福建省政府主席刘建绪则以"已组织之公司亦徒有其名"为由,强迫其加入。③接着,下游航商又推举福州市内河轮船公会理事长阮公堂为代表,向省政府呈请暂缓组织下游轮渡公司。在1944年5月19日的呈文中,他提及战时下游航商损失轮船多达28只,"闽海重光,航商复业,率贷巨款新置船只。目下负债累累,方备营业发达以资弥补,倘一旦勒令改组公司,不特债务难偿,而且生计立绝。故下游航商情况与上游航商不同,非予维持现状势必不克生存,急应恳准暂缓组织,俟战事奠定后再行办理以示体恤"④,但遭到拒绝。

5月26日,平水航线上的福囡轮船股份有限公司以曾于1935年3月呈请主管机关核备且以领有交通部执照为由,向福建省交通局呈请不再参加平水轮渡股份有限公司。⑤该公司董事长黄石卿为达目的,将闽江轮汽船管制委员会指派的筹备员、原任经理黄升中辞退,改聘国民政府

---

① 吴高荣:《闽江私营轮船业小史》,见中国人民政治协商会议福建省委员会文史资料编辑室编:《福建文史资料(选辑)》第1辑,福建人民出版社1962年版,第125页。
② 吴高荣:《闽江私营轮船业小史》,见中国人民政治协商会议福建省委员会文史资料编辑室编:《福建文史资料(选辑)》第1辑,福建人民出版社1962年版,第126页。
③ 福建省档案馆藏,全宗号36-13-2490,第1宗。
④ 福建省档案馆藏,全宗号36-13-2490,第2宗。
⑤ 福建省档案馆藏,全宗号20-8-13。

军事委员会少将参议、第三战区副长官部少将参议、同邑人詹宝艇为经理，前伤兵管理处处长、现任福光运输行经理刘畏三为副经理，并公开登报申明不参加平水轮渡股份有限公司筹备处。在詹宝艇于5月26日用"第三战区副司令长官办公室用笺"写给福建建设厅厅长、闽江轮汽船管制委员主任朱玖莹的私信中，他基于服务桑梓的心态，陈述了6条反对理由，并指出"自管制会成立后，航商奔走呼吁几无虚日，无非鉴于闽轮公司之侵略手段，各抱寒心……管制会无非少数人另有作用，以高压手段侵略航商利益，于心自难折服"。但朱玖莹在5月31日给省主席刘建绪的呈文中则针锋相对地指出，平水福因轮船公司所属5只轮船"过去以假公司组织朦请交通部给证，实际徒有公司之名而无公司之实……此次钧府发动组织公司，该公司经营业务系在平水航线之内，自应合并加入组织以符钧府于整个闽江流域分组三公司之规定"。该公司行为"显有抵抗管制，意图破坏组织之嫌"，尤其指出参议詹宝艇以"军人身份出任经理，是否合法尚属问题，何况干涉政令，故意破坏组织"，并要求第三战区长官部纠正詹宝艇的行为。①

在群情激愤的情况下，政府态度为何如此强硬？政府管制又为何能够成功？主要原因在于当时处于战时体制，所有经济行为均要服从"战时需要"。如依据军事委员会《非常时期船舶管理条例》（1936年12月8日）第二条之规定，"非常时期政府为便利军运及调节民运计，得征用民有船舶及其仓库码头，并加以编制管理"②。《战时船舶军运暂行条例》（1939年8月19日）第四条也规定，"所有全国轮、民船只，应由船舶运输司令部及各省船舶总队部分别加以统制，并得随时征供军用"③。在前述朱玖莹给刘建绪的呈文中即明确指出，"闽江平水及下游距海甚迩，

---

① 福建省档案馆藏，全宗号36-13-2490，第2宗。
② 中国第二历史档案馆编：《中华民国史档案资料汇编》第5辑第1编，江苏古籍出版社1994年版，第314页。
③ 重庆市档案馆编：《抗日战争时期国民政府经济法规》下册，中国档案出版社1992年版，第557页。

业经本战区长官部划为封锁区，所有船舶自应遵令严密统制。福州为国防最前线，一旦有事，其平水汽船吃水较浅可以直达南平，下游船舶亦可绕道峡兜上驶至水口止。为配合军事需要，亟宜加紧组织公司"①。

闽江轮船公司对民营企业的兼并是通过激烈的斗争、打击方式，而对官办企业则采取完全不同的赎买政策。如1940年7月，闽江轮船公司即将官办中南旅行社原行驶福州—南平航线的2艘快艇收购。1943年5月，林君扬又以省建设厅应维持"闽江上游以一个公司为原则"之成案，请求购买原福建省汽车运输公司在1941年间开辟的南平—建瓯—水吉、南平—永安、南平—洋口和南平—邵武等内溪航线权、经营权及公司全部汽船、码头和汽船修造厂。经建设厅允准，双方于次年4月签订了买卖合约，并以280余万元的估价收购了原运输公司所有载货3吨~8吨或载客30~50人的小型木炭机浅水汽船17艘。②

已有学者指出，行政垄断的制度变迁历程与国有经济发展史基本同步，二者存在很强的共生关系。但作者行文中屡次提及却没有明确的是，行政垄断制度的确立更是与诸如革命时期的战争、武力威胁之类相始终。③上文的分析也表明，闽江轮船公司的垄断地位也是在战争时期通过国家立法才得以最终确立的。只是，一旦这种特殊状态结束，仍会存在反复。虽然在战时政府管制的体制下，作为官僚资本企业的闽轮公司的垄断地位得以形成，但抗战胜利后的闽轮公司及其航线权均受到了来自各方的挑战。以航线权为例，为了避免轮船同业之间在同一航线和区域内的竞争和纠纷，北洋和国民政府交通部先后颁布若干规章法令，明确规定了轮船"航线权"的申请、使用和管理。如1914年4月公布的《修正轮船注册给照章程》明确规定，轮船只能"按照指定之航线行

---

① 福建省档案馆藏，全宗号36-13-2490，第2宗。
② 福建省轮船总公司史志办公室编：《〈福建航运史〉资料汇编》第1辑，内部资料，1994年版，第527页。
③ 陈林、朱卫平：《经济国有化与行政垄断制度——基于苏联银行国有化进程的制度变迁研究》，载《制度经济学研究》，2012年第1期。

驶",且航线的申请、核定和注销均须经交通部批准。①1929年12月公布并于1933年11月修正的《民营公用事业监督条例》则规定,同一性质的民营公用事业在足供公用需要时,"同一营业区域内不得有同种第二公用事业之设立"②。交通部《促进航业合作办法》(1936年12月9日)第六条规定,"已经合作之航线,经交通部认为有增加轮船之必要时,该航线之轮船业有优先权"③。据此,1944年7月,福建省政府明令取消分散经营时期各线轮船的航线专营权,而给予闽轮三公司"分段航线,专责营运"的权利,并经交通部核准备案。④随着抗战胜利后外海轮船运输业的复兴和繁荣,内河轮船运输业务也与日俱增,轮船供不应求。但由于闽江轮船三公司的垄断和政府对轮船航线的管制,这就从事实上剥夺了其他主体新设轮船公司的权力。在这种情况下,不但原已参加下游公司组织的轮船要求退还,而且早已停航改业的小轮船船主也纷纷要求复业,甚至原本并不从事航运的商号也擅自置办轮船经营内河运输业务。面对这一系列的纠纷和冲突,闽江下游轮船公司不得不呈请省政府重申前令,并在主管航务机关和各县政府的大力支持下,予以解释和制止。虽然内战期间纠纷事件稍有缓和,但仍然此起彼伏,直到福州解放前夕仍未止息。⑤

综上,近代闽江轮运业是在既定自然条件的基础上,经过以产权处置为核心的制度变迁和技术创新而产生和发展起来的,并且其发展过程中也时刻受制于国家力量和地方习惯的影响。在1895年清政府正式对内河行驶轮船弛禁以前,地方社会的任何政治寻租活动都难以取得成功。作为制度变迁主体之一的地方政府是否有改革的激励,除了要看这种激

---

①《交通公报》1927年第1卷第3期。
②《司法院公报》1933年第96号。
③中国第二历史档案馆编:《中华民国史档案资料汇编》第5辑第1编,江苏古籍出版社1994年版,第315页。
④林开明主编:《福建航运史(古、近代部分)》,人民交通出版社1997年版,第444页。
⑤林开明主编:《福建航运史(古、近代部分)》,人民交通出版社1997年版,第444~446页。

励的性质和程度，也要看其是否会面临政治风险以及是否会威胁到其政治威权。诺思所言政治进程中的诸如战争等"大危机"对制度变迁固然会有重要的影响，[①]但我们的研究也提出，作为制度变迁的外部因素，其对不同类型的制度变迁的影响力度是不同的。在协调社会内部冲突的制度安排中，其作为催化剂的作用并不明显，而一旦涉及国家与社会的冲突，国家往往以之为借口来推动符合自身利益的制度变迁，尤其是在国家力量处于优势之时。例如，就上游帆船和轮船对载货权的争夺来讲，大部分时期是通过双方的谈判来协调——战争的爆发只是给这场旷日持久的纠纷提供了停息的借口，而此时的国家因力量较弱且无力和无意明确产权，只是以消极的仲裁者角色出现。但随着1934年后国家力量的逐渐强大，抗战胜利后更是增强了其政治合法性，对地方社会的侵蚀也就顺理成章了。因此，国家不但能够借口抗战所需而对轮船业进行成功的管制，而且在下游码头使用权和航线权的产权界定过程中，也通过正式法律战胜了地方习惯赖以为生的地方社会，从而得以迅速完成制度的变迁。因此，诸如战争之类的突发事件在制度变迁过程中的作用应该受到应有的重视，但更应针对不同的情境具体分析。

近代国家与社会关系的演变是历史学的重要问题之一，而国家在制度变迁过程中的作用又是制度经济学的核心问题之一，二者均可在本案例中得到恰当的解释。学人曾指出，在晚清以降的中国现代化进程中，传统国家的改造与重塑乃是关键的一环。[②]因此，晚清以来国家与社会互动过程中所呈现出来的不同形态，曾经引起学界的关注。已有的研究表明，在国家处于弱势的时期，商会、宗族、思想文化、公共领域等均得到发展，而在国家力量强大的时期又均回归守势。[③]上文的研究表明，国家虽然可以界定产权，但在与个人或地方社会争夺资源控制权的

---

① 刘和旺：《诺思制度变迁的路径依赖理论新发展》，载《经济评论》2006年第2期。
② 梁治平：《清代习惯法：社会与国家》，中国政法大学出版社1996年版，第29页。
③ 唐力行主编：《国家、地方、民众的互动与社会变迁》，商务印书馆2004年版，第46、69页。

过程中，因晚清、北洋和民国时期的国家力量对地方社会渗透的程度有别，国家在产权交易中的角色也各异。围绕产权处置为核心的冲突与变革，实际上也反映了国家与地方、新阶层与旧势力、地方习惯与国家法律之间的博弈过程。由于不同地区在不同时期所感受到的国家力量强弱不一，国家与地方社会的互动过程及影响因素也多有不同。具体到本区来讲，从近代闽江轮船航运业的产生与发展过程可以看出，19世纪90年代中期以前的清政府对地方社会的统治基础是比较牢固的；19世纪90年代中期到20世纪30年代初，由于晚清政府日趋处于弱势，继起的北洋政府控制能力也比较弱，后来的国民政府也被福建地方军阀势力所困扰，国家对社会的控制有所松动；但1934年"闽变"事件后，最晚从抗战前期开始，在国家与地方社会的频繁而剧烈的冲突中，后者日益式微。

第五章

政府作为与近代闽江流域的经济发展

在经济学领域中，几乎每一部有关经济发展的著作都会谈及政府作用的问题。晚近新制度经济学派的大家巨擘更是把政府作为影响经济绩效和制度变迁的内生变量纳入分析框架，将其视为经济发展不可或缺的因素。①诺思即曾指出："国家的存在是经济增长的关键，然而国家又是人为经济衰退的根源；这一悖论使国家成为经济史研究的核心，在任何关于长期变迁的分析中，国家模型都将占据显要的一席。"②在经济史研究领域，有关政府作用问题的探讨也日益受到中外学者的重视。③有学者在论述本区现代化的困境时，将"政府力量的缺失"视为主要原因之一。④然考诸史实，晚清时期的福建地方政府对区域经济活动的渗透无所不在，在金融行业的监管、商业税收的减免，以及新兴行业的兴办等方

---

① 朱巧玲、卢现祥：《新制度经济学国家理论的构建：核心问题与框架》，载《经济评论》2006年第5期。

② [美]道格拉斯·C.诺思著，陈郁、罗华平等译：《经济史中的结构与变迁》，生活·读书·新知三联书店上海分店、上海人民出版社1994年版，第20页。

③ 代表性成果有郑起东：《2005年中国近代经济史研究述评》，载《社会科学》2006年第8期；华民等：《制度变迁与长期经济发展》，复旦大学出版社2006年版；姜锡东主编：《政府与经济发展——中国经济发展史上的政府职能与作用国际研讨会论文集》，知识产权出版社2005年版。但目前的研究多侧重于全国范围内的宏观阐释，对区域层面中的微观实证研究则涉猎甚少；多侧重于清中期以前和民国时期的考察，对晚清时期的关注则较少。

④ 水海刚：《口岸贸易与腹地社会：区域视野下的近代闽江流域发展研究》，厦门大学出版社2019年版。

面都曾做过努力。

第一节　经济发展的保护人

前近代时期的中央和地方政府,是经济发展政策的制定者和实施者,而"对一个民族的经济增长来说,比文化素质更为重要的是政府的政策……政府政策对经济增长的重要性是怎么强调也不为过分的"①。

一、创办新式产业

近代闽江流域新兴产业的创办和推动,地方政府在其中起了决定性作用。近代福州机器织布局的创立和发展,就是在福建地方政府大员的推动下实现的。

福建虽有竹木山林之饶,但纺织原料如桑、棉的种植却极其稀少。清代前期时,闽江流域部分县份也有一些织布业、植棉业的记载散见于史籍之中。②但通过翻检闽江流域各县的方志发现,近代以前的方志资料中"地不宜棉"的例子触目皆是,其他间有种植者,数量也极少。如邵武府地区的光泽县,"棉,所产不多。后货属所列布,其棉乃买自境外者"③。延平府的棉花,"种者虽多,然仅供本郡之用,不有广行他省"④,

---

①林毅夫:《诱致性制度变迁与强制性制度变迁》,见盛洪主编:《现代制度经济学》下卷,北京大学出版社2003年版,第271页。
②例如,1786年位于闽北的建阳县曾发生过染铺被窃案,可以推断清前期该地染布业和织布业可能会有一定的发展。参见《福建省例》,见台湾银行经济研究室编:《台湾文献史料丛刊》第7辑141~142号,台湾大通书局1987年版,第1205页。
③道光《重纂光泽县志》卷五《舆地略》,见《中国地方志集成·福建府县志辑》第11册,上海书店出版社2000年版,第337页。
④乾隆《延平府志》卷四五《物产志》,见《中国地方志集成·福建府县志辑》第37册,上海书店出版社2000年版,第877页。

甚至直到民国时期该府境内沙县的棉花种植还是"种者寥寥，未能推广"①。还有一些州县方志，仅仅是如例行公事般将"棉"罗列于"物产"或"食货"门下，而不加只字评论，甚至还有不少方志对其就干脆只字不提。

然而，晚清民初时期，这种情况发生了一定的变化。例如，建宁府政和县，棉"向为政邑未有之产物。清光绪间知县蒋唐祐，锐意提倡实业，购棉子多数，编制棉浅说，广劝树艺。公时复创织布局于城北龟峰寺，劝绅富出资招工教织以开风气。一时农民始行仿种，然尚未能普及。至今种者仅有县城及附近村落，产额殊寡，比较舶来棉额不敌十分之一"②。福州府古田县，棉花"邑种甚少，从前皆系本地种，花粗而子大。光绪间，邑令魏邦翰购苏种劝民种之，并刊有种棉小书，由是颇有种者，所出之棉与苏产无异，旋以获利不丰，故近年种者仍少"③。永春州大田县，"（木棉）纺之可为布，此地稀少。现时农林会购美棉劝种"④。甚至连僻处边境的屏南县也大力种植棉花。棉"从前未有，今种之已有成效，山地田地皆宜。小者二十根一斤，大者十余根一斤，质白而柔，实大寸许。二月以后微小，较之他产尤胜。知县周公骏（1896年任知县——笔者注）有种棉书行于屏"⑤。由此我们可以想见，晚清时期，闽江流域腹地各县应该曾经兴起过一股植棉织布之风，只是由于风土地气不宜或"获利不丰"等，这一风气未能持续长久，效果也不尽如人

---

①民国《沙县志》卷五《物产志》，见《中国地方志集成·福建府县志辑》第39册，上海书店出版社2000年版，第110页。
②民国《政和县志》卷一七《实业志》，见《中国地方志集成·福建府县志辑》第8册，上海书店出版社2000年版，第606页。
③民国《古田县志》卷一一《物产志》，见《中国地方志集成·福建府县志辑》第15册，上海书店出版社2000年版，第407页。
④民国《大田县志》卷四《物产志》，见《中国地方志集成·福建府县志辑》第40册，上海书店出版社2000年版，第418页。
⑤民国《屏南县志》卷一一《物产志》，见《中国地方志集成·福建府县志辑》第14册，上海书店出版社2000年版，第543页。

意。这种变化,与地方政府对实业的倡导有莫大关系。

由于福州及其广大的内陆腹地本不产棉,所需棉布均从江苏、浙江、江西等地进口,导致利源外泄。清代以来,历任官员虽然也曾经有过提倡种棉织布之举以抵塞漏卮,浚辟利源,但最后不是无疾而终,就是效果不佳。近代以来,福州地方士绅也曾屡有种棉织布、挽回利源之议。至少早在1873年前,即有福州的地方士绅向政府提出了设立织布局,兴办纺织业的建议。时人以为,福建因山多田少,商贩资本薄弱,故谋生不易,"今欲兴自然之利,俾里巷绝少惰游,闺阁咸无闲旷,惟纺织之利为最广也。查闽省所需棉布均由苏松贩运而来,各布庄每年市易约数百万,如设公局,延织师教民纺织,数年之后,无需外贩,岁为民省钱数百万,诚藏富于民之大宗也。历任官吏,岂皆计不及此,一则为巨款之难筹也,一则虑经纪之无方也"。其对策则是,于闽省布庄交易额中每百文取一文作为开办经费,到江浙聘请纺织工匠数十人,"广招民间游手入局学织,供其衣食,给以机杼,每一匠教十人,每局以五十人为率,以经费之盈绌定织局之多少。艺成而止,出局者可教其家,出局之缺,可另招别人。查纺织之事,颇不难学,才质平等者约二年可精其事,彼此递更,转相教导,以十年计之,纺织必大兴矣"。对于福建地不产棉,学织不可行的问题,指出每端布的棉花仅值二百文,"今匹布竟至五六百文,此三百余文皆织工也,谁谓无棉即不必学织?况闽省土脉疏润,种棉可望成林"。因此,向政府提出设立织布局,兴办纺织业的建议。①可能由于各种条件的限制,这一建议并没有为政府所采纳,直到十余年后闽浙总督卞宝第任上才得以实现,创立了福建省近代历史上第一个官营织布局——福州织布局。

由于关于这一织布局的资料十分零散,至今乏人梳理。故先将有关

---

① 林华寿:《闽省善后条议》,福建师范大学图书馆藏,第45页。同治时的南平县也由知府赵均推广棉花种植,参见民国《南平县志》卷一〇《实业志》,见《中国地方志集成·福建府县志辑》第9册,上海书店出版社2000年版,第474页。

第五章 政府作为与近代闽江流域的经济发展

这个织布局的史料罗列如下：

资料一："本口近兴织布局，远近风行。创建之初，乃在光绪十四年间，由官倡率奖劝，并行使民间，知所需者，财不外出。查此布之织，系用印度棉纱，计宽一尺六分，长二十二尺，每匹值洋四角。无论行销远近，概免厘金，此官宪教养兼施，以故民受其赐。"①

资料二："（福州以进口洋纱织成的土布）开始出现于一八八八年。当时在闽浙总督卞宝第的赞助之下，由本地有势力的人士开办了一家织布局，其目的在织造一种适于劳动阶级需要的布匹，使福州不必仰赖上海及外国市场……该局倡议人曾力求获得政府的支持……该局为出产布匹取得某些财政便利的努力获得了成功，听说已经批准这种新布在全省范围内完全免税。该局所有织机全属木制，构造非常简单；织造也不困难，一个生手只要几天就完全学会了。到目前为止，所织布匹分为两种，好布和次布；好布宽十五英寸，长二十二英尺六英寸，每匹售价四角，后者质料要粗得多，比前者约短二英尺，每匹售价三角五分。在颜色及纺织方面，很像外国的洋标布。"②

资料三："闽省滨海瘠区，地多硗确。近来种茶太盛，颇碍农桑，而于种棉织布之法讲求者更属寥寥。统计每年食米既须江、沪接济，即棉布一项贩自苏松者约二十万束，值银一百二十万两，其从浙江、江西来者尚不在此数。民间素乏恒产，又少别项生业计，岁耗金钱数百万流而不返，无怪乎生齿日繁，生机日促，方且冻饿堪虞，又奚暇治礼义哉……查全省下游各属粗知纺织，上游延、建等处均资贩买，溪山险峻，布价较昂，贫户无力购取，每届严冬岁暮，士结鹑衣，民拥败絮，朔风积雪，群相号寒，本部堂深为悯恻……按照福州府闽县学生员林齐霄采辑《劝织简明事宜》一卷，呈请通饬延、建等府县筹费设局，并由

---

① 《光绪十七年福州口华洋贸易情形论略》，见彭泽益编：《中国近代手工业史资料（1840—1949）》第2卷，中华书局1962年版，第25页。

② 彭泽益编：《中国近代手工业史资料（1840—1949）》第2卷，中华书局1962年版，第26~27页。

该生随时往晤绅耆，详晰劝导，共敦本业，等情……第按斤授纱，按尺输布，资本无论多寡，人材无论智愚，其利既屈指可计，其学亦转盼可成，非若别项股分，不无亏折耗散之处，留心经世者何所顾虑而不毅然为之？"于是卞宝第乃令各司道官员与各地绅士，协商办理种棉织布事宜。①

资料四："查闽省外来布匹销数甚巨，福州土布甫经试办，本银不过千余，所出之布甚少，于税厘尚无关碍，何得谓土布盛行？明系江浙布商藉端希图减厘，各路布贩影射偷漏，局员司巡不能认真稽查，辄以征数日少归咎省城织布。该司道又不为详察，任听渎禀，以鸠工之盛举而稍惑于龙断之浮言，其与开局试办之意殊未尽合。"于是，考虑到福州土布质量粗劣，便决定民局生产的土布比照从江浙进口的土布六折征收税厘，官局所织之布免征。②

资料五：卞宝第曾奏称："再闽省负山濒海，土田硗确，小民生计维艰，异常贫困，而于种棉织布之法素未讲求，全赖江浙布商贩运来闽，岁耗金钱百万，以致生机日蹙。臣与在籍绅士筹商，于省会创立织布局，招集织徒，市购织具，量给火食，限以三个月学成，领机归织，数月之后，每徒每月率能织布二十余匹。试验已有成效，其局用经费由臣题捐筹发，并各绅士凑集股分，公同制办。现经设局两年，城乡多仿照办理，每年约出布四十余万匹。穷民执业赖以资生，从此逐渐推广，织务可冀日盛。据各绅士禀称，土布为洋纱所织，货粗价贱，行销本滞，现既收其进口之纱税，又征其口内之布厘，是一征再征，价值因而愈增，销售必至愈阻，吁请免征布匹进口税厘等情具禀前来。当饬税厘局司道覆议去后，据禀织布官局所出土布此时未旺，暂行免征，其民局运往各处土布，请照六折征收等情具覆。行之将届一年，官局售布已有

---

①〔清〕卞宝第：《卞制军政书·通饬种棉织布札》，见沈云龙主编：《近代中国史料丛刊》第194~195号，台湾文海出版社1966年版，第319~322页。

②〔清〕卞宝第：《卞制军政书·批税厘局详土布征厘》，见沈云龙主编：《近代中国史料丛刊》第194~195号，台湾文海出版社1966年版，第329~330页。

利益，民局售布尚少赢余，似不得不酌减税厘，以示体恤。伏查上年广西抚臣马丕瑶奏劝办蚕桑请免税厘一折……可否仰恳天恩，土布进口免其再征税厘，其运售出口土布减为四折征收。"①

资料六：光绪十八年（1892）闰六月希元奏："再福建省会设局劝织，其民局所织土布进口免征税厘，出口四折征收，经前督臣卞宝第具奏奉旨允准，转行钦遵在案。至官局暂免税厘，原系当初试办章程。现在织务既兴，民间陆续运销，多借官局为名夹带走私，当饬总局委员会绅查议去后。兹据禀覆，官局原以为民，民布出口既以四折定征，官局似不宜邀免，致有轩轾。莫若将官布出口与民布同一征收，进口税概予免征，则民局无所用其假讬，官局亦无须另发印单。"于是要求无论官局、民局，土布出口均四折征收，进口免征。②

资料七：福州贸易报告曾谈道："织布厂开办于1888年，因股东蒙受损失，四年后就关闭了。"在1897年的贸易报告中谈道："土布的进口量减少。布商开始发现，本地产品正在影响他们的生意。"③

由上可以看出：其一，由前三则资料可知，福州织布局的创立时间是光绪十四年，即1888年。当时闽浙总督卞宝第鉴于福州每年仅从江苏进口的土布就多达120万两，意欲自创织布局以挽漏卮。同时，又恰好有当地士绅设局劝织的请求进呈，于是官、绅意见一致，成功创立福州织布局，并要求内地各县也依照执行。其二，由资料二可知，这个织布局的生产工具全是木制织布机，手工生产技术极其简单，容易掌握，从

---

①中国第一历史档案馆：《光绪朝朱批奏折》第77辑，中华书局1995年版，第550页。对于这个折子，原编者也未能断定具体年代，仅将其系于"光绪十六到十八年间"。笔者以为折中曾言及"上年"马丕瑶免厘事，而马丕瑶"请免新绸税厘并择奖员绅折"的具折日期是在光绪十六年十一月初八（见《马中丞（丕瑶）遗集》卷二，载《近代中国史料丛刊》第574号，台湾文海出版社1966年版，第183页），则此折具折时间当为光绪十七年。同时《卞制军奏议》卷一二将本折排列在光绪十七年九月以前、十七年三月之后的折子中间，因此可以推断本折的具折时间当在光绪十七年（1891）三至九月份之间。
②中国第一历史档案馆编：《光绪朝朱批奏折》第77辑，中华书局1995年版，第508页。
③福州海关编：《近代福州及闽东地区社会经济概况》，华艺出版社1992年版，第216页。

生产性质上来说仍是传统的家庭手工业而非机器织布业。但由于是采取"按斤授纱,按尺输布"这一"放纱收布"式的交易形式,因此织工和官府之间有雇佣关系发生,各民局的情况亦然。这可以视为后来商人资本支配福州纺织业的滥觞。其三,由资料五可知,这个织布局的规模不是很大,创办资金仅千余两,且全部由官、绅联合筹措,企业性质应该属于官营,最初的目的主要在于训练织匠,倡导纺织,实际的织布倒在其次。通过这份奏折来看,事实上也取得了预期的效果。因为除了这一官营织布局,两年内福州城乡各处士绅纷纷创立了众多的所谓民局。其四,由资料二和五可知,官营织布局和民营织布局所用的织布原料,几乎全是进口的印度棉纱。官局织成的土布在全省内最初是免税的,两年后由于民局的经营者诸位乡绅的请求,民局土布运往各地销售时按照江浙等地土布的六折征税,官局土布免征出口税。不到一年,又再行减征民局的土布出口税至四成,官局土布仍然免税。其五,由资料四、六、七可知,由于福州本地土布的生产影响了江浙等省土布的销售,因此侵害了江浙布商固有的利益,于是江浙布商趁机冒充官局之布,以逃避税厘。由于江浙土布进口的减少,税厘的收入也就相应减少,故地方政府有希望将官营土布也一并征收税厘之意,但在卞宝第任内,这一要求未得成功。直到光绪十八年(1892)卞宝第卸任后,福州将军希元代署闽浙总督,即以官局不应与民局争利为由,请求无论官布、民布一律照江浙进口土布的四折征税,并获得批准。从此,官营织布局在没有成长得足够强大的时候就被断绝了之前的接济,这不能不说是对官局土布的打击,官局也在当年破产。①

这就是福州纺织史上第一个棉织企业建立的前因后果及发展过程。这一企业建立后,随即在闽江流域内地各县产生了示范效应,各地纷纷创立织布局,开启了闽江流域各地织布业的新纪元。近者如福州城,"福州土布由官设局资雇织匠召集学徒习织。螺州陈绅家亦仿而行之,

---

① 福州海关编:《近代福州及闽东地区社会经济概况》,华艺出版社1992年版,第384页。

并制就布机令里人领回自织，其不能织者由织匠前往指示情形。现在领机之家约以数百计，迩来各乡绅士多有集股分设织局试行办理者。布分上中下三等，民间因价不甚贵急往购求。裕国益民，此其嚆矢也"①。稍远者如福州城附近尚干乡，"尚干女人无所事事者多，光绪十八九年创设洋纱教织布局，为女人开一利源。惟资本重而销路难，业此者多亏折。今则福清、兴、泉各路颇见畅销，大小各局多至二三十机，岁可出土布九十万余匹，闺妇稚女以此食力者颇多"②。腹地各县亦在这场"革命"中纷纷设立织布局，而这在开埠以前乃至19世纪90年代以前都是未曾有过的事情。如永泰县"清光绪中，明经张定远倡设织局于县垣，不数年，机声轧轧遍邑里，福布遂驰名省郡间"③。稍远者如古田县，"邑辖旧无织布，人家需用布匹均由省城或宁德贩运。迄清光绪中叶，北区十七、十八两都商民提倡织布，特聘技师招徒教授。自是人家妇女逐渐学织，不数年间，几于家置一机。所织之布……销售于本辖及邻县等处。民国以来，城厢各处时闻机声，织布局计有数家，而人家妇女操是业者，比比皆是"④。闽清县织布局也是于1891年由邑绅刘语铭等数人创办，名为"广和春织布局，聘省中技师数人，招艺徒百余人，分教各户妇女纺织。不一年，所织之布洁白坚致，运赴福州及尤邑等处，销路甚广"，受到卞宝第的嘉奖；后来广和春虽已停办，但闽清各乡妇女均谙熟纺织了，"几于家家机杼，续开织布局者难以指数"⑤。位于闽北内地的南平县，"慨然于洋布西来，纺织业废，另设纺织局于天官岭，筹资倡成，益以绅股……计织成爱国布绸及洋毛巾若干种，自成机杼，为购用

---

① 《申报》光绪十七年十二月十六日。
② 光绪《尚干乡土志·物产》，福建师范大学图书馆藏。
③ 民国《永泰县志》卷七《实业志》，见《中国地方志集成·福建府县志辑》第19册，上海书店出版社2000年版，第146页。
④ 民国《古田县志》卷一七《实业志》，见《中国地方志集成·福建府县志辑》第15册，上海书店出版社2000年版，第515页。
⑤ 民国《闽清县志》卷五《实业志》，见《中国地方志集成·福建府县志辑》第19册，上海书店出版社2000年版，第437页。

者所称道。艺徒学成,归授其家,比户机声轧轧,成效尤速"①。甚至僻处省境东北的政和县,也于光绪时期在当地政府的提倡下试办织布业,入民国后又"出资雇请织师,购备棉纱、织布机器等项,不取学费,招生学习"②。可见,福州织布局设立后的影响范围和程度及效果,在历史上都是史无前例的。

统计数据也能说明这一问题。观1891—1913年间福州口洋标布和棉纱进口趋势图,可以看出二者发展趋势相反。

图5.1　洋标布进口与印度棉纱进口量呈相反的趋势

通过对二者相关关系的分析,也可以看出二者是明显的负相关关系,即棉纱进口数量的增长导致标布进口数量的下跌。由此可见腹地织布业对进口洋布的替代作用。

---

①民国《南平县志》卷一〇《实业志》,见《中国地方志集成·福建府县志辑》第9册,上海书店出版社2000年版,第474页。

②民国《政和县志》卷一七《实业志》,见《中国地方志集成·福建府县志辑》第8册,上海书店出版社2000年版,第606页。

表5.1 洋标布进口量与印度棉纱进口量呈现负相关关系

名称	洋标布	印度棉纱
皮尔逊相关系数	1	−0.549*
显著水平（两侧检验）	0	0.007
样本个数	23	23

说明：*为在0.01的统计学水平下显著相关（两侧检验）。

同时，这个官营织布厂对内地的效应不仅表现在地域上的广泛性，还表现在历史进程上的延续性。1900年的一则史料谈道："以福州为中心的机坊，为数约五百家，散布在福州市内及附近各村，尤以南面距市区四十里的尚干乡最盛。大机坊备有布机三十部，小机坊也备有数部，都是雇用工人织布。年产量，大机坊一万匹，小机坊五百匹。工资，男工一日织三匹者，每匹七十五文，女工一日织二匹者，每匹六十文。但这些机坊实际仅是接受棉布行庄委托而从事织制。行庄将原料棉纱分送各机坊织制，制成的布，再收回送到染坊，贴上本庄招牌发卖。这时，机坊不过是由行庄配给原料从事劳动而领取工资的织工而已。在这里，商人资本已经达到最高的支配形态。这样的行庄，福州市内共有三十家，其中尤以恒昌、恒盛、泰来、金泰、彩文等最为出色。"①晚清民国时期，福州的土布业虽然随时势或兴或衰，起伏不定，但一直没有间断，这种情况在开埠前的福州城则是难以想见的。史载"自五四之后，福州土布之发达，大有一日千里之概，城台织布人家，日见增加，而闽江口附近各乡，但闻机杼之声，江口乡竟全乡遍设织布局，无论男

---

① 彭泽益编：《中国近代手工业史资料（1840—1949）》第2卷，中华书局1962年版，第257~258页。

女老幼，皆习纺织，由是土布之出产量极多，舶来品渐形退步"①。不但如此，这种土布织造业还带动了其他手工纺织业的发展。如20世纪20年代后，织毛巾业和织袜业相继在福州等地出现。1926年前，仅从事织毛巾业者即不下数百人。②到20世纪30年代时，福州的纺织工业已经有了相当大的规模，尽管与其他各地相比还有较大的差距。如1933年时，福州的织布厂有54家，资本最多近1万元，最少者也有一二百元。福州织袜厂共计40家，资本多者达3 000元，工人多者每家30人。福州毛巾厂计6家，资本500元者3家，800元者一家，1 000元者两家，工人4至8人。③

由此可见，在晚清福建棉纺织业的发展过程中，政府的角色至关重要。不但创立之议是政府提出的，创立资金是政府协调筹措的，各种保护措施是政府设计的，而且内地各县的棉纺织工业也是在省政府的号召和提倡下纷纷建立起来的。所有需要政府做的事，闽浙总督卞宝第在任时大都做了。当然，虽然福州新兴织布业在政府的实力推广下曾经进行得有声有色，但我们也看到了政府立场的不坚定对企业发展的影响。政府在税收问题上的步步退让，对这一刚刚产生的弱小企业着实危害不小，尤其是卞宝第卸任后，政府对官营土布也同样加征税厘，使其在重税的压迫下最终归于倒闭，实在是对福州纺织业的致命一击。最初怂恿加征税厘的江浙布商，因见福州织布业的兴起影响了江浙棉布的销售，故提出也要对官局所织土布加征厘金。卞宝第为保护本省工业没有答应他们的请求，但也做了些许让步，于1890年对民局土布以江浙土布的六折征税，1891年对民局土布以江浙土布的四折征税，官局土布始终都不征厘。不幸的是，福州将军希元于1892年代行总督之责后，马上对官营、民营土布均照江浙土布的四折征税，这使得质量低劣的福州土布销

---

① 《中外经济周刊》1925年第110期。
② 《中外经济周刊》1927年第211期。
③ 《福州之手工业》，载《工商半月刊》1933年第5卷第9期。

量大减,扼杀了本省的唯一有望繁荣的工业。

二、促进实业发展

福建地方政府在改进茶叶质量、展限茶商纳税时间等方面做了一些工作,从而多少有利于福州茶叶贸易的发展,甚至有时还在华商与外商竞争商权过程中起了重要作用,这都有利于区域经济的发展。

首先,福建地方政府曾在改善茶叶质量方面做了一定的努力,其中尤以打击假茶用力最勤。"值得注意的是,本年开始的一段时期,市场上有一批在此处被称作'假茶'的东西待售。这一诡计做得很拙劣,不久即被发现,因此官方查获了相当数量的假茶叶,并随后将之焚灭殆尽。这里的厘金局官员还发布了文告,警告人们不准继续制造假茶,并将之投入市场。"① 进入20世纪后,福建地方政府还时时以打击假茶为急务,这也得到了众多茶商的肯定和赞扬。"有一种奸徒,只图渔利,不顾害人,私制假茶,混销市上。买者发觉,自然惊心,致阻销途减色。幸蒙大宪早经示禁森严,此种奸徒始皆敛迹。"② 甚至在民国时期,福建地方政府也不时发布严禁伪茶出口的训令和整治措施。③

此外,政府也大力宣传改进茶叶质量的重要性。"当地官员为了恢复茶叶贸易而在茶区到处张贴有关改进茶叶质量建议的布告,在北岭、白琳和板洋的茶商尽其最大努力以达成此目的,并在某种程度上取得了成功。"④ "我听说官方也意识到如果福州茶要与印度和锡兰茶抗衡,必须

---

① The Parliament of the United Kingdom of Great Britain and Northern Ireland, *British Parliamentary Papers: China*, Vol.15, *Commercial Reports: Embassy and Consular Commercial Reports*, Shannon: Irish University Press, 1971, P.677

② 闽省商业研究所编:《闽省各商之习惯》,福建省图书馆藏,第10页。

③《福建建设厅月刊》第2卷第5期。

④ The Parliament of the United Kingdom of Great Britain and Northern Ireland, *British Parliamentary Papers: China*, Vol.17 *Commercial Reports: Embassy and Consular Commercial Reports*, Shannon: Irish University Press, 1972, P.404.

更加注重种植和焙制问题。各种布告大量地在茶区张贴，要求茶农及其他人注意这些问题。"①

其次，对机器和轮船视若洪水猛兽的地方政府，甚至对当时的机器制茶亦予以默许。1897年英国领事在其撰写的商务报告中说道，"我承认，当我看到引进机器的事很少遭到官方和私人的反对时，我很惊奇。前者看起来真正意识到整个贸易危在旦夕，因此，如果不是为了人民的利益，也要为其自身考虑，他们一定不能阻止任何复兴茶叶的举措"②。

再次，政府还通过展限纳税时间，延期支付税收的手段帮助茶商克服营业中的困难。1870年新茶的开市来得很迟，比往常几乎延迟了整整6周之久。这对中国茶商极为不利，因为内地茶叶货主的厘金税是由茶行先行代为支付的，③茶市不开，洋商不来购茶，就无钱交纳政府所要求的税厘。后来"官方允许他们在延期至开市5天后再行支付运茶的内地税"④，从而使茶商获得了一定的便利。有时，政府还在福州茶商和洋商的竞争中助其一臂之力。在1869年中外茶商的交锋中，"大量的现金本

---

① The Parliament of the United Kingdom of Great Britain and Northern Ireland，*British Parliamentary Papers: China*，Vol.17，*Commercial Reports: Embassy and Consular Commercial Reports*，Shannon: Irish University Press，1972，P.235.

② The Parliament of the United Kingdom of Great Britain and Northern Ireland，*British Parliamentary Papers: China*，Vol.20，*Commercial Reports: Embassy and Consular Commercial Reports*，Shannon: Irish University Press，1972，P.175.

③ 此制可能与江浙两地丝茶生产中通行的"先捐后售"制度相类，或者就是出于一源。根据此种制度，厘金的认捐额（实际上就是厘金税）由同业公会"根据每年输入同市或从同市输出之同业者之货物数量的豫算"拟定。参见罗玉东：《中国厘金史》，大东图书公司1977年版，第112、135页。福州的情况是否也是这样，目前没有找到直接的证据，但以下则史料推之，当不致大谬："在十月，本地茶行发现存货过多，为其自身利益打算，约定改变通常预先暂代内地货主支付厘金税的习惯。"参见 The Parliament of the United Kingdom of Great Britain and Northern Ireland，British Parliamentary Papers: China, Vol.14, Commercial Reports: Embassy and Consular Commercial Reports, Shannon: Irish University Press, 1971, P.452.

④ The Parliament of the United Kingdom of Great Britain and Northern Ireland，*British Parliamentary Papers: China*，Vol.9，*Commercial Reports: Embassy and Consular Commercial Reports*，Shannon: Irish University Press，1971，P.459.

来也要作为转运税交付官方,现在官方也同意延迟到对茶商们十分有利的时期时再支付"①,这就为华商在这次竞争中取得胜利起了重要作用。

三、减轻税厘征收

为促进商业流通的发展,福建地方政府还不时提出减征税厘的政策。鉴于福州茶叶贸易的衰落,先是1895年闽浙总督边宝泉即有奏请减厘之意,到1897年时,福州将军裕禄和闽浙总督边宝泉正式呈递了减收加捐军饷银的奏折,内称"据茶商董事张彤钊禀称,闽茶自英国印度布种以后销路渐窒。昔年运销一百八十余万箱,今不过六十余万箱。种植者因积滞而荒芜,采办者受亏折而畏缩,行栈难支,税厘日绌。缘印度减费省厘,彼畅销,此壅塞也。爰集公帮再四筹议,佥请于厘金中从重减轻。体恤商艰,即以保护全局……近年茶值较昔贱至数倍,而厘捐之重如旧,各商每多亏折,采办渐少。上年仅征税银五十万左右,今年所收又较上年短十余万。闽省进款惟茶税为大宗,若不设法挽回,大有江河日下之势。现奉总理衙门咨饬产茶各属董戒讲求,畅其销路,尤当体恤商艰,俾知激劝……仍俟将来茶市畅销,再行酌覆详办。今库藏奇绌,茶捐减后,于进款不无稍损,然减之而商可起色,所损不过一时,裕商即以裕厘,保全茶市正为维持饷源起见",故请求自1898年起,将初捐和加捐军饷银减少0.4两,总税额变为1.628两。②

同样,在对待百货厘金的问题上,政府也曾经有过减厘之举。如自1874年9月11日起,福州税厘局降低了28种货物的厘金税率;③在1880

---

① The Parliament of the United Kingdom of Great Britain and Northern Ireland, *British Parliamentary Papers: China*, *Vol.9*, *Commercial Reports: Embassy and Consular Commercial Reports*, Shannon: Irish University Press, 1971, P.77.
② 中国第一历史档案馆编:《光绪朝朱批奏折》第78辑,中华书局1995年版,第50~51页。
③ 福州海关编:《近代福州及闽东地区社会经济概况》,华艺出版社1992年版,第106页。

年5月6日，厘金局又发布了减厘的通告；①1896年11月起，政府又降低了煤油的厘金率，其所应纳厘金比子口税少25文，使得年底绝大部分煤油都支付厘金运入内地。②以上似乎也可以看作是政府"保护"商业之举。但政府减厘的主要目的却不在于此，而是为了与由洋关征收并上交中央政府的子口税相竞争，这样由省政府控制的厘金局为了促使商人交纳厘金以增加本省收入，不得不将厘金率降低得比子口税低一点。

当然，我们还要看到福建地方政府在促进经济发展政策上的有限性。例如，不但政府改进茶叶生产质量的各种举措，大都是在19世纪90年代茶叶贸易衰退之后才实行的，且效果也不尽人意，而且对于更为根本性的问题如改善道路交通、减少税率和改进茶叶种植等方面，面对中外商人的呼吁，政府始终置之不顾，对外国人的良好建议，也熟视无睹，充耳不闻。一个突出的例子是政府对茶业改进的态度。宣统元年（1909）十月初六日福州茶商曾呈交给闽浙总督一份有关改进茶业的咨询书，内容有茶务讲习所办法、派人赴印度和日本等地考察、派学生赴印度和日本学习、茶工用安溪人、禁作伪掺假、酌量减税等8条。次年接到总督的答复，除了禁止作伪掺假"自应饬行"、减税问题必须协商，其余6条"皆按而不断"。可见，政府对于出国考察、学习和机器改良等事则漠不关心，不予支持，并将这个"皮球"踢给了组织涣散的福州总商会，而后者也无力实行，仅成立了一个有名无实的茶务讲习所而已。③

即使是光绪末年那份姗姗来迟的减厘之议，也完全是出于政府的无奈之举。从奏折中可以看出，政府减征税厘只是为了确保一定的税收，而不是为了刺激茶叶生产的发展。因为不但其最初只是为了"保全茶市正为维持饷源起见"，而且只是一时的权宜之计，还希望"俟将来茶市

---

① 福州海关编：《近代福州及闽东地区社会经济概况》，华艺出版社1992年版，第140页。
② 福州海关编：《近代福州及闽东地区社会经济概况》，华艺出版社1992年版，第211页。
③ 《茶业咨询案申覆书》，《福建商业公报》1910年第3期。

畅销，再行酌覆详办（加征之举）"。这次的减厘不但程度微不足道，而且效果也不尽如人意，进入20世纪以后，繁重的税厘率仍是福州茶叶贸易的障碍。①同样，地方政府对百货厘金的减税，也根本不是为了抑制洋货的侵入，更不是为了保护内地产业，而是为了争夺利源，"为了满足官员薪俸的地方性支出而征收，但政府的永恒原则应该是鼓励商业和货物的交流"②。

第二节 社会财富的掠夺者

就政府对经济成果的榨取来讲，经济学家们早就注意到税收对经济发展会产生负面影响。他们认为，"发生在赚钱部门的征税很可能会降低人们在该部门的工作热情，不征税时便不会发生这种情形。资源的这种再分配效应对总的实际收入产生了负面影响。较低的国民收入和交换经济发展滞后，反过来又阻碍了长期增长"③。

一、苛征税厘

拉弗曲线表明，税率存在于一个合理范围，在这一范围内，增加税率可以增加收入，超过这一范围增税，反而使得税收数量减少。④如若政

---

① 福州海关编：《近代福州及闽东地区社会经济概况》，华艺出版社1992年版，第235页。
② The Parliament of the United Kingdom of Great Britain and Northern Ireland, *British Parliamentary Papers: China*, Vol.13, *Commercial Reports: Embassy and Consular Commercial Reports*, Shannon: Irish University Press, 1971, P.166.
③ [美] 艾尔文·拉布什卡：《税收、经济增长和自由》，见 [美] 詹姆斯·A.道、[美] 史迪夫·H.汉科、[英] 阿兰·A.瓦尔特斯编著，黄祖辉、蒋文华主译：《发展经济学的革命》，上海二联书店、上海人民出版社2000年版，第342页。
④ 吴孝政等编著：《政府经济学》，湖南大学出版社2003年版，第167页。

府一味增加税率,无疑会阻碍商品的流通,从而也无法达到增加有效供给的目的。

至少在20世纪以前,茶叶一直是福建政府最重要的税源所在,视其为生存之所系。在福建百货、茶叶、洋药等三大税厘收入来源中,茶叶税厘几乎总是高居三者之首,直到光绪中期以后才为百货厘金所替代。

根据各种史料的记载,有关福建茶叶税厘的统计,至少有如下3种说法:

表5.2 福建茶叶税厘表之一(单位:两/百斤)

年份	起运税	运销税	厘金	军饷	合计
1853	0.148 5	—	—	—	0.148 5
1855	0.148 5	0.739 2	—	—	0.887 7
1858	0.148 5	0.739 2	0.77	—	1.657 7
1861	0.148 5	0.739 2	0.77	0.690 8	2.348 5
1865	0.148 5	0.739 2	0.77	0.690 8	2.348 5
1898	0.148 5	0.739 2	0.77	0.250 8	1.908 5

资料来源:罗玉东:《中国厘金史》,大东图书公司1977版,第325页。

表5.3 福建茶叶税厘表之二(单位:两/百斤)

年份	起运税	运销税	厘金	初捐军饷	加捐	合计
1853	0.1	—	—	—	—	0.1
1855	0.1	0.6	—	—	—	0.7

续表

年份	起运税	运销税	厘金	初捐军饷	加捐	合计
1858	0.1	0.6	0.7	0.3	0.328	2.028
1862	0.1	0.6	0.7	—	—	1.4
1866	0.1	0.6	0.7	0.3	0.328	2.028
1895	0.1	0.6	0.636	0.3	0.328	1.964
1898	0.1	0.6	0.7	0.228		1.628

资料来源：〔清〕左宗棠：《左宗棠全集·奏稿（三）·闽省征收起运运销茶税银两未能定额情形折》，岳麓书社1989年版，第160页；中国第一历史档案馆编：《光绪朝朱批奏折》第77辑，中华书局1995年版，第394、842页。

表5.4 福建茶叶税厘表之三（单位：海关两/担）

落地税	自产地至港口			在港口		
	税种	开征时间	税额	税种	开征时间	税额
0.15	延平府厘金	1854	0.028	官饷厘金	1854	0.3
	竹崎关厘金	1854	0.014	厘金	1856	0.9
	—	—	—	华正税	1855	0.672
				加官饷	1858	0.328

资料来源：中国第二历史档案馆、中国海关总署办公厅编：《中国旧海关史料（1859—1948）》第4册，京华出版社2001年版，第261页。

综合以上三表看来，各表税率并不完全一致。通过表5.4、5.3可知，1854年每担茶叶征收了0.3海关两的官饷厘金，1858年每百斤茶叶征收了0.3两的初捐军饷和0.328两加捐军饷银，合计官饷厘金0.628两；但

表5.2中1861年时每百斤茶叶的军饷银为0.690 8两。各表厘金均不相同，表5.2中最高为0.77两/百斤，表5.3中最高为0.7两/百斤，表5.4中最高则达0.9海关两/担。起运税和运销税各表均不同。但实际情况则是，表5.2和表5.3大同小异，其实为一。因为表5.3所列仅是正额税，并没有将各种"耗余补水"计算在内，而表5.2则通盘计算。①例如，起运税每百斤征银0.1两，火耗银0.035两，正耗补水银0.001两，共0.148 5两。运销税在1855年前由竹崎关征收者为箱茶百斤收制钱18文，袋茶百斤23文；由北岭关征收者，每百斤29文。1855年后，税额改为每百斤征0.6两，每钱加征火耗银0.012两、正耗补水银0.001两，共0.739 2两。厘金每百斤为0.636 3两，每钱加收火耗银0.001两、正耗补水银0.001两，共0.77两。②

总之，我们大致可以确定，茶叶税厘在1858年至1898年前可能一直维持着每担2.348 5两的水平，这与全国其他主要茶叶输出港的税率相比是极其高的。

表5.5　1869年各口茶叶（支付出口税前）出口税厘率（单位：海关两/担）

口岸	税厘率		
	自产地运输时	在港口时	总数
汉口	1.25	0.35	1.6

---

①据《闽茶减厘示》（《农学报》1898年第35期）称，"查定章商贩茶叶，每百斤作净茶七十斤；以净茶一百斤，征收起运税银一钱，运销税银六钱，厘金银七钱，原续捐军需饷银六钱二分八厘，各项耗余补水等银三钱二分五毫，共银二两三钱四分八厘五毫"。转引自李文治编：《中国近代农业史资料》第1辑，生活·读书·新知三联书店1957年版，第448页。

②陈慈玉《近代中国茶业的发展与世界市场》，"中研院"经济研究所1982年版，第33~34页。

续表

口岸	税厘率		
	自产地运输时	在港口时	总数
九江（宁州或婺宁红茶） （河口红茶） （河口绿茶）	1.621 1.471 2.701	— — —	1.621 1.471 2.701
宁波	2.067	—	2.067
福州	0.192	2.2	2.392
淡水	—	0.020 6	0.020 6
厦门	0.28	1.36	1.64
广州	0.4	0.24	0.64

资料来源： 中国第二历史档案馆、中国海关总署办公厅编：《中国旧海关史料（1859—1948）》第4册，京华出版社2001年版，第220页。

说明： 出口税为2.5海关两，转运税为1.25海关两。

从表中可见，除了河口绿茶，福州征收的茶叶出口税厘最重。这也就导致了部分茶叶从其他港口出口，从而减少了本口出口量和出口税额。如1870年时英国领事就已经注意到了这一值得关注的新情况，即由于茶叶在自福州腹地运到福州港的过程中要交纳的繁重的内地税，所以产于星村、界首及福建西北部茶区的最好的红茶都转向九江市场，并由其地沿长江运输出口。①

尽管福州的税厘率较全国其他港口为高，但由于19世纪80年代前

---

① The Parliament of the United Kingdom of Great Britain and Northern Ireland, *British Parliamentary Papers: China*, Vol.9, *Commercial Reports: Embassy and Consular Commercial Reports*, Shannon: Irish University Press, 1971, P.461.

茶叶出口价格很高，这一税率对商人来说也不是什么沉重的负担，至少在19世纪70年代中期前还不是华商对政府指责之所在。但到19世纪80年代时，仅出口税即达茶价的30%之多。此时，这一高额的税厘率不但已经成为福州茶叶与印度、锡兰茶叶竞争的严重阻碍因素，[①]而且由于茶叶出口价格的剧降，虽然存在征税过程中打折（70%）的规定，但由于茶价与税额之比实在过小，仍使得茶业商人的抱怨纷至沓来。如在1889年时，福州工夫茶的平均价格为每担13.5两（约合每磅5便士），仅内地税和出口税则达到了每担4.4两，是茶价的31%。而英国普通工夫茶的售价为每磅4便士~4.5便士，而且如果要想售得这一价格，那么在福州市场上的买价就不能高于每担5两~5.5两，即每磅2便士的水平。可是福州茶商的厘金、包装和雇船运抵福州市场上的费用即达5两，这还不包括茶叶原始成本在内。[②]到19世纪90年代，这种态势更是发展到了登峰造极的地步。1895年的英国领事报告指出，当时福州茶叶的各种税厘合起来已是茶价的35%，以这种价格计算的出口税率则由19世纪60年代左右时的5%相对增加到16.5%，从而使得"从事于此生意的商人目前获利是如此之少且不稳定，以至于这种重税正在逐渐地损害着整个贸易"[③]。

在腹地其他商品的流通上，政府也是一味地以苛征为是。早在19世纪80年代前，繁重的税率已经成为商人的沉重负担，并多有减厘之请出现。至少早在1872年就有华商提出废除厘金的请求，但政府却无动

[①] The Parliament of the United Kingdom of Great Britain and Northern Ireland, *British Parliamentary Papers: China*, Vol.14, Commercial Reports: Embassy and Consular Commercial Reports, Shannon: Irish University Press, 1971, P.452.

[②] The Parliament of the United Kingdom of Great Britain and Northern Ireland, *British Parliamentary Papers: China*, Vol.16, Commercial Reports: Embassy and Consular Commercial Reports, Shannon: Irish University Press, 1972, P.668.

[③] The Parliament of the United Kingdom of Great Britain and Northern Ireland, *British Parliamentary Papers: China*, Vol.19, Commercial Reports: Embassy and Consular Commercial Reports, Shannon: Irish University Press, 1972, P.126.

于衷。当年的英国领事报告曾论及于此:"厘金对本口进口贸易的扩张是一极大的障碍。内地商人在新总督到任时即请求取消厘金,理由是为战争而征税的目的已不存在了,全省的和平局面已经建立了。但总督却并不这么看问题,并以厘金仍为政府所必需为由拒绝了这一请求。很明显,只要省政府被剥夺了在外国人监督关税以前的、旧体制下的对外贸贸易活动中所获得的税收,那么厘金的征收将会继续压迫人民并阻碍贸易;这是当地政府目前唯一能够弥补税收损失而采取的反常的政策,而且这种沉重税收减轻或废除的可能性也不大,因为省政府仍要负担造船厂的昂贵费用。"①5年后,当何璟接任闽浙总督时,福州商人再次提出免厘的恳求,但同样遭到拒绝。《申报》就此评论道:"当(何璟)入城时,百姓伏道递禀者颇多。盖以厘金繁重,民不堪其困,故恳求少减云。"虽然福建有害于民者不知有多少,但百姓首选要求减厘,"足见闽省民间苦厘金也久且大矣"。厘金本因内乱而起,后又因"善后之用,防勇之需"而继续征收,虽然裁减过半却并未全免。当初抽收厘金时,因为商人冒险贩运,获利很大,所以商人并不困于厘金,但现在"道途既可畅行,商旅又复增数,货物充牣,价值均平,各商皆不能如前时之获利而反而加困也",再加上各个局卡的司事及巡役的中饱,所以厘金才成为民害。②

或许说,在这种情况下商人可以选择使用转运单,因为那样茶商在将茶叶从产地运到福州时每担仅要纳1.25两税就可以了。但这事实上根本行不通。第二次鸦片战争后签订的《天津条约》,虽然准许洋商在内地收购土货和运输洋货时有免纳厘金而支付子口半税的权利,③但在

---

① The Parliament of the United Kingdom of Great Britain and Northern Ireland, *British Parliamentary Papers: China*, Vol.11, *Commercial Reports: Embassy and Consular Commercial Reports*, Shannon: Irish University Press, 1971, P.352.
②《申报》光绪三年二月十三日。
③汤象龙编著:《中国近代海关税收和分配统计(1861—1910)》,中华书局1992年版,第15页。

闽江流域腹地，这一规定却迟迟未得到福建地方政府事实上的认可和执行。1864年的英国领事商务报告提及，在福州，《天津条约》所赋予的使用转税单的权利"几乎成为一纸空文"，以至于过去两年内根本没人申请转口税单。不但如此，长期以来只有外国人才有使用内地转运单的权利，福建地方政府极力反对华商使用转税单。①直到1880年，华商才有了申领子口税单的权利，②但这只限于运销进口商品，而就出口土货的运销来讲，内地生产的大宗土货都不许使用子口税单。光绪二十二年（1896）七月二十四日福州将军裕禄和闽浙总督边宝泉奏称，"查闽省饷源枯竭，近又新拨洋款，已属难支。若再骤减数十万金，进款更复何从措手。所有闽省茶厘应请循旧办理，仍由局卡征收，无论华商、洋商均不准请领报单完纳子税，俾资挹注……再闽省百货税厘茶叶之外，以木植为大宗，所产均系杉木，向由海道运赴天津、乍浦、镇江、宁波、上海等处，并不行销外国，洋商从未领过三联报单。溯查同治三年江汉关……已有成案，闽省事同一律，应请无论华商、洋商均不给三联报单，以杜取巧影射之弊"③。事实上，并非如官员所称"各商之不敢走子口者，尚知以国课为重"④，而是"因为内地茶商和茶农害怕政府的压迫，欧洲出口商发现不可能与中国政府达成这一必要的协议"⑤。或许由于福

---

① "为了让我们的商品在内地更被了解和欣赏，应该允许华商在洋关获得转运单以将购自英国商行的货物运入内地更远的地方销售。但是中国官员却强烈反对内地商人获取此项权力，不是因为有哪怕一丁点的保护内地手工业的意识，而是因为省财库将会完全失去对这些货物征收的厘金。" 参见 The Parliament of the United Kingdom of Great Britain and Northern Ireland, *British Parliamentary Papers: China*, Vol.11, Commercial Reports: Embassy and Consular Commercial Reports, Shannon: Irish University Press, 1971, P.352.

② "直到本年度结束前不久，本口的惯例是向外国商人发子口税单，现在中外商人都可以申请税单了。" 参见福州海关编：《近代福州及闽东地区社会经济概况》，华艺出版社1992年版，第128页。

③ 中国第一历史档案馆编：《光绪朝朱批奏折》第77辑，中华书局1995年版，第842~843页。

④ 中国第一历史档案馆编：《光绪朝朱批奏折》第77辑，中华书局1995年版，第734页。

⑤ The Parliament of the United Kingdom of Great Britain and Northern Ireland, *British Parliamentary Papers: China*, Vol.19, Commercial Reports: Embassy and Consular Commercial Reports, Shannon: Irish University Press, 1972, P.409.

建地方官员多少意识到了茶税繁重导致税收减少之害,①才有了后来政府酝酿减征税厘之事,但直到光绪后期福建地方官员才开始正式实行减捐的政策,而此时福州茶叶的出口早已处于江河日下的局面了。

如果有一个好的征税体制并将税收用之于民,亦未尝不可。但实际上在外国人看来,福建的税收体制却是一个"即使不是绝对腐败的,至少也是不完善的征税体制。其中的既得利益集团是如此之多,以至于除非改革中国整个财政体系,否则就无法矫正之。尽管这种体制的弊病在帝国各处都很明显,但广州和福州是最为严重的两个地方"。在这种体制之下,"税额年复一年地维持某种数量,而多余的则落入负责征收的官吏的腰包,使得以最大的成本尽量可能地搜刮而政府却得益最少。据说,征收厘金的成本足占征收实额的70%。尽管这无疑是一种夸张,但这一事实也表明征收的成本有多么不成比例地高。包税人也不像在朱迪亚地区一样被视为贱民,相反,他们在中华帝国可能经常是最高官衔的官员"。②一个实际的例子是,1901年海关监管闽常关的当月,所征税额即比兼管前多了一半之多。③税吏对关税的贪污尚且如此,吏役对厘金、捐税的挪用更甚。一则史料曾说到,福州纸业商帮"诚敬堂"曾于1899年起每年认缴枪炮经费9 000两,至1909年止共缴纳7.8万多两,扣除1906年的减免后仅短少3 500余两,但福建藩司却说还欠1.7万余两,核对账面后才知道约有1.5万两的银子在缴到税收负责人那里后不知所终。④

---

① "为示谕事:照得闽省为产茶之区,类多以茶为业,顾民力之困纾,端视茶景之丰歉,即各项市面,亦赖以周转,是茶叶一项,为生理大宗……近年茶值较昔贱至数倍,而厘捐之重如旧,各商每多亏折,采办渐稀,税厘亦因之减色。"参见《闽茶减厘示》,载《农学报》1898年第35期,转引自李文治编:《中国近代农业史资料》第1辑,生活·读书·新知三联书店1957年版,第448页。

② The Parliament of the United Kingdom of Great Britain and Northern Ireland, *British Parliamentary Papers: China*, Vol.19, *Commercial Reports: Embassy and Consular Commercial Reports*, Shannon: Irish University Press, 1972, P.406.

③《中外日报》,光绪二十七年十一月十三日第1209号。

④《擅挪公款条》,《福建商业公报》1910年第3期。

左宗棠的一番话可谓道破了天机:"吏事之坏,大都见得而不思义者,实阶之厉。当官而不能持廉,则属吏得以挟持之,丁书得而朦蔽之,层累脧削,往往本官所得无多,而属吏丁役取赢之数且倍过之。日久视为应得之款,名曰陋规,踵事增加,无有纪极。家肥国瘠,职此之由。"①

可见,在诸如茶叶、百货等商品的流通问题上,福建政府绝大多数时候只是一味消极地课以重税,导致出口税率过高,从而使得福州茶叶在国际市场上处于竞争的劣势,并且征税体制又极其腐败,流入政府财政中的份额远少于实际的征税量。可以说,晚清政府在这一点上对于经济发展没有尽到辅助之责,而这又是当时中国大多数地区的通病。②

二、放任金融

金融是传统社会商业运行的命脉,它的发展状况直接影响着区域经济的运行态势。与全国其他地区相类,晚清时期福建的金融机构主要由钱庄(或钱铺)、当铺、(官)银号以及开埠后的外国银行和华人银行组成,而以钱庄为福建金融业中最重要的机构,甚至在中、外银行日益发展的20世纪30年代仍然如此。③例如,晚清时期福州有钱庄110多家,厦门有80多家,泉州有40多家,漳州有30多家,其他各地也有一些钱庄。④然而,作为福建地方金融的两大支柱,并执本省商界之牛耳的钱庄业和典当业,却存在着极大的不稳定性,并给区域经济的发展带来了很多不良影响。

晚清时期福建省的金融业始终处于以私营钱庄业为主导的格局。钱庄的开设几乎不受任何限制,只要能够筹到一定的资金,就可以开设钱

---

① 〔清〕左宗棠:《左宗棠全集·札件》,岳麓书社1986年版,第41页。
② 林满红:《口岸贸易与近代中国——台湾最近有关研究之回顾》,见《近代中国区域史研究会论文集》下册,"中研院"近代史研究所1986年版,第905页。
③ 陈锡襄:《福建省金融状况》,福建省政府1938年版,第12页。
④ 施伯珩:《钱庄学》,见《民国丛书》第4编,上海书店1989年版,第15~16页。

庄。清朝末年虽有"新开钱庄须以五家（钱庄）联保，方准发行纸币"的规定，但实际上只要对官府进行贿赂，"费数十金之衙费便可开张，毫无阻梗"①。另外，福建的钱庄主大多数同时又作为一般商人经营各种商业活动，其从事的金融活动是一种为其他商业项目融资的辅助手段。例如，不但福州帮钱庄业主中实力最强的四大家族兼营电气业、百货业等诸多行业，而且省内其他实力稍弱的一般钱庄业主也在同时经营着房地产、布店、船帮业、茶业、木材业和溪行业等。由于涉足他业的钱庄主及其兼营的商业行当都十分广泛，这样"银行业与非银行业之间通过共同的资本与管理人形成为一个链条，这对于当地经济来说，是一个相当大的潜在危险，因为它增加了信贷过度扩张的危险性"②，而信贷过度扩张显然将会危及当地市场，金融行业的动荡，因之不可避免。

由于闽省钱庄的设立和发钞都不受任何限制，众多钱庄业主都尽可能多地发行本庄钱票以谋利，从而造成了金融市场上本金储备远远少于流通的钱票的现象，一旦发生挤兑行为，倒闭立至。一般来讲，灾害③、政局紧张和战争④等突发事件会引发钱庄业的恐慌和倒闭，但我们通过对史料的检索发现，这些原因引起的钱庄倒闭现象，还不如倒账和滥发钱票引起的多且严重。19世纪80年代后，钱庄倒闭现象更趋严重。在福建省首屈一指的阜康钱庄"凡富家、巨贾、官场以及仆隶之余赀者无不寄顿"，1884年忽然倒闭，"因此得病致死者有之，因此破家败业者有

---

① 徐吾行：《福州钱庄业史略》，福建师范大学图书馆藏，第123~125页。
② [美]罗威廉著，江溶、鲁西奇译：《汉口：一个中国城市的商业和社会（1796—1889）》，中国人民大学出版社2005年版，第203页。
③ 1876年时，由于水灾及其连锁反应，"银根吃紧，年底福州几家银号和一家本地银行倒闭或无法支付现款，导致几家靠这些银号支持的布行破产。信用缺乏，挤兑之风日炽，资金周转不灵，不能平息挤兑，几乎引起平民暴乱，似乎要让这些不幸有个高潮似的"。参见福州海关编：《近代福州及闽东地区社会经济概况》，华艺出版社1992年版，第109页。
④ 例如，1853年福建人民在省内起义导致福州钱庄相继倒闭，1858年因强迫人民使用铁钱而倒闭一家，1884年中法战争时期有一家倒闭，1911年辛亥革命发生时有4家倒闭，1912年受驱逐彭寿松运动影响而有4家钱庄倒闭。参见徐吾行：《福州钱庄史略》，福建师范大学图书馆藏，第141~142页。

之"①。仅1888年当年，钱庄倒闭者至少有13家之多。

表5.6 《申报》所见福州钱庄倒闭情形

时间	铺号名称及地点	倒账数额
光绪十二年	春丰等7家	不详
光绪十四年三至四月	振成等7家，城内旗下街	五六千金
光绪十四年七月九至十一日	恭泰等2家，南台中亭	万两
光绪十四年七月二十三日	荣发1家，城内大街	一万串
光绪十四年十一月四至六日	敦成等3家，南台中亭	数万金
光绪三十年	豫大钱庄，南台	不详
宣统二年十月初八日	源丰润	六百万

资料来源：《申报》光绪十四年四月十三日、光绪十四年八月初六日、光绪十四年十一月十四日、光绪三十一年三月初二日、宣统二年十月二十日。

更有甚者，不少钱庄业主故意大量发行本庄钱票，在适当时候即携款而逃，其发行的钱票也因无法兑现而使铺户商家受到损害。②闽浙总督卞宝第曾说道："本部堂莅闽以来，访闻省垣城厢内外，开设钱铺多非身家殷实，虚出票张，散行市廛。迨出票既多，资本不接，即为卷逃，不待滚支，预期关闭。"③由于钱庄业之间，以及它与其他各业之间的依存共生关系，一家钱庄倒闭马上会引起其他钱庄的融资困难，因之引发"多米诺骨牌"效应，导致其他各业受损乃至破产。如1910年，资本雄

---

①《申报》光绪十年五月初三日。
②《申报》，光绪十四年二月初一日。
③〔清〕卞宝第：《卞制军政书》，见沈云龙主编：《近代中国史料丛刊》第194~195号，台湾文海出版社1966年版，第242页。

厚的源丰润票号和承源钱庄先后倒闭，使得其他几家小钱庄跟着歇业。①钱庄的倒闭，又使商家铺户失去了融资的渠道，以致福州商号倒账之风此伏彼起。"九月以来，倒风日盛，层见叠出，书不胜书……如近日山东店山东摊一日并倒数家，中亭街炳记倒四千余金，中亭街公发亦倒有八百余金。"②

面对钱庄接连倒闭的事实，政府也曾采取过相应的措施，比如查办不法钱庄主。③"福州圜法虽经大宪悉心整顿，市中终不能弊绝风清……钱样、票条各店依然开设如林。有某甲者新出票条，在附近行用，一昼夜竟出至二三百千之多。事经地保查知，投县禀报闽县祁大令。"④此处是地保查知的情况，但如果地保与不法钱庄主相互勾结，则政府即无法奈之何。"定远桥怡来小钱铺席卷倒闭已登前报。兹查该店系著名地棍、平日靠赌为生、绰号'宝场焕'所开。该店在弄内，原开赌场，外面系薙发店。经官标封后复开，串通地保私行拆封开张钱铺，出票二三百为率，有心倒闭，吞没钱财。"⑤时人不时对政府的治理能力进行强烈的谴责，"（钱庄）一经倒闭，为害何穷？地方有司不能严禁于未倒之先，又不能重惩于既倒之后，何怪其接踵效尤毫无忌惮也"⑥。

但就目前掌握的史料来看，福建地方政府为维持金融而采取的最主要和常用的手段就是，在金融风潮爆发后，由政府出面筹集银两，向钱庄倾注本金，以平衡本地的金融市场，维持市面的平静。这主要通过3条途径来实现。一是从省外进口钱币。在1866年福州倒闭了一些钱庄后，福建政府即"从香港和上海大量进口墨西哥元"⑦。在1890年，福建地方政府"通过汇丰银行从香港进口了大约有6万元面值10分和20分的

---

① 《福建商业公报》1910年第3期。
② 福州海关编：《近代福州及闽东地区社会经济概况》，华艺出版社1992年版，第280页。
③ 《申报》光绪十五年六月二十三日。
④ 《申报》光绪十五年六月二十三日。
⑤ 《申报》光绪十四年四月十三日。
⑥ 《申报》光绪十六年三月二十五日。
⑦ 福州海关编：《近代福州及闽东地区社会经济概况》，华艺出版社1992年版，第28页。

银币,以取代以前通行的 100 文和 200 文的银票"①。1891 年福建地方政府又通过英国汇丰银行输入了大量硬币,"根据香港方面的数字表明,由汇丰银行输入的货币如下:20 分的 1.3 万元,10 分的 8.7 万元,5 分的 4 万元,汇丰银行福州分行输入的 10 分银币达 1 万元,中国官方输入 25 万元,本地钱庄输入 3 万元,共 43 万元"②。二是划拨官款。1910 年,福州地区的金融业受源丰润票号倒闭的影响,"市面异常恐慌,城、台各钱庄先后候支者不下十余家。商务总会总理、协理睹此情形,遂向藩司磋商,亟拨官款,以为维持恐慌之计"。于是,政府拨官款 20 万元、绅商合筹 5 万元存于商会中,以让各钱庄接济。③三是直接设厂铸币。闽省在咸丰年间铸造铁钱后便基本停止了硬币的铸造,为了充实市场上的现金储备,到光绪时又重新开始酝酿设立铸币厂,自己铸造银圆和铜币。④但据各方面史料来看,直到 1895 年福建才有自己铸造的银币。⑤英国领事报告中也记录了此事,1895 年中国政府在沙逊洋行旧址处建立了一个铸币厂以铸造辅银币。领事参观了该厂并提及"有 4 部手工操作的机器,每天雇佣工人数在 100 人,到目前为止仅铸造 10 分和 20 分的硬币,但当从日本进口的蒸汽机器运抵后将会继续铸造 50 分甚至成元的硬币。当时银色在 820 至 825 之间,每月生产 4 万~5 万两"⑥。但福建所造的银币可能

---

① The Parliament of the United Kingdom of Great Britain and Northern Ireland, *British Parliamentary Papers: China*, Vol.17, Commercial Reports: Embassy and Consular Commercial Reports, Shannon: Irish University Press, 1972, P.235.

② The Parliament of the United Kingdom of Great Britain and Northern Ireland, *British Parliamentary Papers: China*, Vol.17, Commercial Reports: Embassy and Consular Commercial Reports, Shannon: Irish University Press, 1972, P.403.

③《福建商业公报》1910 年第 2 期。

④ 1885 年杨昌濬在《请开炉铸钱疏》中谈道:"省垣原设宝福局……遵照部颁钱模,按卯开铸,工本尚须筹贴。自咸丰年间,改铸铁钱。钞钱之后,停办已二十余年。匠工流散,炉庑倾圮,所剩屋宇,改储军装。欲循旧制,骤难规复。"参见〔清〕葛士浚辑:《皇朝经世文续编》卷四九。

⑤ 福州海关编:《近代福州及闽东地区社会经济概况》,华艺出版社 1992 年版,第 212。

⑥ The Parliament of the United Kingdom of Great Britain and Northern Ireland, *British Parliamentary Papers: China*, Vol.20, Commercial Reports: Embassy and Consular Commercial Reports, Shannon: Irish University Press, 1972, P.184.

是因为质量太劣，①虽然在本省内畅行无阻，却并不为其他省份所接受。据在上海、宁波、苏杭等地做生意的福建商人反映，他们携带的福建造龙洋在这些地方不被接受，于是转请福建地方官转告上述地方的官员出示晓谕，请求"一体行用，毋庸疑阻"②，后来虽然江苏和上海的官员按福建方面的要求照做，但福建银币是在实际流通中却要大打折扣。

然而，从以上史料背后还可以看到其他隐而未彰的东西。一方面，政府之所以对金融业加以保护和维持，主要是为了防止官款的流失。福州的大小钱庄，多数经营着官款，或者与官方有千丝万缕的联系。如闽县的田赋就在19世纪八九十年代由陈家所开的钱庄包办，而且官方的公私存款及支应也多由钱庄代理。自厘金创立以来，福州府所辖各县的征厘局卡"几乎都与钱庄发生过直接或间接的关系"③。例如，"南台税厘总局统辖附城各局卡，征收课项随时饬通源钱庄领去。如欲拨解省局，或支发各营军饷，则向之提取，以期周转灵通"④。源丰润作为官方银号，官款的汇兑、饷银的拨解、税赋的存支，无不赖之，即使大官僚的私人存款也多存于官银号中。官银号的倒闭无论对公对私都没有什么好处，因此，官方只能尽力维持以免其破产。据对1910年倒闭的承源钱庄倒欠款项的粗略统计，其牵涉的商号14家、私人20多位、官方机构30多个；包括海关税款、厘局捐（税）款、多达16个县的解款和存款，以及其他公、私款项在内；倒欠总额多达20万两白银，其中仅官方机构的公款就占倒欠总额的80%。⑤因此，为官方自身利益起见，地方政府不得不对钱庄刻意维持，并在必要的情况下随时挹注现金储备。

---

① 福州口贸易报告曾谈道："年初现款短缺。由于机器不好，匆忙安装，加之雇员缺乏经验，铸出来的钱币都不好，在一段时期内不能流通。其后更换机器，银币的外观改善，重量也比较均匀，再也没有出现什么麻烦。"参见福州海关编：《近代福州及闽东地区社会经济概况》，华艺出版社1992年版，第217页。

②《申报》光绪二十五年三月初二日。

③徐吾行：《福州钱庄业史略》，福建师范大学图书馆藏，第18页。

④《申报》光绪二十二年九月二十七日。

⑤《福建商业公报》1910年第2期。

另一方面，政府的铸造货币之举，又绝对不完全是为了调剂金融，而是以之谋利。1905年时，在原有铸币局之外，闽浙总督崇善于福州船政局内另行择地，建立铸币厂，称为东局。同年9月又在洪山桥制造枪炮弹药的机器局内附设铸币厂，称为西局，从而形成了与最初的铸币局——南局三足鼎立的局面。由此，币政大坏，后两局两个月后同时倒闭，到1910年底，连最初的铸币厂也被迫倒闭。

总的看来，福建地方政府对金融行业的保护和支持，并非出于稳定金融、促进经济发展的考虑，而是保证官款不被流失。这种保护和支持也并非针对所有的钱庄，而是仅针对部分与官方利益唇齿相依的大钱庄。同时，政府对钱庄的支持仅限于钱庄破产后予以补漏的消极性质，"大都只集中于钱庄所发行的钞票上面，而对于钱庄本身所存在的弱点，以及其种种不合理的措施等，则都没有触及"[①]，至于追究倒账者的责任、制定稳定金融的政策、积极进行宏观调控等根本无从谈及。可见，晚清福建地方政府始终没有进行有效的制度创新以保障金融市场的正常运行和发展，以致福州的金融市场一直处于无序和波动的危险状态。如果市场平稳，则运转正常，一旦出现战争和金融危机，则破产盛行，福州商业即陷于瘫痪。

第三节　政府行为的两面性

政府的税收政策本是双刃剑，既可以促进经济的发展，更能阻碍货物的流通并导致经济运行的停滞。由于福建地方政府始终以对经济成果的榨取为是，即使偶尔有减税政策也是为了与中央政府争夺税源，而不是为了抵制洋货的侵入，更不是为了保护内地工业，因此，本可以促进

---

① 徐吾行：《福州钱庄业史略》，福建师范大学图书馆藏，第19页。

经济发展的税收政策，反而更多地成为地方政府以资榨利的工具。甚至即使在茶叶出口税厘极其繁重的情况下，也不放松对税收的苛求。光绪年间政府创办的福州机器织布局，在一定程度上堵塞了漏卮，曾经使得闽江流域的织布业进行得有声有色，并很有希望成为腹地新兴产业的织布局，也最终在重税的压迫下归于倒闭。更为严重的是，由于征税体制的缺陷，很大一部分税收往往落入了贪官污吏的腰包，从而也不能为本省的经济建设提供启动资金。

通过对政府在经济发展和兴办实业过程中所扮演的角色的探寻，我们还可以看出，对于不同的产业，政府的关注点是不一样的。就茶叶生产来讲，由于茶叶是政府财政攸关之所在，故而政府对茶叶贸易的介入也最勤，甚至采取过一定的"保护"措施，并且有些措施还是颇有成效的。但可悲的是，政府在茶叶贸易繁荣的时代，只知为眼前的税收利益考虑，一味榨取，而不为长远发展目标打算进行品质的改良；只是在消极地维护着日益衰落的贸易，而不是积极地创新以刺激贸易。在茶叶贸易衰退后，政府也没有采取切实有效的诸如减税等措施加强出口、刺激生产，而是一味地放任；虽然在改进茶叶质量方面做了一些工作，但也只限于对细枝末节的修修补补，而非进行根本性的改革。因此，这样的"革新"虽不能说是于事无补，至少也是难有成效的。

与对待茶叶生产的态度相反，政府却非常看重蚕桑和织布业，并将从茶叶贸易中获得的部分收入投入到对蚕桑和织布业的支持中去。同光年间，福建地方政府对蚕桑业的推广亦可谓是不遗余力。所有需要政府做的事，卞宝第在任时大都做了，如推广并分发优良蚕种和桑苗；引进浙江蚕师；颁布种棉图说和养蚕说；对农民进行培训开设蚕丝学堂。但从最后的结果来看，蚕桑业的屡兴屡败本身就说明没有一个一以贯之的制度在保证它的发展，其推广往往受到政亡人息规律的损害。由于政府在养蚕技术上无法提供强有力的指导，又不知利用西方的科学技术，再加上广大的闽江流域内地气候根本不适宜蚕桑业的发展，因此蚕桑业基本上是失败了。但令人费解的是，福建地方政府唯独对于茶叶这一在闽江流域几乎遍地宜植，且长时期成为闽省财源之最大宗的重要农产品，却没有提出什么实质上的促进措施，甚至连实力推广桑棉且以关心民瘼著称的闽浙总督卞宝第，都屡有废茶之议。①当19世纪90年代外国人不断呼吁政府救济茶叶之日，②却正是卞宝第任内屡谋废茶之时，当然也就不能指望他去采取有利于茶业发展的措施了。

  由此可以看出，卞氏本人还是囿于传统社会农桑为本的重农思想，他所代表的地方政府并没有从传统的治世思想中转变过来，没有能跟上时代变迁的步伐，所以也就不可能在经济发展中起到很好的示范作用。可见不是政府不作为，而是政府的努力用错了方向，即只是支持传统时代的主导产业——蚕丝和粮食——而不是为世界市场生产茶叶。换言之，一个思想僵化的、落后于时代步伐的政府是不能领导整个社会前进的。这又说明，政府虽然有良好的主观意愿，但由于没有考虑到自然和社会环境的因素，而使积极的政策变成盲目的投入，从而将经济的发展引入了死胡同。因此，现代化进程不但需要服务型的政府，更需要明智的领导者。在一地经济近代化过程中，重要的不仅要看政府有没有作为，而且还要看政府努力的方向是否正确；重要的不是看政府有没有"改变对经济活动的消极或被动态度"③，而且还要看政府投入的目的为何；重要的不是看政府有没有制定经济规划，而且还要看政府对这些漂亮规划的执行力度如何，效果又是如何。

  综上，地方政府在区域近代化过程中并非是一个可有可无的影响因子。政府对经济的渗透时刻都在进行，但他们也会受到各种其他因素的制约。撇开环境的制约作用不谈，政府能否促进向现代化的方向变革，又大大受制于其知识境界和思想意识，如果政府始终在传统经济思想中

---

  ①〔清〕卞宝第：《卞制军政书》，见沈云龙主编：《近代中国史料丛刊》第194~195号，台湾文海出版社1966年版，第292、319页。
  ②福州海关编：《近代福州及闽东地区社会经济概况》，华艺出版社1992年版，第178页。
  ③〔美〕费维恺著，虞和平译：《中国早期工业化——盛怀宣（一八四四——一九一六）和官督商办企业》，中国社会科学出版社1990年版，第312页。

打转转，那么是无论如何也无法领导地方前进的。因此，对一个地区来讲，"地区间的竞争核心是地方政府之间的竞争"[①]。观当今学界有关湖北与直隶近代化的论著无不提张之洞和李鸿章，即可看出地方政府首脑在近代化中的重要性。同样，对一个地区领导者来讲，解放思想比什么都重要。如是，当下中央才会有内地与沿海互换干部举措的推行。可见，历史时期即存在的现代化的障碍，在当今21世纪的中国仍然没有得到根除。

---

① 盛洪：《为什么制度重要》，郑州大学出版社2004年版，第121页。

第六章
结　论

第一节　开港贸易激发区域经济变迁

一、港口贸易与腹地外向化经济的兴衰

　　港口贸易的发展刺激了腹地商品化生产的发展。近代以前，闽江流域的商品化生产就有一定规模。福州开埠后，来自闽江流域的茶、纸、木材等各类产品主要通过福州港输出，进一步刺激了内地的商业化生产，区域经济外向化特征日渐凸显。

　　清代"一口通商"时期，位于闽江流域北部的崇安县等地生产的茶叶，就已经通过江西取道大庾岭，转运广州运销海外。鸦片战争前，闽江流域的建安、建阳、瓯宁、浦城、邵武、沙县等地的茶业生产也有了一定发展，而光泽、建宁、泰宁、松溪、政和、永安等县的茶叶生产稍逊，其他各县也有零星的茶叶生产。19世纪50年代后，随着福州茶市的兴起，闽江流域的商品化茶叶生产进程也大大加快。福州府闽侯县北岭地区的茶园，便在茶叶贸易的刺激下有了很大的扩展。"北岭只是在最近30年才成为一个重要的产茶区。福州开埠之前，那里只种少量的茶，都是卖给广东茶行，运到广州出口的。随着市场的开放，乡下人逐

年增加产量,获利丰厚,得益不少。"①到19世纪60年代时,闽江流域的建阳、崇安、建安、瓯宁、顺昌、邵武、建宁、政和等地,都已成为中、外茶商收购、加工毛茶的主要地区。②

反之,19世纪80年代后,茶叶贸易渐趋衰败,茶商"开茶行破家败产者,不知有几",使得原有茶区的茶叶生产开始衰落,产量开始下降。如根据1887年的一份调查,闽江流域的大部分茶区整体上呈现出一片萧条的景象,即使包括侯官、邵武、建瓯等在内的著名茶叶产区,也大都大量出现了茶山荒芜、茶农改业、茶商破产的情况。这时的茶山"十分荒有八分",这时的茶农"计算不够采工作工火食,以致种茶者不采,当为野树者有之,或许送他人采去家用者,亦有之",这时的茶商"屡年折本,倾家荡产,人多不以茶为正项生理。有田者归耕,无田者以砍柴为活"。③古田县就是一个典型的例子。"清同、光间,茶业为本地出产品一大宗……迄清季本地茶业失败,茶行尽闭歇,茶山亦荒,迩来有名于社会者只九都之乌龙,十七都之水仙而已。惟出产有限,不敷本地销售。此外如大东区鹤塘、杉洋、邹洋等乡制造绿茶,尚有运省销售,然不及从前远矣。"④

外向化经济催生了一些新式产业。近代以来,国内外洋货和机制品的输入,也促进了一些新兴产业的形成。前一章论述的机器织布业,就是代表之一。还有一些诸如火柴制造业、罐头制造业等日常生活消费品的进口替代工业出现。在19世纪90年代后,日本火柴来势凶猛,几乎垄断了福州的火柴市场,促发了本地火柴制造业的兴起。福州火柴厂筹

---

① 福州海关编:《近代福州及闽东地区社会经济概况》,华艺出版社1992年版,第138页。
② [美]郝延平著,陈潮、陈任译:《中国近代商业革命》,上海人民出版社1991年版,第157~166、171~179页。〔清〕朱用孚:《摩盾余谭》,见福建省文史研究馆编:《福建丛书》第2辑,江苏古籍出版社2000年版。
③ 彭泽益编:《中国近代手工业史资料(1840—1949)》第2卷,中华书局1962年版,第186~187页。
④ 民国《古田县志》卷一七《实业志》,见《中国地方志集成·福建府县志辑》第15册,上海书店出版社2000年版,第515页。

建于1898年，次年秋天即将其生产的火柴投入市场，销路甚好，不但在本地销售，而且还出口到了厦门和香港，以致日本火柴的进口量大受影响。1900年，日本火柴的进口量较上年减少了23%，次年又较上年减少了78%。① 罐头制造也是新兴产业。1910年，福州商人张秋舫开办的迈罗罐头有限公司，其产品不但销售至闽北如浦城等地，还出口至长江流域、华北地区及海峡殖民地。此前，内地的建瓯县城也于光绪末年由刘浚年创办了建宁府雅乐罐头公司，在当地和福州生产冬笋、冬菇、莲子、荔枝、枇杷及鱼类罐头，并在省城上杭街设有万品栈兜售处。②

外向化经济还使得传统产业发生了分化。在外来洋货和国内外机制工业品的冲击下，一些传统手工业部门迅速走向衰落，手工制铁业便是其中的典型代表。闽江流域地区多山，山中多产有铁砂，人们手工淘洗后，加以锻炼成铁。如闽江上游地区"铁各邑俱有，而产尤溪者独甲于闽中，制器坚利"③。位于闽江下游的古田县，铁砂随地皆有，所产之铁除了用于制作农具销售各地，"省城、马江船厂皆取资焉"④。福州开埠后，由于洋铁和洋铁条价格低廉，易于锻造，闽江流域腹地的农民便开始用它来打制犁和锄头等农具，从而使得进口量增加，并排挤了福州市场上的古田铁。⑤

闽江流域腹地各县的传统榨油业和制烛业，也因煤油进口的增加而日渐衰落。在19世纪60年代时，福州及本区内地县份的居民都使用自己榨制的植物油作燃油，在冬天时会用柏油脂加上产自闽北和闽西的

---

① 福州海关编：《近代福州及闽东地区社会经济概况》，华艺出版社1992年版，第227、231、234页。
② 《福建商业公报》1911年第22期、1911年第24期。
③ 乾隆《延平府志》卷四五《物产》，见《中国地方志集成·福建府县志辑》第37册，上海书店出版社2000年版，第877页。
④ 民国《古田县志》卷一七《实业志》，见《中国地方志集成·福建府县志辑》第15册，上海书店出版社2000年版，第514页。
⑤ 福州海关编：《近代福州及闽东地区社会经济概况》，华艺出版社1992年版，第131、203页。

白蜡制作蜡烛。①19世纪80年代后,随着煤油"渗透到产茶区的穷乡僻壤"②,闽江流域大部分地区的手工榨油业都受到了深刻的影响。如到20世纪二三十年代时,因"洋油盛行",永泰和建瓯的桐油生产量尚不到从前的十分之一二,罗源县桐油的生产则几乎完全停止。③同时,"因为煤油的进口,用柏油制作蜡烛的生产近来正在迅速下降。人们会看到以前大量存在柏树的地方,现在几乎在大规模地被毁坏……毫无疑问,这一本地工业迟早要被煤油灯完全代替"④。

二、港口贸易与腹地民众生活的变迁

首先,福州开埠对闽江流域内地人民生活最大的影响,是它直接导致了腹地人民对外向型经济依赖的加深。这主要表现在两个方面,一是内地人民所消费的进口货物种类和数量的增多,二是腹地出口土货生产规模的变化以及随之而来的收入的变化。就前者来讲,流入腹地的产品种类和数量,远非开埠前所能望其项背。从历年海关统计表所登记的进口物品来看,除了火柴、煤油、各色棉毛布匹等大宗洋货,洋袜、洋伞、洋针、洋蜡烛、钟表、玻璃、镜子等也大量输入闽江流域腹地各县。

最值得注意的一点,是开埠前后港口城市福州与闽江流域腹地各县

---

①Justus Doolittle, *Social Life of the Chinese: With Some Account of Their Religions, Government, Educational, and Business Customs and Opinions*, Vol.I, New York: Harper & Brothers Publishers, 1865, P.58.

②福州海关编:《近代福州及闽东地区社会经济概况》,华艺出版社1992年版,第133页。

③民国《永泰县志》卷七《实业志》,见《中国地方志集成·福建府县志辑》第19册,上海书店出版社2000年版,第146页;民国《建瓯县志》卷二五《实业志》,见《中国地方志集成·福建府县志辑》第6册,上海书店出版社2000年版,第643页;铁道部业务司调查科编:《京粤线福建段福州市县经济调查报告书》,1933年版,第14页。

④Members of the Anti-Cobweb Society Foochow, *Fukien: Arts and Industries*, Foochow: Christian Herald Industrail Mission Press, 1933, P.113.

之间粮食运输流向的变化。①开埠以前,福州食米中的绝大部分来自闽江流域内地各县。开埠后,闽江流域腹地商品化农业的发展导致了粮食的缺乏,不但"上游之无米运省由来已久",反而"转多入省运米"。②例如,尤溪县在1865之后就开始经常采购外洋海米,而此前则否。③这又反过来促进了福州港的米谷进口贸易。19世纪80年代后虽然本区基本没有较大的自然灾害,但福州港口进口的粮食数量仍然居高不下。

就腹地土货的商品化生产来讲,由于贸易状况的变化可以视为出口货物变化的指示器,因此它往往指导着内地人民的经济生产。常见的情况是港口需要出口什么,腹地人民就转向该项货物的生产,以至腹地的经济活动便日益变得以出口贸易为导向。一方面,港口出口贸易的盛衰,直接影响着腹地土货生产规模的盈缩。如沙县"清同治初茶市大兴,如富口、琅口、渔溪湾、馆前、云溪等乡茶庄林立,要以琅口为最盛。由同治而光绪,茶之出数有增无减",到光绪末年及民国时期则因茶叶出口贸易的衰落而远不如从前。④另一方面,港口出口贸易也影响着腹地土货生产种类和腹地产业结构的变化。如南平县峡阳"递光绪纪元以后,茶市江河日下,木业销场渐广,山主弃茶植木者十居八九"。崇安县五夫子里"道咸之际,人皆植茶,同光以后各又重烟。盖自开港互市,挹取外利,茶其首焉。嗣因茶战失败,则又相竞于烟"⑤。

开埠后腹地人民对外向型经济的依赖,不仅表现在上文所说的深度上,更表现在依赖的广度上,即港口的进出口贸易对腹地劳动力利用程

---

① 水海刚:《近代闽江流域上下游间经济联系再考察:以粮食贸易为视角》,载《中国社会经济史研究》2010年第3期。
②〔清〕左宗棠:《左宗棠全集·奏稿(八)》,岳麓书社1996年版,第578页。
③ 民国《尤溪县志》卷八《杂识》,见《中国地方志集成·福建府县志辑》第40册,上海书店出版社2000年版,第272页。
④ 民国《沙县志》卷八《实业志》,见《中国地方志集成·福建府县志辑》第39册,上海书店出版社2000年版,第687页。
⑤ 民国《五夫子里志》卷五《实业志·农业》,《中国地方志集成·乡镇志专辑》第26册,上海书店出版社1992年版,第225页。

度和数量的变化上。随着商品化生产趋势的扩大，必然使得以之为业、依之为生的人口大量增加。如建瓯县工夫茶的生产兴起于清代咸同年间，"所出工夫茶年以千数百万计，实超宋代而过之。垦殖、贩运大半皆本地人享其利，而起家者无处蔑有"①。不但植茶和运茶的人多了，而且由于茶叶的采摘时间较集中，又要避开阴雨天，故需大量的人手，因此茶叶采摘时往往必须雇佣大量的制茶工人。如建阳县每年"春二月，突添江右人数十万，通衢、市集、饭店、渡口，有毂击肩摩之势，而米价亦顿昂"②。不但如此，在腹地甚至还出现了完全脱离农业生产而专门从事茶业生产的农户。如光绪时政和县人曾作诗说道："茶无花，香满家。家无田，钱万千。……今年开山南，明年开山北。一年种茶一年多，绣陌鳞塍长荆棘。"③一句"家无田，钱千万"就足以说明对茶叶生产的倚重，再一句"绣陌鳞塍长荆棘"更是说明了原来（谷物种植）主业副业化的趋势，而这种家无田却财万贯的情况，在清代以前的历史上则是极少见的。

另外，出口贸易的兴盛还导致劳动力利用扩大到妇女儿童。如J.E.Walker在邵武南部山区看到，"这些村庄里的孩子们正忙着挖掘竹笋，它们是自这个山谷出口物产的大宗"，而且还看到了小孩在父亲的催促下不情愿地帮忙造纸，以及妇女们"正忙着挑拣竹丝，并把它们卷成圆形，以便准备去漂白"④。

反之，贸易的衰退则严重影响了内地人民的生活。如19世纪80年代末，福州茶叶贸易下降的直接后果便是：1.内地商人购买力下降，负

---

① 民国《建瓯县志》卷二五《实业志》，见《中国地方志集成·福建府县志辑》第6册，上海书店出版社2000年版，第640页。
② 〔清〕陈盛韶：《问俗录》卷二，《蠡测汇钞 问俗录》，书目文献出版社1983年版，第54页。
③ 陈愧三：《政和茶考》，福建师范大学图书馆藏，第16页。
④ J.E.Walker, "A Glimpse of Fuh-kien Mountains and Mountaineers", Chiese Recorder, Vol. XIX, No.4, 1888.

担不起以前那种锦衣玉食的生活了；2.大批原来依此为生的匠人——如为茶箱制作衬里者或者在茶箱上绘画者——失业；3.原来运输茶叶的船户和苦力亦有一半失业；4.潜在的动乱并使抢劫开始盛行。①

其次，福州开埠也导致内地的风俗习惯发生了一定的变化，而这种变化又反过来刺激了腹地对进口商品的追求。如茶叶贸易的兴盛，使得政和县城内的风俗为之变，"年轻妇女，剪发皮革，颇尚摩登"②。光绪时家居闽北建瓯县的刘世英这样描绘当地人们的生活，"吸食洋烟者十之六七……饮冰糖、呵瓜子、吃福橘"，"人不离月白洋布"，"首饰均用电气镀金"。③这必然会促进相应商品的进口和销售。当然，有时贸易活动也造成了风俗的败坏。比如，崇安县著名茶市赤石街就一时成为娼妓麇集之区。④

再次，福州开埠也引起了闽江帆船运输商帮地位的陵替。开埠以前，闽北地区与江浙的联系远较与下游的联系为密，闽北地区的商人亦以江西人为多。⑤因此，在南平以上的建溪流域和富屯溪流域，各县的水上运输基本为江西人所控制。⑥开埠以后，随着自福州输入上游的商品日渐增多，福州、兴化等下游地区的商人势力也渗透到闽北地区，兴化帮、闽清帮等下游船帮的势力也随之向上游发展，进而与江西帮发生了

---

① The Parliament of the United Kingdom of Great Britain and Northern Ireland，*British Parliamentary Papers: China*，*Vol.16*，*Commercial Reports: Embassy and Consular Commercial Reports*，Shannon: Irish University Press，1972，P.672.
② 陈愧三：《政和茶考》，福建师范大学图书馆藏，第15页。
③〔清〕刘世英：《芝城纪略》，福建师范大学图书馆藏。
④ 民国《崇安县新志》卷六《礼俗·风俗》，见《中国地方志集成·福建府县志辑》第8册，上海书店出版社2000年版，第40页。
⑤ 如道光时光泽县江西、泉州的客民约占当地人口的30%（《道光重纂光泽县志·卷八·风俗》）；嘉庆时崇安的茶市"江西及汀州人为多，漳、泉亦间有之"（《嘉庆崇安县志·卷二·物产》）。
⑥〔清〕施鸿保：《闽杂记》，见〔清〕王锡祺编：《小方壶斋舆地丛钞》第9帙第11册，杭州古籍书店1985年版，第126页。

多次冲突,[①]并在20世纪初压倒江西船帮。

第二节　地理环境催生区域经济发展

人类的经济活动及其产生的后果都是在一定的时空条件下发生的。作为影响经济活动最重要的因素之一,自然环境是一个地区经济发展的重要基础和条件,制约着经济结构和产业结构的布局。即使在现代科学技术条件下,自然环境条件虽不是经济发展的决定因素,但也对经济发展起重要作用。如气候条件决定着农业生产的类型与构成;地形、地貌影响人口的分布、城镇和交通运输的空间布局;区域自然资源禀赋状况的差异则制约着区域经济活动的类型与效率,影响经济活动的区际分工。近代以来,闽江流域的经济发展,也是在特定的地理空间中演进的。

一、自然资源左右商品贸易结构

对人类的经济活动来说,自然资源是形成产品实体的重要物质基础,是经济发展不可或缺的重要条件,尤其是在科技落后、基础设施缺乏、金融体系不健全的地区和时期。丰富的自然资源为经济发展提供了可能的机会,其开发利用是促进经济发展的原动力。大自然给闽江流域留下了竹木果茶、水产海鲜等丰富的山海资源,经济发展因之形成了山海交错的特点。然而,闽江流域除了茶、纸、木材,几乎找不到其他可供出口外国及外埠的大宗商品,从而使得福州港只能作为茶叶输出港而

---

① Grant A.Alger, *The Floating Community of the Min: River Transport, Socity and the State in China*, 1758-1889, Baltimore: Johns Hopkins University, Ph.D disseration, 2002, PP.296~300.

存在，并且在茶叶出口贸易衰退之后，未能像其他地区一样由"一枝独秀"时代顺利进入"多元出口"时代。①

港口出口货物的来源是广大的内陆腹地。以木材的生产和出口为例，19世纪60年代时的海关贸易报告曾经谈到，福州港出口的木材"主要来自建宁府、延平府、永春州及福州府。这些府州有水路交通，木材编成木排顺流而下，以木杆的形式大量出口至宁波和上海。较大的木材锯成棺木运往北方，数量可观，颇受欢迎"②。19世纪90年代的资料也提到，由福州出口的木材除少量来自福州以下闽江两岸的山上，大部分来自闽江流域闽西北各县，其中原建宁府是个重要的木材产地。其实早在清代前期，原建宁府地区就是重要的木材产地。事实上，闽江流域绝大部分地区都出产一定量的木材，即"东起闽侯、古田，西迄宁化、建宁，以接赣地，南自德化、大田，北及崇安、浦城，与浙省交壤"等县。如建溪流域之建瓯、浦城、崇安、建阳、松溪、政和，内中浦城、建瓯最盛，松溪、政和最逊；富屯溪流域之邵武、顺昌、建宁、泰宁、将乐，内中以邵武、顺昌为盛，将乐、泰宁出产有限；沙溪流域的沙县、永安、清流、宁化、明溪；半溪流域之南平、尤溪、大田、古田、屏南、闽清、闽侯，内中以尤溪最盛，闽侯、屏南的木材最不足称道；另外，大樟溪流域之永泰、德化也生产一部分木材。③其中，产于旧延平府属和旧建宁府属各县的木材，占闽江流域木材总量的40%，而邵武府和汀州府各县仅占20%。④

自然条件对区域经济结构变迁的时间和程度也有重要影响。大致说来，本区经济结构的变化最早体现在商业领域，其次在工业和矿业方面也有所体现，而交通运输业的变化在清末才开始显著。近代机器工业

---

① 吴松弟主编：《中国百年经济拼图：港口城市及其腹地与中国现代化》，山东画报出版社2006年版，第159~170页。
② 福州海关编：《近代福州及闽东地区社会经济概况》，华艺出版社1992年版，第11页。
③ 翁礼馨：《福建之木材》，福建省政府秘书处统计室1940年版，第13~14页。
④ 林荣向：《福建木材之调查》，载《福建建设厅月刊》1929年第3卷第7期。

和新式产业，绝大多数集中于福州和闽北的建瓯、南平、邵武等个别地区，而广大内地却寥若晨星。但与沿海地区相比，内陆地区现代产业的产生和发展较为缓慢，受世界市场的冲击程度也较弱。例如，当晚清时期外国铁制品的输入而导致闽东古田县铁业逐渐失去福州市场时，僻处闽北内地建瓯县的铁业生产直到20世纪30年代仍进行得如火如荼。

二、交通条件制约商品流通规模

运输是社会经济联系的主要纽带，只有通过它才可以将社会大生产中的生产、分配、交换和消费各个环节联系起来，才能将原料产地与销售市场联系起来，将农村与城市、沿海与内地联系起来。高峻的闽西大山在阻挡了北方寒冷气流南下的同时，也阻碍了福建与他省之间的经济交流。这样，在近代交通不发达的时期，就使得福州港的腹地被迫限制在闽江流域一隅之地。同时，由于受到福州港口自然条件和福州城市的商业与市场环境的影响，加上货物流通的主要渠道——闽江航运环境的制约，物资的流通备受滞扰。这就大大增加了货物的运输成本和交易成本，使得港口与腹地之间商品流通的规模和速度大受阻碍，从而难以促进贸易的飞速扩张。

闽江流域的地质条件给闽江航行造成了难以克服的自然障碍，而且福建晚清以来的社会环境也给闽江航行增加了人为的羁绊。这不仅阻碍了商品的自由流通，使得许多地方产品无法运出境外销售，无法实现其价值。[①]而且即使有些商品可以运出境外销售，也会由于交通困难，运输不便而使成本增高，销路困难。例如，古田县瓷业之所以不能发展的原因就是运输困难，成本增高，碗船到省后，碗价被碗商贬抑，不能待价

---

① "闽北山岭重叠，路径崎岖，各种物产运输困难，往往有甲地赢余乙地不足之忧。倘运输便利，则甲地之有余可以补乙地之为足，彼此调剂获利良多。"参见《视察员范继尧考察南平、邵武一带农蚕林牧情形报告书》，载《福建建设厅月刊》1928年第2卷第2期。

而沽，被迫贱卖。①类似地，古田铁之所以不能在福州立足的原因，是自古田到福州的运费太高。当然，洋铁运往内地也同样面临运费过高的问题，以致难以进入腹地各县销售。实际上洋铁的输入只不过分割了古田铁在福州的销售市场而已，因为直到20世纪初古田的铁业生产仍然进行得有声有色。②

第三节　制度安排外塑区域经济形成

制度是经济成长的关键。制度变迁的主体尤以政府为要，就传统时期的中国来讲，经济的发展更要依赖于地方政府的支持与保护。"如果预期今后对国家发展做出重大贡献的幼稚产业，当前无法在市场竞争条件下建立起来，那么政府在幼稚产业成长为能在自由市场上竞争的'成人'之前对它们进行保护，就是必要的和合乎需要的。"③作为正式制度的供给者，国家理应担当起界定产权的责任。因为统治者"是颁布和执行社会法律尤其是那些关于产权的法律的某个人或某群人"，并且在设计产权和政策时会尽可能最大化自己的个人权力和财富。④

税收制度严重制约了进出口贸易的开展。福州的茶叶税收制度决定了内地茶商在茶叶中大量掺杂茶末，以致茶叶质量渐趋下降，造成福州茶业贸易急剧衰退。英国领事也曾经对政府提出期望："要是政府能将茶末的内地税降至茶叶税额的一半，则对双方均有利。……必须进行进一步的努力以使政府同意这样做，因为这将极有利于本项贸易。内地

---

①《古田县建设局各项建设计划书》，载《福建建设厅月刊》1928年第2卷第5期。
②默翁：《古田纪行》，载《地学杂志·杂俎内篇》，1919年第113、114号合刊。
③［日］速水佑次郎著，李周译：《发展经济学——从贫困到富裕》，社会科学文献出版社2003年版，第242页。
④见道格拉斯·C.诺思等：《交易费用政治学》，中国人民大学出版社2013年版，第132页。

的茶商也不能再以之为借口而以超乎寻常的比例在茶叶中掺杂大量的茶末。目前他们习惯于掺33%的茶末。"①但事实是，直到1908年在英国驻华公使的强烈要求下，茶末的出口税才由原来的1.25两/担下降到0.6两/担，②而此时福州茶叶贸易的繁荣时代已是明日黄花了。

产权不清严重阻滞了本区近代经济部门的成长。铁路、轮船等新式交通运输工具的革新和改善，是现代经济发展的基本前提条件和重要组成部分，在近代中国，也被国人视为救国图强的利器，更是促成港口贸易和腹地经济飞速发展的媒介和推进器。③但在闽江流域，本区内河轮船运输业的产生备受磨难。

闽江干流的南平以下至福州，尤其是福州至水口之间的平水一段航道能够行驶轮船，但政府却迟迟没有将航行权配置给民用汽轮，以至大大延缓了内河轮运业的产生，制约了港口与腹地间货物流通的速度和规模。福建华商早在1887年就提出了在闽江平水航线上试行小轮的申请，④但被福建地方政府拒绝。此后，直到1895年由华人独立经营的轮船才最终出现于平水航线上。当年，福州一名陈姓绅商出资购办一只小轮船在这条航线上营运，次年又增加一艘加入平水客运。⑤这是不是说明政府的态度有了根本的转变呢？绝对不是，因为这一航线上的轮船使用权是以官方的勒索实现的。1896年英国领事在其所做的商务报告中谈道："轮船现在常川于福州与其上游60英里处的水口间。船主们为获得此项权利交付地方官1万元。一个地方官说这笔钱将用作对那些因之受

---

① The Parliament of the United Kingdom of Great Britain and Northern Ireland, *British Parliamentary Papers: China*, *Vol.11*, *Commercial Reports: Embassy and Consular Commercial Reports*, Shannon: Irish University Press, 1971, P.86.
② 福州海关编：《近代福州及闽东地区社会经济概况》，华艺出版社1992年版，第270页。
③ 见复旦大学历史地理研究中心主编：《港口—腹地和中国现代化进程》，齐鲁书社2005年版，第39~40页。
④《申报》光绪十三年闰四月十九日。
⑤ 罗肇前：《福建近代产业史》，厦门大学出版社2002年版，第88页。

损的船民的补偿。我猜想这笔钱是入了省库中了。"①由此可见，如果说1887年地方政府对行驶轮船之请的驳斥还可以用政府对渡船船夫生计的维护来辩解的话，那么在1895年地方政府对轮船主的勒索就将政府的劣根性暴露无遗了。

反而是一些自然生发的非正式制度，带动了港口贸易和区域经济的发展。例如，鸦片进口贸易的"繁荣"，就拜期货交易和以货易货制度所赐。福州开埠的最初几年，鸦片走私活动盛行，当时主要采用现金交易，但随后也会用茶叶来支付鸦片款。19世纪60年代后，鸦片通常采用现期交易——即收到货物后必须要求有一定时间的赊欠期限——和即期交易并存的形式，但通常"因为经营鸦片贸易的中国人并不很有钱，大多数要依靠外国公司给予延期付款"②。在这种贸易体制下，由于福州经营鸦片贸易的华商资本很少，"进口商以赊欠的方式出售鸦片，期限为1到2个月或更长。尽管有相当的危险性，但销货后不付款的事情很少发生"③。

由于鸦片早在19世纪四五十年代就具有了货币的功能，并经常充当支付货款的手段，④所以在福州茶叶出口贸易繁荣的时期，在福州及其腹地地区经常用鸦片来与茶叶进行以货易货贸易。在19世纪80年代时，现期交易和以货易货制度在福州仍很盛行，并因此促进了鸦片进口量的增加。⑤

---

① The Parliament of the United Kingdom of Great Britain and Northern Ireland，*British Parliamentary Papers: China*，Vol.20，*Commercial Reports: Embassy and Consular Commercial Reports*，Shannon: Irish University Press，1972，P.183.
② 福州海关编：《近代福州及闽东地区社会经济概况》，华艺出版社1992年版，第23页。
③ The Parliament of the United Kingdom of Great Britain and Northern Ireland，*British Parliamentary Papers: China*，Vol.14，*Commercial Reports: Embassy and Consular Commercial Reports*，Shannon: Irish University Press，1971，P.449.
④ [美] 郝延平著，陈潮、陈任译：《中国近代商业革命》，上海人民出版社1991年版，第61页。
⑤ The Parliament of the United Kingdom of Great Britain and Northern Ireland，*British Parliamentary Papers: China*，Vol.14，*Commercial Reports: Embassy and Consular Commercial Reports*，Shannon: Irish University Press，1971，P.22.

如1880年，因茶商在外国银行的信用受到质疑，无法直接取得货款，所以急于经营鸦片并靠它来获得款项。"在三、四、六月出售的鸦片几乎都是用长期信贷的形式买进的，然后立即将鸦片换成现金，借给内地的茶商。后者所采取的方法也与此无异，他们主要依靠当年鸦片生意的成功来偿还债务。"①甚至在1886年时，鸦片还是最主要的以货易货的形式，在每年五六月份茶季最为繁荣的时候，鸦片往往用以支付茶价。②

综上，口岸贸易是腹地经济社会变迁的激发器。经商埠流入闽江流域内地的货物，对腹地的经济变迁无疑会发生影响，而开埠后由于出口的刺激，也促使腹地生产外向化的发展。但是，港口贸易却并未成为闽江流域经济近代化的引擎，没有使闽江流域腹地的生产方式和经济结构发生根本的变化。

自然地理环境是制约内地经济成长的瓶颈。这是大自然所赐，闽江流域各区的经济活动只能在这种环境下展开。无论是从"面"上的腹地的资源禀赋来说，还是从"点"上的福州港的航道和城市环境来讲，抑或是从"线"上的连接腹地与港口城市之间的闽江航运条件来看，这些都不利于商品的流通，从而使得货物和技术渗入腹地的程度有限，经济增长的绩效也大打折扣。

环境固然是影响近代闽江流域经济成长的重要影响因素，但政府治理的失灵，或者说政府对环境改造的失败，更是近代本区未能实现经济起飞的根本原因。政府作用最直接和最重要的体现，就是不时地进行有利于经济发展的制度创新。但是，制度在刺激经济增长方面的作用，还有赖于诸如交通等基础设施、政府社会治理能力等自然和社会环境，以及非制度因素才能发挥，而政府面对这样一种既定的环境，能不能改造、如何改造，都是一个变数。

---

① 福州海关编：《近代福州及闽东地区社会经济概况》，华艺出版社1992年版，第132页。
② The Parliament of the United Kingdom of Great Britain and Northern Ireland, *British Parliamentary Papers: China*, Vol.15, *Commercial Reports: Embassy and Consular Commercial Reports*, Shannon: Irish University Press, 1971, P.676.

参考文献

一、古籍、档案

陈愧三:《政和茶考》,福建师范大学图书馆藏。

福建师范大学历史系、福建地方史研究室编:《鸦片战争在闽、台史料选编》,福建人民出版社1982年版。

福建省农林处统计室编:《福建省各县区农业概况》,福建省政府统计处1942年版。

福建省运输公司编:《福建的驿运》,福建省运输公司1941年版。

福建省政府秘书处统计室编:《福建历年对外贸易统计(1899—1933)》,福建省政府秘书处公报室1935年版。

福州海关编:《近代福州及闽东地区社会经济概况》,华艺出版社1992年版。

李文治编:《中国近代农业史资料》第1辑,生活·读书·新知三联书店1957年版。

林存和编:《福建之纸》,福建省政府统计处1941年版。

聂宝璋、朱荫贵:《中国近代航运史资料》第2辑,中国社会科学出版社2002年版。

彭泽益编:《中国近代手工业史资料(1840—1949)》第2卷,中华书局1962年版。

水利电力部水管司、科技司，水利水电科学研究院编：《清代辽河、松花江、黑龙江流域洪涝档案史料　清代浙闽台地区诸流域洪涝档案史料》，中华书局1998年版。

唐永基、魏德端编：《福建之茶》，福建省政府统计处1941年版。

〔清〕王家勤：《王懿德年谱》上册，福建师范大学图书馆藏。

翁礼馨编：《福建之木材》，福建省政府秘书处统计室1940年版。

翁绍耳：《邵武米谷产销调查报告》，私立福建协和大学农学院农业经济学系1942年版。

翁绍耳：《福建省松木产销调查报告》，私立福建协和大学农学院农业经济学系1941年版。

翁绍耳、林文澄：《建宁泰宁米谷产销调查报告》，私立福建协和大学农学院农业经济学系1943年版。

姚贤镐编：《中国近代对外贸易史资料（1840—1895）》第1册、第2册，中华书局1962年版。

章有义编：《中国近代农业史资料》第3辑，生活·读书·新知三联书店1957年版。

中国第一历史档案馆编：《光绪朝朱批奏折》，中华书局1995年版。

中国第一历史档案馆编：《鸦片战争档案史料》第1册，上海人民出版社1987年版。

中国第一历史档案馆《左宗棠全集》整理组编：《左宗棠未刊奏折》，岳麓书社1987年版。

二、今人论著

陈慈玉：《近代中国茶叶的发展与世界市场》，"中研院"经济研究所1982年版。

戴一峰：《区域性经济发展与社会变迁——以近代福建地区为中心》，岳麓书社2004年版。

福建师范大学地理系《福建自然地理》编写组编:《福建自然地理》,福建人民出版社1987年版。

李国祁:《中国现代化的区域研究:闽浙台地区(1860—1916)》,载"中研院"近代史研究所专刊44号,1985年版。

李金强:《区域研究——清代福建史论》,香港教育图书公司1996年版。

林满红:《清末本国鸦片之替代进口鸦片(1858—1906)——近代中国"进口替代"个案研究之一》,载《"中央研究院"近代史研究所集刊》1980年第9期。

林满红:《茶、糖、樟脑业与台湾之社会经济变迁》,联经出版事业股份有限公司1997年版。

林庆元主编:《福建近代经济史》,福建教育出版社2001年版。

林仁川:《福建对外贸易与海关史》,鹭江出版社1991年版。

林耀华:《金翼:中国家庭制度的社会学研究》,生活·读书·新知三联书店1989年版。

刘梅英:《全球化与区域化:福建对外贸易研究(1895—1937)》,中国社会科学出版社2016年版。

罗肇前:《福建近代产业史》,厦门大学出版社2002年版。

水海刚:《口岸贸易与腹地社会:区域视野下的近代闽江流域发展研究》,厦门大学出版社2019年版。

汪敬虞:《外国资本在近代中国的金融活动》,人民出版社1999年版。

徐吾行:《福州钱庄业史略》,福建师范大学图书馆藏。

许涤新、吴承明主编:《中国资本主义发展史 第二卷 旧民主主义革命时期的中国资本主义》,人民出版社2003年版。

吴承明:《中国资本主义与国内市场》,中国社会科学出版社1985年版。

吴松弟主编:《中国百年经济拼图:港口城市及其腹地与中国现代

化》，山东画报出版社2006年版。

曾玲：《福建手工业发展史》，厦门大学出版社1995版。

福州港史志编辑委员会编著：《福州港史》，人民交通出版社1996版。

朱维幹：《福建史稿》上册，福建教育出版社1985年版。

［美］保罗·克鲁格曼著，蔡荣译：《发展、地理学与经济理论》，北京大学出版社2000年版。

［美］道格拉斯·C.诺思著，陈郁、罗华平译：《经济史中的结构与变迁》，生活·读书·新知三联书店上海分店、上海人民出版社1994年版。

［美］费维恺著，虞和平译：《中国早期工业化》，中国社会科学出版社1990年版。

［美］郝延平著，陈潮、陈任等译：《中国近代商业革命》，上海人民出版社1991年版。

［美］吉尔伯特·罗兹曼主编，国家社会科学基金"比较现代化"课题组译：《中国的现代化》，江苏人民出版社1995版。

［美］托马斯·莱昂斯著，毛立坤、方书生、姜修宪译：《中国海关与贸易统计（1859—1948）》，浙江大学出版社2009年版。

［美］马士著，张汇文等译：《中华帝国对外关系史》第1卷，上海书店出版社2000年版。

［日］村上卫著，王诗伦译：《海洋史上的近代中国：福建人的活动与英国、清朝的因应》，社会科学文献出版社2016年版。

三、外文文献

Grant A .Alger，*The Floating Community of the Min River Transport*，*Society and the State in China*，*1758-1889*，Ph.D disseration，Baltimore：Johns Hopkins University，2002.

Robert Gardella，*Harvesting Mountains: Fujian and the China Tea Trade*

(*1757—1937*), Berkeley: University of California Press, 1994.

Jules Davids, *American Diplomatic and Public Papers*: *The United States and China*, Vol.20, Wilmington: Scholarly Resources, 1979.

The Parliament of the United Kingdom of Great Britain and Northern Ireland, *British Parliamentary Papers: China*, *Vol.7*, *Commercial Reports: Embassy and Consular Commercial Reports*, Shannon: Irish University Press, 1971.

Members of the Anti-Cobweb Society Foochow, *Fukien*: *Arts and Industries*, Foochow: Christian Herald Industrial Mission Press, 1933.

The Anti-cobweb Club, *Fukien*: *A Study of A Province in China*, Shanghai: Presbyterian Mission Press, 1925.

John Thomson, *Through China with a Camera*, London and New York: Harper & Brothers, 1899.

Edwin Joshua Dukes, *Everyday Life in China: On Scenes Along River and Road in Fu-kien*, London: the Religious Tract Society, 1885.

Henry Noel Shore, *The Flight of the Lapwing*: *A Naval Officer's Jottings in China*, *Formosa and Japan*, London: Longmans, Green and Co., 1881.

Mrs. Thomas Francis Hughes, *Among the Sons of Han*, London: Tinsley Brothers, 1881.

J.Scarth, *Twelve Years in China:The People, the Rebels, and the Mandarins*, Edinburgh: Thomas Constable and Co., 1860.